KATJA KESSLER

Der Tag, an dem ich beschloss,
meinen Mann zu dressieren

H0170982

Für alle,
die mich lieb haben !

Das sind nach
diesem Buch ja nicht
mehr viele.

KATJA KESSLER

Der Tag, an dem ich beschloss, meinen Mann zu dressieren

... oder:
Ein Ehemann
ist ein
Rohstoff, kein
Fertigprodukt!

Diana Verlag

4. Auflage
Originalausgabe 05/2011
Copyright © 2011 by Diana Verlag, München,
in der Verlagsgruppe Random House GmbH
Dieses Werk wurde vermittelt durch die Literarische
Agentur Thomas Schlück GmbH, 30827 Garbsen
Printed in Germany 2011
Umschlaggestaltung: ©t.mutzenbach design, München, Bildnachweis: Seite 334
Layout: Teresa Mutzenbach, Katja Kessler
Satz: EDV-Fotosatz Huber/Verlagsservice G. Pfeifer, Germering
Druck und Bindung: CPI – Ebner & Spiegel, Ulm

978-3-453-35558-3

http://www.diana-verlag.de

Inhalts ...

... ver ...

Die süßen Kleinen

Die Mami-WikiLeaks
(was nur Mütter voneinander wissen)

Triff Katja Kessler auf Facebook!

GUTMENSCHEN

YOU ARE LEAVING
THE ~~AMERICAN~~ SECTOR
ВЫ ВЫЕЗЖАЕТЕ ИЗ
АМЕРИКАНСКОГО СЕКТОРА
VOUS SORTEZ
DU SECTEUR AMÉRICAIN
SIE VERLASSEN DEN ~~AMERIKANISCHEN~~ SEKTOR
US ARMY

ACHTUNG!
ÄTENTSCHEN PLEASE!
NOTIFIKASJONN!

Sämtliche Texte und Rechtschreibfehler in diesem
Buch sind mir von meinem bösen Verlag untergeschummelt
worden. Ich distanziere mich nachdrücklich von allen
Inhalten und behaupte, wenn ich gefragt werde, genau
das Gegenteil.

Die Autorin

Die Katja mal wieder

Oder:

Guten Morgen, liebe Neurosen!

Ich hab ja was Zwanghaftes. Zum Beispiel den Zwang, über meine Zwänge zu schreiben.

Dazu kommt der Zwang, auch immerfort darüber reden zu müssen, dass ich Zwänge habe, über die ich zwanghaft schreiben muss.

Seit ich Mitglied bin im Club der Gestörten, geht's mir besser. Früher, als kleines Mädchen, war ich völlig unneurotisch, das hat mich sehr belastet. Da saß ich in meiner 70er-Jahre-Rotklinker-Grundschule – kurze Haare, Latzhose – und beneidete meine Mitschülerin Tatjana G., die immer sehr effektvoll den Kopf in den Ranzen steckte, sobald etwas nicht so war, wie das nach ihrer Meinung sein sollte. Das ist doch mal eine tolle Macke! Ich muss meinen Eltern den Vorwurf machen, dass sie mich hier nicht genügend angeleitet und gefördert haben. Niemand, der zu mir sagte: »Mäuschen, sammle mal Monchichis! Hab doch mal einen Rosafimmel!« Wie soll da eine vernünftige Zicke aus einem werden? Bei mir reichte es noch nicht mal zu einer solide verpeilten Mädchenhandschrift, wo die Buchstaben alle so nach links umfallen. Neurose-Loser auf ganzer Linie. Ich weiß auch heute noch, als ob's gestern gewesen wäre, wie meine

Klassenkameradinnen aus dem Stand »*Und dabei liehiebe ich euch beiheide!*« von Andrea Jürgens nachsangen. Das war traumatisch. Danach weißt du, was »ausgegrenzt« heißt. Entschuldigen möchte ich mich hier ausdrücklich bei Milutin R. und

Torsten K., denen ich in Ermangelung anderer Spleens in der Pause immer die Fresse polierte. Jungs, tut mir echt leid!

Wenn ich also heute Macken habe, dann sind die mir nicht zugeflogen, sondern allesamt hart erarbeitet. In meinem Kleiderschrank hängen zum Beispiel Kleider, die teurer waren als eine Waschmaschine, und die ich schon genau null Mal anhatte. Meist weiß ich bereits beim Scannerpiepen an der Kasse, dass ich da eine Leiche in der Tüte habe. Aber ich gehöre zu den Menschen, die die Verkäuferin nicht enttäuschen mögen, wenn die sich jetzt eine halbe Stunde Mühe gegeben hat, mir den Mist aufzuschwatzen. Außerdem ist alles nur eine Frage des richtigen Anlasses. Wenn zum Beispiel George Clooney anruft, um zu fragen, ob ich mit ihm Badeurlaub machen möchte, werde ich froh sein, dann zumindest schon mal einen Glitzerbikini und silberne Strandschläppchen im Kleiderschrank zu haben.

Auch beim Kosmetik-Shoppen bin ich ein Fall für den Arzt. Seit zwanzig Jahren schon gehe ich ins Geschäft und höre so Stimmen aus dem Regal: »Hey, du! Ja, genau du da mit den dicken Augenringen! Hier spricht der Abdeckstift, den du schon immer gesucht hast! Kauf mich!« Da muss ich natürlich zuschlagen.

Dann wieder habe ich das Talent, frisch gekauftes Rouge und neuen Lidschatten erst mal ins nächste Waschbecken fallen zu lassen. Ich lasse es mir auch nicht nehmen, anschließend die ganzen Brösel mit einem selbst gebastelten Papierschieber und gern auch mit Pinzette in die Dose zurückzufummeln. Ich habe da diesen inneren Zwang, dass ich zwar zweimal die Woche ohne Skrupel vier Euro siebzig für einen großen Caramel-Macchiato bei Starbucks auf den Tresen lege. Aber im Leben würde ich keinen kaputten Acht-Euro-Lidschatten wegwerfen.

Besonders schlimm wird's bei mir immer, wenn zu meinen Macken auch noch die Hormone kommen. In den insgesamt drei Jahren, die ich zusammengerechnet schwanger war, rannte ich gern durch die Geschäfte der Stadt, vor mich hin murmelnd: *Vichy-Karo! Vichy-Karo! Muss Vichy-Karo-Kissen kaufen!!* Oder auch: *Bärchentapete! Bärchentapete! Wo ist hier die Bärchentapeten-Abteilung?* Die Folgen werden meine Kinder jetzt noch dreißig Jahre lang abwohnen müssen. Und wehe, sie hängen irgendwelche *BRAVO*-Poster drauf.

Ich sortiere auch ständig Macken aus und lege mir neue zu. Ein aktuelles Projekt lautet zum Beispiel: *Katja liest jetzt ganz viele englische Bücher und poliert ihr fluäntli spieking inglisch. Dabei tut sie auch noch richtig was für ihre Allgemeinbildung.* Praktisch sieht das dann so aus, dass ich mir »Lost Symbol« im Original kaufe und – *blätter, blätter im Dictionary! krickel, krickel die Übersetzung an den Rand!* – bis Seite drei Mitte schon mal weiß, dass »medieval« mittelalterlich heißt, »brethren« Brüder und »heretic« Ketzer.

Auf Seite drei unten beginne ich dann, die Zahl Drei von der Zahl Fünfhundertfünf abzuziehen, um zu ermitteln, wie viele schöne lustige Seiten ich noch vor mir hab.

Auf Seite vier oben befinde ich dann, dass heute genug ist mit Bildung und ich mir jetzt eine *Bunte* verdient habe. Da erfahre ich, dass der hässlichste Vogel der deutschen Schauspielzunft ab sofort einen auf Sektenguru macht. Auch ein kruder Plot! Gefällt mir sogar besser als »Lost Symbol«! Ich beschließe, den Rest des Werks für die Gelegenheit aufzuheben, wenn ich mal vier Tage in einem Fahrstuhl stecken bleibe. Und ich das Telefonbuch, das man mir vorher durch den Türschlitz geschoben hat, schon durchgelesen habe.

Vielleicht schlägt bei mir jetzt, mit einundvierzig, auch das genetische Macken-Erbe von Omi Kiel durch. Als die vor vierundsiebzig Jahren vom Klapperstorch über der schleswig-holsteinischen Provinz abgeworfen wurde, hörte sie noch auf den zukunftsweisenden Namen »Emma Lina Möller«. Mit zwanzig schlich sie sich dann heimlich zur Behörde und ließ sich zur »Ina Emma« verstümmeln. Und noch mal ein bisschen später schmiss sie auch die olle »Emma« in den Müll und war ab sofort nur noch eine aufregende »Ina«. Als diese lernte sie Johannes »Hans« K. aus K. kennen. Kriegte zwei Zombies sowie eine entzückende Tochter, die jetzt als sehr begabte Schriftstellerin tolle Bücher schreibt. Pssst! Das alles sind natürlich streng gehütete Kessler'sche Familiengeheimnisse! Sprechen Sie Omi also bloß nicht drauf an, wenn sie Ihnen mal über den Weg laufen sollte!

Nun hat geborene Emma-Lina, amtierende Ina, nicht nur den Drang, sich selbst zu etikettieren, sie findet auch, dass alle Küchengerätschaften mal irgendwie einen Namen brauchen. Gemäß der alten Indianerweisheit: Nur Dinge, die einen Namen haben, haben auch eine Seele. Natürlich ist es auch ihrem ausgeprägten mütterlichen Ich-hab-meine-Tochter-lieb-und-muss-mich-unbedingt-im-Haushalt-

nützlich-machen-Zwang geschuldet, den ich ihr leider nicht abge-
wöhnen kann. Jedenfalls zog ich gestern eine Schublade auf und
stellte fest: Hat sie doch tatsächlich fleißig und klammheimlich alle
meine Dosen beschriftet. Daran allein könnte
ich mich ganz vielleicht noch gewöhnen. Aber
sie strebt nicht nur nach Ordnung, sondern
auch nach Effizienz. Um buchstabenscho-
nend und schnell zu arbeiten, kürzt Omi Kiel
gern ab. Ich gestehe, mir ist ein wenig bang
vor dem Tag, an dem die kreativen Steno-
Aufkleber erstmals am Besteck kleben werden. Nach dem Motto: »Fisch-M«, »Kuchen-
G«, »Eier-L«.

Wenn ich mir meine Kinder angucke, bin
ich mir sogar tausend Prozent sicher:
Macken sind erblich! Meine Schwester
Pezi zum Beispiel ekelt sich vor Knöpfen. Gibt sogar ein wissenschaftliches Wort
dafür: »Koumpounophobie«. Auf den ersten Blick ist das natürlich
eine drollige Angelegenheit. Aber fragen Sie mal Omi Kiel, die durfte früher in sämtliche Kopfkissenbezüge von Pezi Reißverschlüsse
nähen, die sieht das wahrscheinlich ein bisschen anders. Nun ist
der liebe Gott ein gerechter. Und weil ich früher immer Witze machte über Knopfhasser-Pezi, hat er mir jetzt meine Kinder Caspar und
Lilly geschenkt. Lilly, zwei Jahre alt, sitzt gerne auf dem Wickeltisch
und erklärt kategorisch: »Keine Nöpfe!« Und auch Caspi, sechs,
läuft zu Terror-Hochform auf, wenn man ihn ärgert: »Pass auf, der
Weihnachtsmann bringt dir einen neuen Pulli mit ganz, ganz vielen
Knöpfen dran.«

Aber meine größte und nachhaltigste Obsession habe ich Ihnen bislang noch verschwiegen: Schatzi! Anders formuliert: Das Ausbilden einer profunden Ehefrauenneurose braucht Zeit – und eine helfende Hand. Am besten die des Neurotikers, mit dem man verheiratet ist. Dann geht's aber auch anschließend besonders schnell!

Schatzi und ich haben uns wirklich gesucht und gefunden. Wenn wir zum Beispiel zu halb neun Gäste eingeladen haben, steht er meist schon um 20 Uhr 29 in der Tür, muss aber natürlich erst noch ganz, ganz kurz zu Ende telefonieren. Da möchte ich bereits das erste Mal ein bisschen schreien. Vorher hat er auch nur siebenhundertmal nachgehakt, ob ich mir auch wirklich zutraue, für drei Leute zu kochen. Dabei handelt es sich um denselben Mann, der immer lästert, wenn ich iTunes anwerfe: »Mensch, Katja, schreib doch mal darüber, wie es ist, dreihundertmal hintereinander dasselbe schlechte Lied zu hören.«

Schon um 20 Uhr 31 beginnt Schatzi dann laut darüber nachzudenken, ob es nicht besser gewesen wäre, Hack zu machen und nicht Hähnchen. Und warum ich überhaupt Hähnchen koche, wo ich doch weiß, dass er Hack mag. Um 20 Uhr 32 fällt ihm auf, dass ich in der Küche gedeckt habe, und er möchte wissen, ob im Wohnzimmer sitzen nicht viel schöner gewesen wäre. Um 20 Uhr 33, die Gäste sind immer noch nicht da, sucht er eine Antwort auf die Frage, ob es nicht besser gewesen wäre, wir wären essen gegangen, statt dass ich koche. Denn dann könnte er – Achtung! – jetzt viel entspannter sein. Um 20 Uhr 34 fällt ihm auf, dass ich meinen Kopf jetzt seit fünf Minuten rhythmisch gegen die Kühlschranktür haue: »Musst du mir doch sagen, wenn du Stress hast! Dann helf ich dir!« Und ist sich spätestens um 20 Uhr 35, wenn die Gäste klingeln, sicher: »In Zukunft müssen wir das hier alles besser organisieren!«

Letztes Silvester saß ich mit Freunden am Tisch und war – echt untypisch für mich – einfach mal relaxed. Ich leide ja, Sie wissen, unter dieser schlimmen Hausfrauenneurose, dass sich der Besuch unbedingt wohlfühlen soll. Und zwar hundertachtzigprozentig. Dafür ist mir jedes Mittel recht, auch Zwangsernährung. Ich stecke meinen Gästen ungefragt Parmesan in den Mund. Und unter drei Portionen Mousse au Chocolat darf mir keiner das Haus verlassen. Ich kann es auch nicht ertragen, wenn alle nur so ruhig dasitzen. Dann nerve ich die Leute alle fünf Minuten mit der Frage: »Braucht hier noch jemand irgendwas?« Und bin ganz unglücklich, wenn ich ein »Nein« höre. Aber auch ein »Ja« stürzt mich in tiefe Depressionen. Ist mein Gast etwa unzufrieden?

Besagtes Silvester nun war alles anders. Da hielt ich einfach mal lässig und gedankenverloren ein Streichholz ans Tischfeuerwerk.

Zündel, zündel, kawumm!

Nachdem sich der Rauch verzogen hatte und der Feuermelder verstummt war, durfte ich mich an handtellergroßen Brandlöchern in Tischplatte, Stuhlpolstern sowie der Zimmerdecke erfreuen. War nämlich kein Tischfeuerwerk. War eine Böllerbox für draußen. Schatzi behauptet, die hätte ich da hingestellt. Ich behaupte, dass er recht hat.

Ist aber auch egal. Der Kerl macht mich echt wuschig.

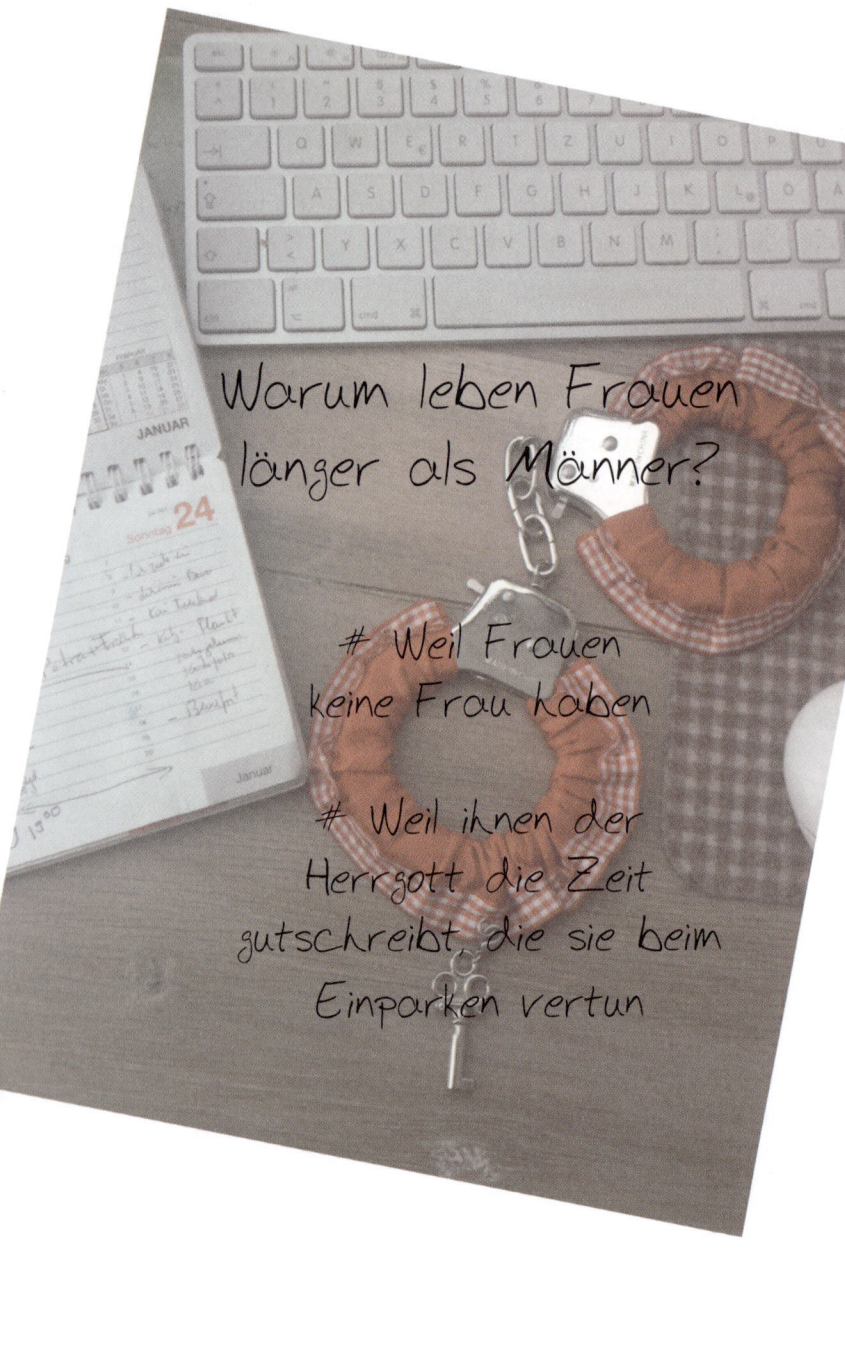

Warum leben Frauen
länger als Männer?

Weil Frauen
keine Frau haben

Weil ihnen der
Herrgott die Zeit
gutschreibt, die sie beim
Einparken vertun

Schickimicki

Oder:

Warum ich bei den Promis die Haare zähle

Schatzi ist ja, ich erwähnte es bereits, viel beschäftigter Manager eines Buchstaben verarbeitenden Unternehmens und muss häufig abends zu VIP-Veranstaltungen. Mir als amtierender Begleit-Ehefrau kommt dabei die Rolle des Bonusmaterials zu. Beziehungsweise die der Sättigungsbeilage am Schnitzel. Je nach Betrachtung. Ich liebe diese Rolle!

Zum einen bin ich wie jede Frau der Welt dankbar, wenn man mich zwingt, neue Schuhe zu kaufen. Am liebsten solche aus der Abteilung »rattenscharf & aberwitzig hoch«, die ich später auch gut auf dem Spielplatz anziehen kann. Außerdem: Es gibt Erst-Investitionen, die Zweit-Investitionen nach sich ziehen, damit es sich aufs Ganze gesehen rechnet. Oder in Mädchen-Mathe: Haste eine Villa, willste keinen Jägerzaun. Wir sprechen vom passenden Kleid zum rattenscharfen Schuh.

Um Stylingkatastrophen zu vermeiden, steht auf einer VIP-Einladungskarte auch gern, was du am besten anziehst, um am wenigsten doof aufzufallen. Am liebsten mag ich »Smart Casual«. Das ist ein eng gefasstes Raster, das den Frauen Gummistiefel verbietet und den Männern auch irgendwas. Wahrscheinlich die Frage zu fragen, was dieses bescheuerte »Smart Casual« eigentlich meint.

Weil ich mit zwanzig dachte, mit vierzig würde ich mich nicht mehr auf den letzten Drücker im Badezimmer fertig machen, und sich das Ganze als Illusion rausstellte, sitze ich nach wie vor und immer wieder gern auf dem Rücksitz irgendeiner geborgten Nobelkarosse und ziehe mir noch schnell das zweite Bein meiner 15-den-Strumpfhose an. Die Herausforderung dabei ist, dem Fahrer vorne bei meiner akrobatischen Übung nicht die Hacken zwischen die Schulterblätter zu rammen. Sie wissen schon: von wegen Paparazzi-Fotos.

Außerdem habe ich immer Nagellack einstecken: Damit repariere ich selbst Laufmaschen von Länge und Breite der chinesischen Mauer.

Und noch eins! Sozusagen Paragraf eins, Absatz eins des Promi-Party-Styling-Handbuchs: Stets wirst du auf Leute treffen, die sich unheimlich viel Mühe geben, gut auszusehen. Und auf welche, die sich unheimlich viel Mühe geben, so auszusehen, als wäre ihnen ihr Aussehen egal. Du kannst also optisch und überhaupt ruhig danebenliegen. Es wird nämlich kein Gast angemeiert, egal ob er seine Krawatte, sein gutes Benehmen oder sein Hirn zu Hause ge-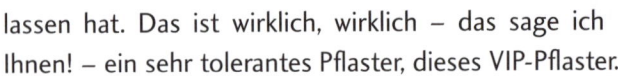lassen hat. Das ist wirklich, wirklich – das sage ich Ihnen! – ein sehr tolerantes Pflaster, dieses VIP-Pflaster.

Endlich auf der Veranstaltung angekommen, gibt es dennoch zwei grundsätzliche Grundprobleme für vierfach bekinderte Begleit-Ehefrauen, so wie ich eine bin.

Zum einen musst du wie eine Erbsensortiermaschine ganz schnell gucken: Welches Gesicht passt in welchen Eimer? Will sagen: Wie heißt der noch, dem ich gerade die Hand schüttele wie einem lange verschollenen Bruder? Du weißt, er war dein Tischherr auf diesem Award, dessen Namen du nicht erinnerst, und bekam einen Preis für eine Leistung, die dir jetzt auch gerade so schnell nicht einfallen will. Jedenfalls ein großartiger Mensch! Schön, dass man sich endlich mal wiedersieht.

Mir persönlich, aber verraten Sie's nicht weiter, hilft ab und an auch die Haarzählmethode nach Dr. Gliss. Gerade ältere Herren legen sich ja gerne ihren spätherbstlichen Bewuchs in Schlaufen um den Kopf. Also: Fünf Haare? Ah ja! Honorarkonsul Dr. Lümmelhannes von der dänisch-peruanischen Diba-Inkasso-Inc. Dagegen: Drei Trilliarden Haare? Na klar. Janine White. – Und so weiter.

Das andere Grundproblem, das sich ergibt, wenn du eine halbe Stunde zuvor noch eine volle Windel in der Hand hattest und jetzt ein Champagner-Glas: Unter Garantie reden alle gerade angeregt darüber, dass nun auch die große Seefahrernation Schweiz in den Walfang einsteigen will. Und du überlegst hektisch, ob du irgendeine Information verpasst hast, seit du das letzte Mal vor dreiundzwanzig Jahren in den Wirtschaftsteil der *FAZ* geguckt hast.

Nicht dass hier Missverständnisse aufkommen. Natürlich steht auch das Leben einer Mutti ganz im Zeichen des Lesens: Materiallisten, Elternabendprotokolle, Hort-Rundbriefe, Fußballturnier-Ankündigungen, Ballett-Aufführ-Info-Mails sowie – Glück pur – Ankreuzlisten am Schwarzen Schulbrett: »Wer bringt Würstchen mit? Wer hat noch ein Bügelbrett im Keller?«

Schon morgens stehe ich vor unserer schwarzen Acht-mal-acht-Meter-Küchen-Kreide-Pinnwand, auf der man auch die Flugrouten

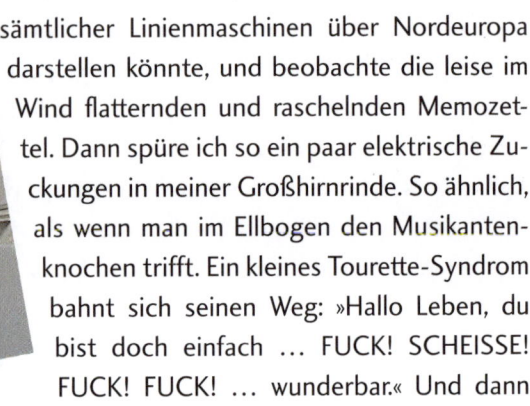

sämtlicher Linienmaschinen über Nordeuropa darstellen könnte, und beobachte die leise im Wind flatternden und raschelnden Memozettel. Dann spüre ich so ein paar elektrische Zuckungen in meiner Großhirnrinde. So ähnlich, als wenn man im Ellbogen den Musikantenknochen trifft. Ein kleines Tourette-Syndrom bahnt sich seinen Weg: »Hallo Leben, du bist doch einfach … FUCK! SCHEISSE! FUCK! FUCK! … wunderbar.« Und dann mache ich mich so überaus zufrieden ans Tagewerk, dass ich darüber sogar die *FAZ*-Lektüre vergesse.

Und um weiteren Zweifeln zuvorzukommen: Ich mag VIP-Veranstaltungen! Ich liebe sie sogar! Besonders den putzigen Tischkärtchen-Tauschtrieb. Der ist bei Promis noch stärker ausgebildet als der Sexual- oder Steuersparttrieb. Dazu schleicht man nach Art eines Chamäleons – ein Auge geradeaus, das andere zur Seite gerichtet – dezent um die Festtafel herum und versucht herauszufinden, welche menschliche Zumutung heute Abend neben einem sitzen soll. Und dann – schwups! – weg mit dem Sitzplatzhinweis.

Ich mag an VIP-Veranstaltungen auch, dass ich allen die Hand schütteln darf, die ich in meinem früheren Leben als Zahnmedizin-Studentin immer in den Wartezimmer-Zeitschriften meines Vaters bewunderte: den Howie und den Udo zum Beispiel. (Nur Kuli, der wohl schon ahnte, dass ich ihm mal drohe, hat sich rechtzeitig in den Himmel geflüchtet.) Und ich mag auch, dass ich morgen auf dem Event wiedertreffen darf, wer sich auf der Preisverleihung gestern schon als sterbenslangweilig herausgestellt hat.

Zum Händeschütteln ist, apropos, reichlich Gelegenheit. Jede Promi-Party zwischen hier und Hollywood zeichnet sich nämlich dadurch aus, dass alle irgendwie ein bisschen verwirrt sind und sich gern dreimal »Guten Abend!« und viermal »Tschüss!« sagen. Getreu dem Motto: »Hatten wir uns schon begrüßt? Wissen Sie auch nicht? Na dann!«

Selbst Schatzi, ich muss da jetzt mal petzen, führte neulich auf einer firmeneigenen Veranstaltung einen Dialog wie aus einem Woody-Allen-Film. Er sagte: »Auf Wiedersehen!« und meinte »Hallo!«. Was sein Gegenüber nicht minder verwirrt mit einem »Und was machen Sie hier?« quittierte.

Meinen aktuell liebsten Dialog hörte ich vor drei Wochen. »Bist du geliftet oder hattest du einen Schlaganfall?«, wollte die eine nette Dame von der anderen netten Dame wissen. Ich erzähle das nur, weil Erstere so über den Tisch hinwegbrüllte, dass man es auch noch bis Lappland hörte. Und die andere? Offensichtlich entweder extrem geländegängig oder einfach nur schwerhörig, setzte sich einfach mal zum Plaudern nieder. Da denkst du doch tief in deinem Herzen: Haben die jetzt einen? Oder bin ich?

Ich mag an VIP-Veranstaltungen, dass eben doch alle nur mit Champagner kochen. Dass du das erste Glas in die Hand gedrückt bekommst, bevor du noch deinen Namen sagen kannst. Dass du lustige neue Begriffe aus der Tomatoffel-Kreuz-Sprache lernst wie »Flying Buffet« oder »Petit Fingerfood«. Es stört mich auch nicht, dass Leute fragen: »Hey, Katja, wie ist das denn so? Ständig diese Partys? Ständig diese Prominenten?« Und dabei einen Ausdruck im Gesicht haben, als hätten sie gerade die Worte »Rollmops« und »Kackwurst« aussprechen müssen. Nein, ich mag, dass Omi Kiel mit ihren Großmutti-Kolleginnen zusammensitzt und ehrfürchtig flüstert: »Also die Katja, die war ja schon in Hollywood!«

Aber am allerdollsten mag ich an VIP-Veranstaltungen, dass sie irgendwann zu Ende sind. Dass ich mit Schatzi nach Hause fahre. Dass er noch im Auto seine Fliege in den Fond wirft. Und dass wir, zu Hause angekommen, das Beste machen, was zwei ermattete Eltern von vier Kindern machen können, um leere Party-Batterien aufzuladen. Wir gehen an die Bettchen unserer Kinder. Wir drücken die Bettdecken fest. Wir rücken die Kuscheltiere zurecht. Und schauen ihnen eine Weile beim Schlafen zu.

Und dann denken wir: Unser Leben ist – Achtung Tourette! – SAU-gut.

Pssssssst!
Nur falls Sie das
fragen wollten!
Das ist nicht
Gisele Bündchen!
Das bin ich!

Warum sind verheiratete Frauen
dicker als unverheiratete?
Singles kommen nach Hause,
sehen im Kühlschrank nach und
gehen dann ins Bett. Ehefrauen
kommen nach Hause, sehen im
Bett nach und gehen dann an
den Kühlschrank.

Sieben Spatzen sitzen
am See und spielen Skat!

Oder:

Tränen an der Uni

Die Erinnerungen an meine Uni sind wie guter Speck: auch ein bisschen durchwachsen. Du denkst ja, das ist der Ort, an dem du Penne
und Paukern ein befreites »Hey, fasst mich mal an die Füße, Leute!«
nachrufst. Ich habe erschrocken feststellen müssen: Das ist hier ja
noch tausendmal verschulter als Schule!

Nun habe ich nicht Jura studiert. Gerüchteweise ist das ja die Fa-
kultät, wo du am ersten Tag des ersten Semesters dem Hörsaal einmal kurz Hallo sagst. Und dann drei Jahre feiern gehst.

Oder BWL! BWLer wurde zu meinen Zeiten, wer nach tief grün-
delndem, eintägigem, leidenschaftlichem »Ene, mene, muh« weder
Medizin noch Jura studieren wollte.

Ich studierte Zahnmedizin. Zahnärzte waren schon mein Vater, mein
Onkel, meine Schwester. In unserem familiären Berufe-Eintopf schwimmen aber auch ein halber Pfarrer, ein Schweinebauer, eine Germanis-
tikprofessorin sowie zu Urgroßvaterzeiten ein Schrankenwärter.

Montags bis freitags gab's täglich mindestens drei Zahni-Vorlesun-
gen der Marke »Geht's noch langweiliger?« inklusive Anwesenheits-

kontrollen wie beim Militär: »Müller?« – »Meier?« Ich hatte eine Kommilitonin, die hieß Assel, ließ sich aber aus nachvollziehbaren Gründen »Assélll!« aufrufen. Und den großen Plan X hatte sie auch schon. Im Falle einer Heirat wollte sie auf jeden Fall Assélll-Bindestrich-Irgendwas heißen. Damit der suchende Patientenfinger, der in den Gelben Seiten naturgemäß bei A anfängt, gleich fündig wird.

Damals gelangte ich zur Überzeugung: Im Leben kann nur Erfolg haben, wer Kompetenzen abgibt und den Nachwuchs fördert. Regelmäßig erlaubte ich meiner Kommilitonin und Busenfreundin Bettina: Du darfst jetzt ich sein. Dazu hockte sie sich geduckt in die letzte Hörsaalreihe und rief »hier!«, wenn der Professor »Kessler?« fragte. Funktionierte prächtig! Auf einen anwesenden Studi kamen oft drei »Hier!«-Geister. Ich mein: Wie niedlich ist das?! Da sollst du als Prof nanokleine Löcher im Zahn erkennen, stolperst aber nicht über riesige Lücken im eigenen Hörsaal.

Aber nicht nur die Vorlesungen waren ein bisschen drömmelig. Auch die Lehrbücher. Hier galten folgende zwei Autorengesetze: Warum einfach formulieren, was sich auch kompliziert ausdrücken lässt? – Regel 1. Regel 2: Sämtliche die Lesefreude steigernden Layout-Maßnahmen sind zu unterlassen. Nicht dass noch jemand Spaß bekommt am Studieren!

Ich finde auch, wer Mutter werden will, sollte UNBEDINGT vorher zwanzig Semester Zahnmedizin studieren! Da lernst du nämlich frühes Aufstehen. Mehrere Jahre war ich morgens ab sieben hauptberufliche Taxifahrerin mit der Fahrroute Seniorenstift-Behandlungsstuhl-Seniorenstift.

Im Seniorenstift wohnten naturbedingt die Supi-Patienten mit der meisten Zeit, der größten Geduld und einer tief empfundenen

Dankbarkeit uns Bohranfängern gegenüber. Aber eben auch die flusigsten Patienten, die immer sämtliche Termine verschlumpften, zur Prothesenanprobe ihre Prothese nicht mitbrachten und bei denen immer die latente Gefahr bestand, dass der nächste Teleskop-Kronen-Abdruck schon auf einer Wolke stattfand. Ich hatte mehrere Kommilitonen im Semester, die ihren Schein nicht bekamen, weil ihnen der Patient abhandengekommen war.

Willi, neunundachtzig Jahre jung, war mein Prothesepatient. Ich habe Willi geliebt. Ich weiß nur nicht, ob ich ihm das immer so zeigen konnte. Einmal sollte Willi vor dem anwesenden Professor die Saugkraft meiner-seiner tollen neuen Oberkiefer-Prothese unter Beweis stellen. Die hatte ich für ihn zum Preis von mindestens zwanzig Blasen an den Fingern und einem abgebrochenen Nagel gebastelt. Die Zähne standen stramm wie Klaviertasten. Ich hatte ihm ein hellrosa Zahnfleisch ausgesucht und Beißerchen, so strahlend weiß wie Milchzähnchen eines Zweijährigen. Nach dem Pressvorgang war das Ding von mir sogar noch, alter Zahntechnikertrick, mit Stoßstangenpolitur auf Hochglanz gebracht worden. Kurz: Ich hatte mir *echt* Mühe gegeben. Willi würde die nächsten dreißig Jahre den Seniorenstift rocken. Nur noch das Saug- und Lispeltestat fehlte.

Sprechen Sie mal nach: »*Sieben Spatzen sitzen am See und spielen Skat!*«, sagte der Professor zu meinem Willi. Der kam nur bis »sieben«. Nicht weil die Prothese fiel, sondern weil er den Rest des Satzes schon wieder vergessen hatte. Dann guckte er mich an. In seinem verzweifelten Blick las ich, er hatte so unbedingt alles richtig machen wollen. Junge Zahni-Studentinnen und ihre Opa-Patienten sind nämlich eine eingeschworene Schicksalsgemeinschaft, müssen Sie wissen. Dann brach Willi in Tränen aus. Oh, Willi! Hörst du das da oben in deinem Himmel? Es tut mir so, so leid! Immer noch!

Auch nach fünfzehn Jahren! Gräm dich nicht! Das war's nicht wert! Die Prothese war sowieso hässlich!

Nun lebt selbst eine Zahnmedizinstudentin ja nicht nur von Luft und Langeweile. Das Studium war auch die Zeit der SABs, das ist ein LAB-Derivat und meint »Semester-Abschnitts-Gefährte«. Die Kennenlernbörse der Zahnmediziner hieß »Wurzelspülung«. Eine Traditionsparty, die den Ruf zu verteidigen hatte, die beste aller Schnarchnasenveranstaltungen zu sein. Wir tranken warmes Bier aus Plastikbechern. Entweder war dann immer das Bier aus. Oder die Plastikbecher. Oder die Party. Ich hatte nie einen Zahni-SAB. Das liegt auch ein bisschen daran, dass man mit mir keine erotischen Feierabendgespräche über Parodontose und Trapezlappen führen kann. Sorry!

Mein Vater träumte zeitlebens davon, dass ich später mal in seine Praxis einsteigen würde. Beim Zufallstreffen mit Ex-Kommilitonen bin ich auch immer noch brav der pawlowsche Hund, der das Glöckchen hört. Dann erzähle ich: Muffeln, Küvetten, wunderbar! Das ist wie ein Reflex.

Ich erinnere mich aber auch an meine erste VIP-Party. Da stellte ein Promi einfach mal sein Glas in den Salat. Und wissen Sie was? Ich dachte gleich: Hier unter den Bekloppten bin ich richtig!

In diesem Sinne: Es ist gut, dass ich nicht mehr bohre. Aber den allergrößten Gefallen, glaube ich, habe ich meinen Patienten getan.

Ich möchte echt mal gelobt werden.

Also, ich finde mich gut!
Wenn ich ein Mann wäre,
ich glaube, ich würde mich
nicht von mir scheiden lassen.

Ina Müller

Das Rezept einer guten Ehe

Oder:

Brüste auf dem Fax

Wissen Sie was? Mein Mann hat Glück mit mir! Nie würde ich ihm die Hölle heißmachen, nur weil er unseren Hochzeitstag vergisst. Dafür hab *ich* Pech mit ihm: Jedes Jahr am 23. Januar setzt er seinen Schatzi-Spezial-Dackelblick auf und fragt bedeutungsschwanger: »Weißt du eigentlich, was *heute* für ein Tag ist?«

Früher pflegte ich dann immer hektisch meinen Ehering vom Finger zu frickeln und das Datum darin zu studieren, als ob ich es das erste Mal lesen würde. Eine Methode, die auf Lücke setzt. Ich verliere nämlich gern und regelmäßig meine silbernen Spickzettel. Aktuell gerade den dritten. Und Schatzi zeigt sich zurzeit etwas verbockt, was die Anschaffung von Nr. vier angeht.

Ist auch schnurz: Demnächst feiern wir Zehnjähriges, also Rosenhochzeit. Was beweist: Um glücklich miteinander zu leben, brauchen Mann und Frau wirklich keinen Ring. Sie müssen einfach nur ein bisschen heiraten!

Und noch eine Sache habe ich festgestellt: Mit dem Status »Rosenhochzeitler« ist ein beeindruckendes gesellschaftliches Upgrading verbunden. Früher war ich Chaos-Katja mit einer ausgeprägten Kochbuch-Legasthenie, unordentlich bis zum Tod. Mit einem Mal bin ich Ehe-Expertin. Gibt man mir ein Labor, entdecke ich bestimmt auch noch ein Mittel gegen Krebs.

»Du, Katja, wie machst du das bloß?«, fragen mich viele Wieder- oder Noch-Immer-Singles. Nun, zum einen liegt das natürlich an meinem fantastischen Schatzi. Er gibt sich redlich Mühe, der Mann zu werden, der zu sein er vor der Hochzeit behauptet hat. Er weiß mittlerweile, dass eine normale Frau im Laufe des Tages ganz unterschiedliche Töne und Geräusche von sich gibt, von Forschern zusammenfassend »Sprache« genannt. Er weiß auch, dass Sprache kein iPhone-Klingelton-Menü ist, bei dem man von »Alte Hupe« auf »Trillern« stellen kann, wenn man genervt ist. Er ist so ein gelehriger Schüler, dass wir nächstes Jahr versuchen wollen, das theoretisch erarbeitete Unterrichtsmaterial auch einmal in die Praxis umzusetzen. Dazu werde ich im Kreise von hundertzwanzig Freunden sowie meinen Schwiegereltern feierlich den Satz sagen: »Schatzi, ich liebe dich!« Er soll dann erraten, was ich meine. Zur Konzentrationsförderung und um ein Scheitern zu vermeiden, bekommt sein bester Freund Lars vorher noch Hausverbot. Außerdem verstecke ich die Fernbedienung vom Fernseher.

Ein spanisches Sprichwort sagt: Man liebt sich in der Dämmerung, man heiratet bei Kerzenschein. Aber zusammenleben muss man bei Tageslicht. Deswegen hier mein Tipp von Ehefrau mit Fronterfahrung zu Ehefrau in spe: Wenn dir deine Schwiegermutti zur Verlobung die Halterpapiere für ihren Sprössling aushändigen will, unbedingt gucken, ob da steht: »arbeitet sich den Arsch ab; nie da; immer nur im Büro«. Dann weißt du: Das ist der richtige Kerl zum Heiraten! Den siehst du erst im Dunkeln, wenn beim »Tatort« der Abspann läuft.

ALLE FRAUEN SIND ENGEL! STUTZT MAN(N) IHNEN DIE FLÜGEL, FLIEGEN SIE AUF EINEM BESEN WEITER!

Ein weiterer Trick meiner Ehe ist, dass ich nach zehn Jahren ein paar Schlachten nicht mehr schlage. Der Frontabschnitt »Kochtopf« zum Beispiel wurde von mir bereits komplett und widerstandslos geräumt:

Vorletztes Silvester hatte Schatzi genau zwei Wünsche fürs neue Jahr. »Hör auf, es allen recht zu machen!« Und: »Hör auf zu kochen, Katja!«

Punkt eins betreffend muss ich sagen: Das ist eine echte Frauenkrankheit. Immer dieses nervöse Checken, haben alle Kaffee in der Tasse und Torte auf dem Teller? Während Männer bei gleißendem Licht um einen vollgesauten Tisch herum sitzen können und den Spaß ihres Lebens haben. Wahrscheinlich werden Theologen in zweitausend Jahren darauf kommen, dass Adam uns Frauen seinerzeit nicht nur eine Rippe unterjubelte, sondern auch gleich mal einen Restposten Kümmer-Gene aufs Auge drückte. So sind wir Frauen hin und her hetzende Duracell-Häschen, während der Kerl ruft: »Nun setz dich doch, Schatz!«

Was den zweiten Silvesterwunsch angeht: Nun, ich bin tatsächlich eine dieser Frauen, die zum Kochen im weitesten Sinne zählen, wenn sie einen Fleischwurstkringel kaufen und in den Kühlschrank legen. Aber ab und an verirre ich mich doch an den Herd, dann mag ich mich allerdings nicht an irgendwelche kleingedruckten Grammangaben für verschreckte Uschis halten. Ich nenne das »kreativ«, Schatzi »zusammenrühren«.

Zu Beginn unserer Beziehung konnte ich noch große abendliche Überraschungserfolge feiern mit Spirelli-Nudeln, geschnitzelten Dosenwürstchen, viel Ketchup und reichlich Rama.

Mittlerweile aber sitzt Schatzi einfach nur noch da, hängende Ohren und traurige Augen wie ein Basset, und guckt fragend auf sein Näpfchen.

Ein italienischer Komiker formulierte das mal so: So eine Ehe ist eine gerechte Sache. Die Frau muss jeden Tag das Essen kochen. Und der Mann muss es jeden Tag essen.

Nun weiß ich ehrlicherweise aber auch nicht, ob mein Mann wirklich der Richtige ist, um über gutes und schlechtes Essen zu diskutieren. Ich mein: Würden Sie Ihre Kuchengabel fragen, ob ihr die Schlagsahne zwischen den Zinken steif genug ist? In dunklen Single-Mann-Zeiten, so habe ich herausgefunden, hat Schatzi nämlich immer Sahneheringsbrote mit Löwensenf und Scheiblettenkäse gegessen. Und zwar im Schichtungssystem: erst das Brot, dann der Senf, dann Hering, dann Käse. Und die ganze Zeit schon beschäftigt mich die Frage, ob man schreiben darf, dass er dazu noch nicht mal Drogen nehmen musste und man ihm auch keine Pistole auf die Brust zu drücken brauchte.

Goethe hat mal gesagt, im Ehestand muss man sich hin und wieder streiten, sonst erfährt man ja nichts voneinander. Ich würde sogar so weit gehen zu sagen: Jedem Mann musst du regelmäßig mit der Bratpfanne auf den Kopf hauen, sonst wird das nix. Schatzi zum Beispiel lässt mir gern – ich glaube, er hält das für Liebesbriefe – die neuesten Schockermeldungen aus dem Büro zukommen: »*Beinamputation, nachdem sie mit ihren Louboutins umknickte!*« Oder: »*Schrumpfhirn, weil sie immer nachsalzte!*«

Nun dürfte man doch erwarten, dass er wenigstens noch ein Herzchen, einen Smiley oder – je nachdem – ein paar Brüste zum freundlichen Gruße an die Ehefrau unters Fax malt. Aber nein.

Nach zehn Jahren Ehe möchte ich das Geheimnis einer perfekten Ehe vielleicht so formulieren: Reflexion und Fluoreszenz. Am Anfang leuchtet dein Gesicht nur, wenn du ihn siehst. Später auch noch, wenn er die Haustür von außen zumacht. Oder mit den chirurgisch präzisen Worten von Oscar Wilde: Ehe ist der Versuch, zu zweit wenigstens halb so glücklich zu werden, wie man allein gewesen ist.

Allerdings habe ich Ihnen bislang noch nichts vom allergrößten Geheimnis einer perfekten Ehe erzählt: Kinder. Immer wenn ich Schatzi ein bisschen vom Radar verliere – zwischen seinen Liebesfaxen im Ostwestfalen-Style und seiner dunklen Sahneheringsbrote-Vergangenheit –, dann schaue ich mir unsere vier Kinder an. Und dann denke ich: Wo so was Schönes, Sortiertes, Wunderbares bei rauskommt, kann der Kerl ja nicht ganz verkehrt sein.

In diesem Sinne: »Wer seinem Partner alles zu lesen gibt, ist erst kurz verheiratet«, sagt ein schottisches Sprichwort. Also: Verbrennen Sie diese Seiten. Sagen Sie meinem Mann, wenn Sie ihn sehen, seine Frau findet ihn klasse. Er soll sich keine Sorgen machen! Allerdings mache ICH mir Sorgen. Ich frage mich nämlich schon die ganze Zeit, wie ich Vertrauen zu einem Mann haben soll, der so eine Zicke wie mich geheiratet hat.

Ich habe übrigens auch noch mal recherchiert! Ich habe am Neunundzwanzigsten geheiratet. Fragen Sie mich aber bitte nicht, welcher Monat. Und wenn Sie mich morgen treffen, habe ich vielleicht auch vergessen, welches Jahr und welchen Mann. Ich weiß nur: meine große Liebe.

PS: Schatzi hat sich gerade beschwert. War auch nicht der Neunundzwanzigste! Der *Acht*undzwanzigste. Muss ich mal mit Omi Kiel schimpfen, dass sie mir da so falsche Daten nennt.

Und wenn ich Dich zwei Fragen
fragen würde,
wär das: Woran glaubst Du?
Und wofür lebst Du?
Und wenn Du mich zwei Fragen
fragen würdest,
wär das: Woran denkst Du?
Und wohin gehst Du?

Song der Band »Klee« auf YouTube

Schafsköpfe im Kühlschrank

Oder:

Auf Reisen

Wer Geld für eine Reise gibt, wird reich zurückkehren, lautet ein arabisches Sprichwort, das ich mir gerade selbst ausgedacht habe. Seit ich denken kann, investiere ich in Flugtickets. Bevor ich denken konnte, war ein weißes Wohnwagen-Ei namens Eriba Troll mein Schicksal. In dem fuhren meine Eltern, also Opa Kiel, Oma Kiel mit uns, ihren drei Kindern, sowie acht Paletten »Schnittbohnentopf« von Sonnen-Bassermann zweimal pro Jahr frohgemut gen Süden. Ich habe es geliebt!

Man fährt ja Wohnwagen mit der Begründung: »Da kannst du immer halten, wo es schön ist.« Stimmt. So war unser erster Stopp dann auch meist eine schnuckelige Autobahnraststätte Höhe Harburger Berge. Bevor wir hier zwischen Öl lassenden Riesenbrummis im Rahmen eines »Alle Mann!«-Manövers das erste Mal die Stützen unseres Eriba Trolls runterkurbeln durften, hatten mein Bruder Leus und ich uns schon zehnmal gehauen. Außerdem gab es da noch meine Verräterschwester Pezi, die sich brav mit hinlegte, wenn unsere Altvorderen pünktlich um eins für ein spontanes Mittagsschläfchen die Gardinen zuzogen.

Leus und ich saßen während dieser Zeit vorne in unserem alten Mercedes 280 und kurbelten die Sitze rauf und runter. Hatten wir uns zehn Minuten die Hölle gelangweilt, startete das beliebte Spiel »Ich ärgere jetzt mal den anderen«. Hierbei versucht der männliche Mitspieler herauszufinden, wie breit man sich machen kann, bevor es zu breit ist. Zentrale Wichtigkeit hatten dabei die Fragestellungen: Darf auch meine Schwester ihren Ellenbogen auf die Mittelkonsole legen, und will ich, dass sie *Micky Maus* liest – ja, nein?

War trotz der beiden Joker »Haarereißen« und »Kneifen« die nächste halbe Stunde kein Sieger zu ermitteln, bollerten wir im zweiten Spielschritt gegen die Wohnwagentür. Mein Vater gab dann den Schiedsrichter – und uns beiden eins hinter die Löffel. Sodann kletterten wir alle wieder ins Auto, und weiter ging's, nicht minder fröhlich, mit tuck-tuck-hundert Richtung Tessin. War schon nett!

Als Fünfzehnjährige flog ich mit dem Schüleraustausch nach Ostafrika. Für jemanden mit Wohnwagen-Vergangenheit ist das mindestens Neil Armstrong und Mond. Um nicht zu sagen: Popo von Welt. (Übrigens: Viel später traf ich mal auf einer Party den Armstrong-Kollegen Buzz Aldrin, als erster Mensch zweiter Mensch auf dem Mond. Ich erkannte: Wir sind Brüder im Geiste. Seine Reiseerlebnisse braucht auch niemand so wirklich. Oder wie man auf Schalke sagt: »Nix ist scheißer wie der zweite Platz!«)

Reisen ist Leben, wie Leben ist. Bunt. Reisen öffnet Horizonte. Und noch viel cooler: Reisen öffnet Kühlschränke. In dem meiner studierten Gasteltern in Nairobi begrüßte mich schon am ersten Abend, gerahmt von Ananas und Nutella, ein gekochter Schafskopf, Zunge raus, Augen weg. In solchen Situationen bin ich nicht so esoterisch drauf, dass ich rufe: »Igitt!« Und auch nicht so praktisch, dass ich frage: »Wo ist Salz?«

Ich will nur den Botschafter sprechen. Und Mama und Papa sollen mit der nächsten Bundeswehrmaschine einfliegen.

Kulturell mitgenommen habe ich allerdings die warme Idee von familiärem Miteinander. Ich, Onkel John, Tante Mary, Cousin Bob, Schwippschwager Bob-Bob, meine Gasteltern, fünfundsiebzig Bambinis und der kenianische Landfrauenverband – alle um einen Tisch. Natürlich auch der Schafskopf. Den wollen wir hier nicht vergessen. Und dann: Ran da mit der Gabel.

Damals wusste ich: Würde ich in fünfzehneinhalb Jahren mal einen Mann kennenlernen, der seine Brote nie durchschneidet und mit den Zähnen immer in die Gabel beißt beim Essen – niemals, niemals mache ich darüber eine dumme Bemerkung!

Außerdem bin ich Matatu gefahren. Das sind diese berühmten fünfzehnsitzigen Kenia-Taxen, bei denen der Luftraum zwischen den dreißig Insassen bis Unterkante Wagendach mit Maissäcken, Betten und Hühnern aufgefüllt wird. Raum ist also relativ. Das sage ich Schatzi immer, wenn er einmal die Woche jammert, er hätte zu wenig Platz in unserem gemeinsamen Kleiderschrank.

Im dritten Semester Zahnmedizin flog ich mit Verräter-Pezi und meiner Freundin Sandra nach Indonesien. Wir starteten in einem Orang-Utan-Rehabilitationscenter auf Nord-Sumatra und arbeiteten uns »Lassi«-trinkend und nach Anti-Mückenstich-Salbe riechend mit Rucksack bis Bali vor. Ich hatte mir fest vorgenommen auszusteigen. Ein Wunsch, den Zahnmedizinstudentinnen dreimal am Tag sieben Tage die Woche träumen. Jedenfalls, wenn sie mit Vornamen Katja heißen, Zahnarzt-Vater, Zahnarzt-Onkel und Zahnarzt-Schwester haben. Und dann Prothesen produzieren, die trotzdem nicht saugen wollen.

Indonesien ist für Aussteigerfrauen die totale Enttäuschung.

Wie kann man bitte Urlaub machen vom »Ich«, wenn einem ständig das eigene Spiegelbild in Form frustrierter Großstadt-Tussis entgegenwackelt? Wie will frau vernünftig durchhängen, wenn immer schon eine Tante ein bisschen tiefer hängt? Das ist Leistungsgesellschaft pur! Da entsteht doch Wettbewerb und Druck! Und ich finde auch: Wer sich mit dem Gedanken an Absturz trägt, muss erwarten können, dass an der Absturzstelle die beste Sonnenliege nicht schon durch irgendeinen langhaarigen Loser blockiert ist. Geblieben aus dieser Zeit sind auch noch folgende drei Fragen:

1 Wie bescheuert darf man eigentlich aussehen?
2 Ab wann kommt die Polizei?
3 Wie kam die Pampers-Bikinihose ins Fotoalbum, und wer will mir mit dieser Fotomontage schaden?

Mit fünfundzwanzig hieß mein Reiseziel Shanghai. Ich weiß noch, dass der Taxifahrer nicht alle Koffer unterbekam – Sie müssen wissen, ich reise immer mit kleinem Gepäck – und ich die Fahrt über irgendeinen Eimer auf dem Schoß halten musste. Im Jin Yan Tower, meinem sehr merkwürdigen Hotel mit den eklig beschlagenen Scheiben, angekommen, fand ich eine geknotete Krawatte hinter der Couch. Fragen Sie mich jetzt nicht, warum ich da nachgeschaut habe. (Weiß ich nämlich selber nicht.) Aber dafür hatte ich gleich einen Film vor Augen: Konzernchef, siebzig Jahre alt, seine Sekretärin, auch schon zwanzig, explorieren mit der Freundin der Sekretärin den Verkehrsknotenpunkt Südostasien.

(Übrigens! Wo wir das Thema gerade streifen. Ich finde ja am erotisch-exotischsten nicht irgendwelche Herbergen in Fernost, sondern deutsche Tagungshotels. Da kann es der Filialleiter des Konzernchefs wenigstens in Krankenhausbettwäsche machen oder auf nervösen Synthetik-Teppichen der Marke »Psychedelic-Kurzflor«. – Aber das nur am wirklich unwichtigen Rande.)

Mit achtundzwanzig – ich hatte gerade von der Berufssparte »Zahnärztin« ins Fach »Hollywood-Reporterin« gewechselt – traf ich meine ganz große Liebe (davon sollte man als moderne Frau ja immer ein paar haben): eine goldene Senator-Karte von der Lufthansa. Mit der war Reisen dann gleich mal doppelt so schön.

Ich finde ja, alle lügen, wenn sie sagen, es ist egal, wo man im Flugzeug sitzt. Da gibt es eindeutig Luftunterschiede. Ich finde auch, es wartet sich nicht mehr so einsam auf der Rollbahn, am Abflug-Gate, vor dem Gepäckband, wenn du die wärmende Kraft deiner Senator-Karte in der Gesäßtasche spürst.

Ich flog ganz viel »First Class«, die größte Versuchung kleiner Klatschreporterinnen seit Einführung des Dispos. Man gibt nämlich seine gesammelten Bonusflugmeilen aus, darf aber (Achtung, Peter Zwegat! Ihr Fall!) auch Meilenschulden machen.

Ebenfalls frustrierend: Neben mir saß nie George Clooney. Nur Pavarotti. Ich würde lügen, würde ich sagen: Den habe ich mir aber jetzt wirklich dünner vorgestellt! Überhaupt gab es an der First Class ein gewisses – nun – Knackigkeitsgefälle zu beklagen zwischen den Röschen *in* und den Typen *zwischen* den Armlehnen.

Praktisch wäre auch gewesen, man hätte die Senator-Karte tunen können. Ich denke da an einen »Kai-Ebel-Protektor« in Form einer an der Karte baumelnden Fliegenklatsche.

Irgendwann landete ich, mit Leopardenpuschen und dünnem Blüschen von den sonnig-warmen Filmfestspielen in Cannes kommend, am zwei Grad kalten Formel-1-Nürburg-Ring. Während ich den ersten Eispopel an der Nase ausbildete, fragte mich Kai, in dicke Daunen gepackt und durch eine Atemwolke hindurch: »Sag mal, Katja, ist dir nicht kalt?« Um dann wieder abzuschieben.

So eine, wie sagt man gleich, Fünf-Buchstaben-Violine!

Das Reisen hat mich auf jeden Fall viel intellektueller gemacht!

Ich weiß: Woanders ist es anders. Ich weiß jetzt, worum es geht.

Ich lehne aus tiefstem Herzen Frauen ab, die immer nur shoppen, wenn sie irgendwo hinfahren. Das ist mir zu vordergründig! Man muss das Hintergründige suchen. Zum Beispiel, dass ich in London Sachen kaufen kann, die mir schon zu Hause viel zu teuer gewesen wären, obwohl die da eigentlich billiger waren. Mal abgesehen davon, dass ich sie gar nicht brauche.

So ist das!

Ich mache mir Gedanken. Viele, viele sinnlose Gedanken. Die ich in Bücher fülle und zu Weihnachten der Verwandtschaft aufnötige, die noch nicht mal vorne im Buchdeckel eine Widmung von mir will.

Der beste Ehemann, den eine Frau bekommen kann, ist ein Archäologe. Je älter sie wird, desto mehr interessiert er sich für sie.

Agatha Christie

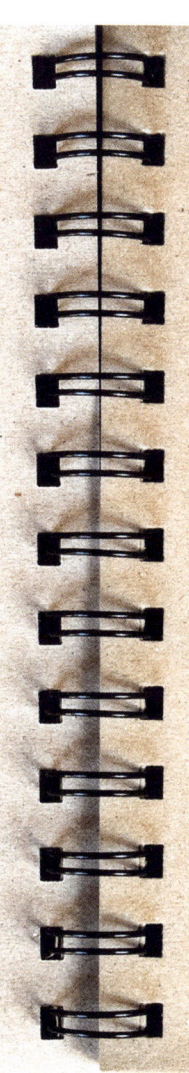

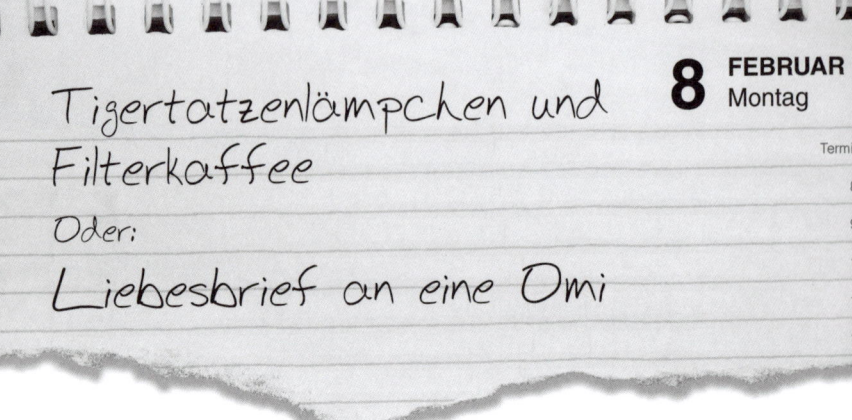

Tigertatzenlämpchen und
Filterkaffee

Oder:
Liebesbrief an eine Omi

8 **FEBRUAR**
Montag

Termine

8

9

10

11

12

Liebe Mama, sehr verehrte Omi Kiel!

Am Wochenende war ich mit Dir in Kiel. Im Alter von vierundsiebzig und nach dreiundvierzig Jahren wirst Du Deine gemütliche Wohnung auflösen und zu uns in unseren Vier-Kinder-Rummelplatz-Haushalt ziehen. Weißt Du eigentlich, was da auf Dich zukommt?

Statt Deiner geliebten Tasse Handfilter-Kaffee und Heia-Hopsasa auf NDR1 gibt's ab sofort morgens um sie- ben für Dich Helikopter-Kreisen und Spürhundgebell. Wenn nämlich in den Tiefen unseres Kellers die tägliche Großfahndung nach verschollenen Hockeyschlägern, Federtaschen und Gummistiefeln anläuft. An der Wursttheke wirst Du in Zukunft auch nicht mehr zehn Gramm getrüffelte Gänseleberwurst kaufen, sondern dreißig Kilo grässlichen Bärchen-Aufschnitt.

Ist Dir das klar?

Ich muss Dir auch von meiner größten Sorge berichten! Ich kenn Dich ja jetzt betriebsintern seit einundvierzig Jahren. Ich weiß: Stehst Du vor einer Scheibe frischem saftigem Brot und einer alten rissigen Schuhsohle, isst Du aus vollster Überzeugung: die Schuhsohle. Nichts darf umkommen. Die saftige Scheibe von heute ist dann die Schuhsohle von übermorgen, die du in alter Tradition über-übermorgen in Angriff nimmst. Werde ich diese höhere Mathematik je begreifen?

Und kennst Du eigentlich schon unsere strenge Hausordnung? KEIN Herrenbesuch nach zwanzig Uhr! Betrifft auch Mini-Pyjamaträger, die sich mit Teddy unterm Arm und unter Vorwand unter Deine Bettdecke schmuggeln! Kannst Du da wirklich Enthaltsamkeit üben?

Als vor acht Jahren Opa Kiel in den Himmel umzog, begann ich Dich erstmalig zu locken. Wie man das so macht bei älteren Damen: »Buuuut! Buttbuttbuttbutt! Kooomm! Haben *echte* Kaffeesahne! Buttbuttbuttbutt!«

Später stieg ich dann um auf ein klares »Los jetzt! Hüh!« Hat Dich aber auch nicht beeindruckt.

Das entscheidende Umzugsargument hat dann vorletzte Woche unsere Terrasse zugeliefert:

Du warst an dem Tag etwas wackelig auf den Beinen. Ich wollte, dass Du in Decken gewickelt die Wintersonne genießt, und führte Dich ganz vorsichtig am Arm über das spiegelglatt vereiste Holz. Den Weg zurück ins Haus nahmst Du – klar, typisch Omi! – allein in Angriff. Es war Dir natürlich auch wichtig, vorher noch *zwei* Polsterauflagen unter den Arm zu klemmen.

Jedenfalls, wie man sich an fünf Fingern und einer Hammerzehe abzählen kann: Die Kinder kamen gelaufen und schrien: »Mama, schnell, komm! Oma ist gestürzt! Die blutet ganz doll am Kopf!«

Nun also, überraschend, kurzfristig, Schreck lass nach, Hilfe, bist Du zu der Überzeugung gekommen, dass es sich in Familie besser fällt als alleine. Du hast den magischen Satz ausgesprochen: *Ja, ich ziehe zu euch!*

Und plötzlich, o Gott, habe ich dicke, fette Skrupel!

Bist Du Dir wirklich sicher, dass Du das willst? Ich mein, hallo Mama! Du KENNST mich doch!

(Oder vielleicht auch nicht?! Sonst hättest Du ja wahrscheinlich nicht Ja gesagt.)

Ich bin die schlimmste Oberzicke, die rumläuft! NOCH schlimmer als Deine andere Tochter.

Und wo jetzt schon die Zeit der großen Beichten ist: Ich habe als Kind immer schon im November angefangen, Deine Weihnachtsgeschenkverstecke auszuspionieren. Jawoll! Aber ehrlicherweise? Die waren nie sehr raffiniert und deswegen stets leicht für mich zu finden: hinter den Pullistapeln in Deinem Kleiderschrank; auf dem Dachboden. Für unser nächstes gemeinsames Leben möchte ich Dich echt bitten: Gib Dir hier mal ein kleines bisschen mehr Mühe!

Ich war auch gut im Aufspüren Deiner geheimen Süßigkeiten-Depots. Ich würde sogar so weit gehen zu behaupten: An mir ist eine Aufklärungsdrohne verloren gegangen! Die Verpackungen von Caramac und Raider habe ich, nur dass Du's übrigens weißt, falls Du noch mal sauber machen willst, immer unter mein Bett oder hinter die Waschmaschine geworfen! Es stimmt auch nicht, dass ich meine

Zahnspange in der Harmsstraße verloren habe, auch wenn Du da mit mir zwei Stunden gesucht hast. Alles gelogen! Das war im Königsweg. Aber den hattest Du mir ja bei Todesstrafe verboten. Und ich bin zwar ausgebufft und ausgekocht und skrupellos. Aber das eben eher heimlich als unheimlich.

Und als ich mit dreiundzwanzig zu Hause auszog – soll ich ehrlich sein? –, da drückte ich Dir und Papa ein schnelles Küsschen auf die Wange. Aber beim Anblick unserer Waschmaschine wäre ich fast weinend zusammengebrochen. Das Leben da draußen, das wurde mir klar, würde hart werden.

Nein, ich fürchte und ahne, Du kannst mich wirklich nicht kennen!

Aber Gegenfrage! Ist es denn gut, dass wir zukünftig unterm selben Dach wohnen? Wenn Du mich offensichtlich für eine andere hältst? Und dieser anderen, die Du nicht kennst und die ich nicht bin, immer sagst: »Ich hab dich lieb!« Muss ich mir vielleicht Sorgen machen um Dich? Was ist, bitte, so grundsätzlich schiefgelaufen in unserer Mutter-Tochter-Beziehung?

Einundvierzig Jahre, 14.965 Tage hast Du in Deiner Wohnung gelebt. Man könnte in dieser Zeit die Erde zehnmal mit dem Fahrrad umrunden oder zu Fuß bis fast zum Mond spazieren. Oder um es in Deiner Zeitrechnung zu formulieren: an mindestens achtzig Schlussverkäufen bei »Meislahn« teilnehmen.

Dass Du jetzt diese Fluchtburg aufgibst für mich! Ich will das, wie's meine Art ist, ganz sacht und sanft ausdrücken! Das ist – Scheiße! Wow! – zum Heulen, Mama!

Deine schöne Wohnung!

Mein Kindheitstrauma! Äh, ich meine, dieser Kindheits*traum*!

Hier habe ich meinen allerersten Servierwagen ins Herz schließen dürfen. Was in der Literatur bislang wenig bekannt ist: Für uns Frauen ist ja so ein Servierwagen wie ein Mann – unseren ersten vergessen wir nie! Die Erinnerungen sind einfach zu schmerzhaft.

Und dann diese gekachelte Durchreiche! Gefällt mir auch heute noch super! Wobei ich direkt mal recherchieren möchte, ob es so ein Loch mittlerweile auch ohne die Wand drum rum gibt.

Und unser Badezimmer? Oberklasse! Vier Türen auf drei Quadratmetern? Alle unverschlossen? Das muss uns erst mal wer nachmachen, Mama! Sei stolz!

Manchmal schaue ich bedauernd auf Schatzi, Deinen Schwiegersohn, der im Gegensatz zu mir in Ostwestfalen eine architektonisch eher schwierige Jugend hatte. Aus dieser Zeit rührt zum Beispiel sein schweres frühkindliches Obi-Geräteschüppchen-Trauma. Ein solches der Marke Grün & Belanglos, ein Meter mal ein Meter klein, pflanzten Opa und Oma Bielefeld, als er fünf war und OHNE ihn zu fragen, hinten an ihren Jägerzaun. Und noch heute, ja? Da steht Schatzi davor wie der Indianer, dem der Blick in die Prärie versperrt ist, und schimpft.

Und da drüben, in meinem alten Kinderzimmer! Da hast Du mir die größte Heimsuchung seit Erfindung kleiner Brüder beschert, Mama, den: LEUS! (Der richtige Name fällt mir jetzt grad nicht ein. Er meinte aber neulich, als er mir zärtlich den Ellbogen in die Seite rammte, ich soll doch mal was Nettes über ihn schreiben. So zur Abwechslung. Okay, hiermit geschehen, Leus! Hast tolle, ähm, Füße! Aber behalt's bitte für dich!)

Also den Leus, wie gesagt, Mama, den nehme ich Dir echt übel! Ich hoffe, Du weißt das und hast die letzten Jahrzehnte reichlich Schuldgefühle entwickelt!

Schon als ihn der Klapperstorch vor neununddreißig Jahren über unserer blauen Klappcouch abwarf, hätte ich am Schreien erkennen müssen: Das wird mal 'ne alte Nervensäge! Der wird bestimmt immer danebensitzen wollen, wenn du deine Schulfreundinnen einlädst, Katja! Der zieht bestimmt immer deine Lederjacke an!

Ich weiß auch, dass ich ihn immer sehr sorgfältig ans Bein vom Klappbett gefesselt habe. Und bis heute nicht verstehe, warum man ihn da wieder losbinden musste.

Und Moment. Einmal kurz Luft holen!

Dort vorne, in dem ledernen Wohnzimmersessel, da hat Opa Kiel immer gesessen.

Hier habe ich ihn geküsst und nicht gewusst, dass es das letzte Mal sein würde. Ich flüsterte: »Bis bald!« Er sagte: »Ach, dann bin ich nicht mehr«, und ich erwiderte, wie man das so sagt: »Ach, Papi!!!«

Einen Raum weiter, da am Küchentisch, habe ich dann später gesessen und wegen eines Marmeladenbrötchens, das ich noch essen wollte, verpasst, dass er in der Klinik gerade auf seine Wolke umstieg. Ich mag keine Marmeladenbrötchen mehr. Und auch keine Telefonate, bei denen geschockte Mütter nicht weinen, um ihre weinenden Kinder nicht zu schocken.

»Bitte nicht weinen!«, hast Du in den vergangenen acht Jahren dann noch ganz oft rufen dürfen. Nämlich zu Deinen Enkeln. »Ich komm ja bald zurück, ihr Mäuse, und dann bauen wir das Lego-Schiff weiter!«

Dauerte Dein Omi-Einhüt-Einsatz anfänglich eine Woche mit drei Wochen Pause bis zum Wiederkommen, wurden ruckzuck daraus zwei, drei, vier Nonstop-Wochen an der Babysitter-Front. Und das kleine Päuschen vor dem nächsten fünfwöchigen Dauereinsatz ließen wir auch immer öfter großzügig unter den Tisch fallen.

Ich möchte diese Stelle nutzen, um Schatzi und mich mal zu loben: In puncto Unterbringung und Wohlfühlkomfort haben wir uns wirklich nie lumpen lassen!

Anfänglich durftest Du in Yellas Babyzimmer auf einem Zustellbett schlafen. Was den Vorteil hatte, dass Du um halb fünf gleich mit wach wurdest und wir Dich nicht erst umständlich wecken mussten. Und Du hast mal gesehen, was für schöne Garderobe Du hast. So in dieser bunten Kleiderbügelreihe an der Gardinenstange. Ich mein: Wer braucht schon Schränke?

Trotzdem zog es Dich in der Vergangenheit manchmal mit aller Macht zurück nach Kiel: zu Deinen verdorrenden Yucca-Palmen und Ficus Benjamini. Zu Deinem langsam eintrocknenden Freundeskreis. Und auch und vor allem: ans Grab. Nach fünfunddreißig Ehejahren hat auch ein Stück von Dir hier seine letzte Ruhe gefunden. Du sprichst nicht drüber. Ich weiß es trotzdem.

Ich hoffe, dass Schatzi, ist es mal so weit, mein Grab genauso in Ehren hält. Erinnere ihn bitte nur daran, dass er laut und deutlich mit mir Zwiesprache hält! So aus dem Sarg heraus werde ich nämlich seine Halbsätze und sein ewiges Nuschelbrummeln noch deutlich schlechter verstehen. Ich hab auch nichts dagegen, wenn Ihr ihm ein Memorandum in den Stein graviert: REDE MIT IHR!

Und als Sub-Headline, er ist ja Journalist:

ZÄHNE AUSEINANDER!

Schon komisch! Ich will jetzt nicht eine alte Wohnung mit einem alten Hund vergleichen. Aber wenn der letzte Tag ihres Vierbeiners gekommen ist, dann geht Frauchen mit ihm schweren Herzens zum Tierarzt. Sie wird ihren kleinen Liebling streicheln und weinen, bis seine Hundeseele ins Hundeparadies aufgestiegen ist. Das ist ABSCHIED.

Eine Wohnungsauflösung ist wie eine Exekution. Da kommen ein paar Möbelpacker und rupfen die Bilder von den Wänden und die Matratzen aus den Betten. Schon nach einer halben Stunde haben sie einundvierzig Jahre Geborgenheit bis zur Unkenntlichkeit zerfleddert. Und wenn man Omi Kiel heißt, reicht man dazu auch noch Kaffee und Kuchen.

Weißt Du was, Omi Kiel?
Ich will nicht sein wie Du!
Ich nix tapfer! Ich will weinen!

Ich will auch in dreißig Jahren nicht meine ignorante blöde Tochter fragen: »Sag mal, findest du diesen handbemalten Porzellanwindhund, der mir irrsinnig viel bedeutet, weil Papa ihn mir geschenkt hat, und den ich schon siebenmal geklebt habe, weil ihr ihn als Kinder achtmal runtergeschmissen habt, auch so schön wie ich?«

Und mir dann irgendeinen blöden Spruch anhören.

Wobei ich mir sicher bin: Es gibt ausgleichende Gerechtigkeit! Irgendwann, eines schönen Tages, wird diese ignorante blöde Tochter mit all ihren affigen Shabby-Chic-Möbeln vorm lieben Gott stehen. Der wird sie kurz fragen: »Ebay oder Sperrmüll?« Und sie dann auf flachen No-Name-Schuhen in die Hölle schicken.

Und *da*, liebe Omi, will frau bestimmt nicht hin! Da bruzzelt nämlich schon der liebe Leus wegen Lederjackenklaus im besonders schweren Fall. Das ist Höchststrafe!

Aber weißt Du noch was, Omi?

Was ich Dir zu wenig zeig und zu selten sag – wie wahrscheinlich jede Tochter dieser Welt? Was ich Dir hier jetzt einfach mal unter Zeugen schreiben muss?

Ich hab Dich UNENDLICH-UNHEIMLICH-UNGLAUBLICH lieb!

Manchmal habe ich Dich sogar SO lieb, dass ich Dich ganz doll in den Arm nehmen und drei Minuten einfach nur schütteln möchte. Dann nämlich, wenn Du mal wieder so rasend praktisch und patent bist, dass es mir die Schuhe auszieht.

Jetzt zum Beispiel. Da stehst Du stolz vor siebenunddreißig schicken Kartons der Umzugs-Qualitätsmarke Chiquita. Die hast Du – ein Kaiser's-Einkauf/zwei Kartons – zu Fuß nach Hause geschleppt. Gerüchteweise bist Du dabei dreimal atemlos stehen geblieben und auch nur achtmal gestolpert.

Wie es total logisch und nachvollziehbar ist, wenn man vierundsiebzig ist, ein bisschen schlecht guckt und Kreislaufprobleme hat, wolltest Du einfach schon mal alles eingepackt haben, wenn die Einpacker kommen. Nicht dass die sonst nachher in ihrer Gewerkschaft rumerzählen: »Du, Mensch, diese Ina Kiel! Hat die da doch die ganze Zeit einfach nur rumgesessen! Und WIR mussten die ganze Arbeit machen!«

Banane!

Außerdem sei die Frage erlaubt: Wenn Du schon zehn Wochen vorher Deine Alabasterlampen mit den Tigertatzenbronzefüßchen in Zeitungspapier gewickelt hast, wie konntest Du dann nach Einbruch der Dunkelheit die Vitrine mit den Rothenburg-ob-der-Tauber-Schnitzereien finden, um diese ebenfalls schon mal leer zu räumen? Und überhaupt: Wie ist das NDR1-Echo auf nackten Wänden?

Also, ICH weiß!

ICH werde niemals Kartons von Kaiser's holen! Denn: In Kartons, die ich nicht hole, kann ich keine Sachen packen, die ich nicht besitze. (Ein großartiger Gedanke, den ein einköpfiges Potsdamer Sprachforscherteam kürzlich durch Einkochen von etwa hunderttausend nutzlosen Sätzen destilliert hat.)

Liebe Omi! Jetzt gegen Ende von zehn Seiten, die mit lauter Dingen gefüllt wurden, die niemals hätten ausgesprochen werden sollen, möchte ich Dir noch dieses Foto zukommen lassen. Ich habe es auf der Toilette eines österreichischen Restaurants an der Königsstraße extra nur für Dich geknipst.

Nun, eine schwere Form von Urheberrechtsverletzung, keine Frage – hat nämlich einfach mal jemand meine Gedanken geklaut. Aber! Schwamm drüber.

Ich dachte, es baut Dich vielleicht auf. Du könntest es Dir zum Beispiel auch in einem dieser bei Omis so beliebten Intarsien-Rahmen übers Bett nageln. (Mach das aber vorsichtig! Wir haben gerade erst frisch gestrichen!)

Und wenn Du mir dann bei Gelegenheit noch mal Dein neues graues Gucci-Tuch zukommen lassen würdest – Du weißt: das, das ich an Dir so schick finde, aber an mir eben noch einen Tick schicker –, dann können wir auch darüber reden, dass ich Dir unten das böse Wort mit dem »O« am Anfang schwärze.

In diesem Sinne, Omi! Hau rein! Die Yelli schreibt morgen ein Diktat. Du musst noch mit ihr üben!

Deine kleine Kati

Das Leben sollte mit dem Tod beginnen – und nicht andersherum!

Stell dir mal vor ...
Zuerst gehst du ins Altersheim und wirst dann rausgeschmissen, weil du zu jung wirst.

Spielst danach ein paar Jahre Golf bei fetter Rente, kriegst eine goldene Uhr und fängst gaaaanz langsam an zu arbeiten.

Nachdem du damit durch bist, geht's auf die Uni. Du hast inzwischen genug Erfahrung, um das Studentenleben in Saus und Braus zu genießen, nimmst Drogen, hast nix als Frauen/Männer im Kopf und säufst dir die Hucke zu.

Wenn du davon richtig stumpf geworden bist, wird es Zeit für die Schule. In der Schule wirst du von Jahr zu Jahr blöder, bis du schließlich auch hier rausfliegst.

Danach spielst du ein paar Jahre im Sandkasten, dümpelst neun Monate in einer Gebärmutter und beendest dein Leben als ...

ORGASMUS.
Genial – oder?

O Tannenbaum, o Tannenbaum,

die Oma liegt im Kofferraum!

Der Opa ruft die Polizei,

die Polizei kommt nackidei!

O Tannenbaum!

90.2 Radio Teddy

Latente Talente

Oder:

Muss nach Oma Bielefeld gehen!

18 **FEBRUAR**
Donnerstag

Termine

8

9

10

11

12

Ich habe vier Kinder von ein und demselben Mann. Da würde man doch denken: alles eine Gensoße. Da ist das eine Kind der Talent-Klon vom anderen. Pustekuchen!

Lilly zum Beispiel ist eine sehr begabte Nachwuchs-Fledermaus. Mit ihren zweieinhalb Jahren findet sie auch in stockdunkelster Nacht den Weg von ihrem Bettchen in das Bett von Ela, unserer Haushälterin. Manchmal ist Lillys Echolot dem Alter geschuldet noch nicht ganz so fein. Dann landet sie um drei Uhr morgens bei Schatzi und mir unter der Decke. Als gewissenhafte Puppi-Mutti gibt sie hier natürlich erst Ruhe, wenn wir auch noch Besel, den Esel, oder Teffi, ihre Puppe, hinter irgendeiner Couch für sie aufgetrieben haben. Kommt aber auch vor, dass sie morgens um fünf ihre große Lieblingsschwester Yella mit einem fröhlichen »Hab ßon geßlafen!« weckt.

Kolja wiederum ist unser aufstrebender Künstler. Seine großformatigen Filzstiftarbeiten auf Möbeln, Wänden und Fußboden lassen in Schatzi und mir die Hoffnung keimen, dass da Jonathan Meese der Zweite unter uns weilt. Und: Kolja hat Stil, Kolja ist nicht Mainstream. Das durfte ich beim Fußballturnier vorletztes Wochenende beobachten. Da rannten alle anderen Fünfjährigen dem Ball hinterher. Und unser Kolja einfach mal in die entgegengesetzte Richtung. Dabei winkte er die ganze Zeit auch so niedlich zur Tribüne hoch. Bis er dann einen Ball auf die Nase bekam und nicht mehr mitspielen wollte.

An dieser Stelle möchte ich mich auch mal als Mutter bedanken. Es war ein insgesamt wunderschöner Tag. Sonntagmorgen neun Uhr bei minus zehn Grad und nach langer Partynacht Eltern-Kinder-Sammel-Appell zwischen Autos und Mülltonnen auf dem Vereinsparkplatz. Super! Anschließend Kolonnefahren zum Turnieraustragungsort und mehrstündiges Eintauchen in den Charme einer sparsam geheizten Mehrzweckhalle. Dann wieder zurück mit dem Trostlolli lutschenden Kolja hinten im Auto und einem Trainer auf dem Beifahrersitz, gegen den Felix Magath eine wahre Quasselstrippe ist. Von seinem Sohn schließlich zwischen zwei *Lutsch-Lutsch* ge-

fragt werden: »Mama, kannst du mich da mal abmelden?« Und dann der Länge nach wie tot ins Bett fallen. Der Hammer!

Die Dritte im Bunde: Yella. Yella ist Schatzis und meine Lieblingsälteste und das sogar schon seit acht Jahren. Sie hat unglaublich viel Takt und Feingefühl. Schatzi und ich fragen uns oft: »Wie konnte das passieren? Sind wir hier nicht asozial genug?« Letzte Woche Montag zum Beispiel klopfte sie zart an meine Bürotür, während ich telefonierte, sagte blass: »Du, Mami, ich hab mich übergeben!«, und reichte ein Eimerchen durch den Türspalt. Ich hielt die Muschel vom Telefon zu, reichte ihr das Eimerchen zurück und flüsterte: »Pst, Schnecki! Ich kann jetzt nicht! Geh zu Omi!« Woraufhin sie tatsächlich ihr Eimerchen nahm und zu Omi weiterzog. (Ja, lieber Gott, ich weiß, ich weiß! Ich habe eine dicke Abmahnung in meiner Personalakte verdient!)

Yellas große Begabung ist: Auch schon als kleine Yella war sie immer Yella. Telefonierte sie mit Schatzi, fragte sie: »Wo bit'tu? Bit'tu nich' hier?«, dann reichte sie konsequent den Hörer an mich weiter und erklärte: »Alle, Papa!« Kam Spielbesuch, durfte der auch gern mit sich allein spielen oder mit mir. Während Yella – in der Ruhe liegt die Kraft – zum zweihundertsten Mal in einer Stunde ihre Kleiderschranktür auf- und zumachte. Und irgendwann stand sie dann auch mal vorm Haus, meine Handtasche und ihren Hunderegenschirm geschultert, und erklärte mit den Worten »Muss nach Oma Bielefeld gehen!« ihren Auszug.

Und schließlich Caspar noch. Der ist unser hochbegabtes Aua-Kind! Irgendwie kriegt er es immer hin, dass er die größten und schönsten Beulen von allen hat. Er ist diese Sorte Junge, bei dem du als Mutter kein Häuschen im Grünen mehr willst, sondern lieber die

Einliegerwohnung im städtischen Krankenhaus mit einer Klingel-schnur zum diensthabenden Kinderarzt.

Als noch kleiner Bonsai-Caspi versuchte er beim Pommes-Essen an der Autoverladung Niebüll einfach mal einen Köpper vom Imbiss-Hocker. Nun sagt man ja: Kinder und Betrunkene haben einen Schutzengel. Schatzi und ich hätten anschließend zwar nicht sagen können: Was ist größer? Caspars Beule oder sein Kopf? Aber unser kleiner Sohn stippte schon wieder frohgemut seinen ersten Pommes in die Mayo, da waren die Tränchen auf seiner Wange noch nicht getrocknet. Und der Puls seiner Eltern ging auch immer noch – *tack, tack, tack* – wie eine Nähmaschine.

Seither hat Caspi schon zweimal seine Finger und Zehen in ir-gendwelchen Türangeln geparkt. Einmal davon so blutig, dass unter Vollnarkose der Nagel wieder angenäht werden musste. Und beim Rodeln vor zwei Jahren traf er mit der Präzision einer Bodenrakete den einzigen Strommast auf einem ansonsten kahlen Hang und leg-te sich eine dekorative dicke Platzwunde überm Auge zu, um die ihn seine Kindergartenkollegen sehr beneideten.

Vor drei Wochen nun kam mal wieder ein typischer Mutti-freu-Anruf: »Kommen Sie schnell! Ihr Sohn hat gerade einen Hockey-schläger auf die Nase gekriegt und blutet alle Taschentücher voll.«

Nun ist unser HNO-Prof in Potsdam höchst attraktiv. Im Prinzip habe ich also nichts dagegen, wenn Caspi noch möglichst oft ir-gendwas mit seiner Nase anstellt. Aber ich sollte vielleicht nicht unerwähnt lassen: Was Verletzungen und Wehwehchen angeht, hat er schon sehr viel von einem Mann. Er kann ganz großartig und sehr ausdauernd jammern. Mit der Verdachtsdiagnose »angeknackste Nase« und einem mahnenden »bitte ruhig angehen lassen!« durften wir wieder nach Hause.

Nun ist »ruhig angehen lassen« natürlich eine sehr vage Formulierung mit viel Interpretationsspielraum. Eine Frau würde wahrscheinlich verstehen: »ruhig angehen lassen«. Schatzi, vorletzte Woche mit uns in der Türkei, fand, das heißt: *Setzen Sie Ihren Sohn sofort auf den nächsten Jet-Ski und geben Gas.* Die erste Welle, und *zack!* Caspi knutschte auch schon das Lenkrad. Wie schön. Endlich mal wieder Nasenbluten.

PS: Seit drei Tagen sind wir wieder heil zu Hause. Lediglich in der Wartehalle vom Flughafen gab's noch einen klitzekleinen Caspar-Zwischenfall. Der wollte nämlich wissen, wie das ist, wenn er seinen Daumen in die Sprite-Dose steckt und dann mal ein bisschen dreht.
  Den Rest können Sie sich vielleicht denken.

Tierbestellung für den Garten ...

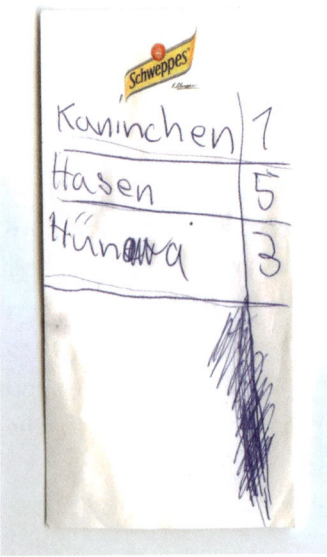

Frauen lieben die einfachen
Dinge des Lebens
- beispielsweise die Männer!

Farrah Fawcett

Achtung, frei laufende Autorin!

Oder:
Warnung an alle: Hier kommt der Blockwart!

Seit meine Nachbarn und die Familie wissen, dass ich wieder ein neues Buch schreibe, ducken sich alle noch ein bisschen tiefer hinter ihre Hecken und die Möbel. Nützt denen aber herzlich wenig. Ich halte das für die klassische Abstoßungsreaktion eines Organtransplantierten, der seine neue schöne Leber nicht will. Da muss ich natürlich mit ärztlicher Mitleidlosigkeit gegenhalten. Ist ja alles zum Besten meiner Patienten.

Zunächst möchte ich Götz loben. Der führt nämlich beim Hundegassigehen jetzt immer vorbildlich die Tütchen mit. Bravo, Götz! Und wenn's mal wieder regnet und stürmt: Nicht zögern, klingeln! Hab auch immer einen Kaffee für dich!
  Und nun zu dir, Gert: Seit ich dich in deinem seidenen Bademantel zum Postkasten hab gehen sehen, kann ich nicht mehr schlafen. Erzähl das aber bitte nicht Schatzi!

Und Imke, was dich angeht: Keine kann enge T-Shirts so gut tragen wie du. Fand auch Leus, mein Bruder, neulich, als er unser gemeinsames Foto gesehen hat. Ist das für dich okay, wenn ich mal deine Telefonnummer an ihn weiterreiche?

So weit dazu.

Aber auch meine Kids sind drauf ein-
gestellt, dass ich sie gern mal zu Geschichten verwurste. »Erzähl das bloß
nicht der Mama. Nicht dass die das
wieder in ihr Buch schreibt!«, warnte
Caspi, als er kürzlich mit Kolja die Sü-
ßigkeitenschublade in der Küche
plünderte. Das wär's dann aber auch
schon mit kindlicher Umsicht. Letzten Herbst hatte ich die beiden mal
bei einer Lesung in einer Buchhandlung dabei. Es dauerte genau fünf
Minuten, dann zogen sie sich, in
der ersten Reihe sitzend, lautstark
an den Haaren. Anschließend durfte dann die arme Buchhändlerin
eineinhalb Stunden lang mit den
beiden Kampfhähnen im Büro Lo-
cher-Konfetti produzieren.

Nun stehen aber nicht nur die anderen unter Beobachtung – auch
ich selbst. Montag letzter Woche führte mich mein Weg in ein Potsdamer Schreibwarengeschäft. »Sie sehen ja aus wie Katja Kessler!«,
fand die Kassiererin.

Wie kam die bitte darauf? Ich sah bestimmt wie alles aus! Aber
definitiv nicht wie Katja Kessler! Ich hatte ungewaschene Haare. Ich

hatte ein fleckiges Make-up. Ich hatte Augenschatten, dunkler als die von Roberto Blanco. Frauen untereinander können ja soo gemein sein! Ich sag Ihnen das!

Aber mir ist es tatsächlich auch schon passiert, dass ich aufgebrezelt irgendwo rumstand und jemand ein Autogramm wollte. Anschließend guckte er dann auf die Unterschrift und meinte ganz enttäuscht: »Ach, ich dachte, Sie seien Nina Petri!« So ist das mit dem Wiedererkennungswert.

Wobei es natürlich auch von Vorteil ist, wie ich ein total bekannter E-Promi zu sein. Hellmuth Karasek sagte mal: »Der Nachteil des Berühmtseins zeigt sich auf der Zugtoilette. War da vorher ein Ferkel zugange, kann ich auf keine Art gewinnen, aber auf zwei Arten verlieren. Entweder ich putze. Oder ich lasse es. Das eine ist mir unangenehm. Im anderen Fall aber werden die Leute, wenn ich die Toilette verlasse, tuscheln: Guck mal, der Karasek!«

Vor drei Wochen war ich mit meiner achtjährigen Tochter Yella in einer Buchhandlung. Für eine Autorin wie mich ist das Arbeit. Inkognito hinter einer Sonnebrille fragte ich: »Wo haben Sie denn dieses tolle Buch von Katja Kessler?«

Da guckte Yella erst ganz verständnislos, zupfte mich dann am Arm und sagte schön laut und für alle hörbar: »Aber Mami, meinst du das, was du selbst geschrieben hast? Davon hast du doch noch ganz viele zu Hause!«

Männer sind wie Wolken.
Wenn sie sich am Morgen
verziehen, kann es noch ein
wunderschöner Tag werden!

Von den »Missfits«

Liebe Labello-Benutzer!

Oder:

Zum Teufel mit der Männer-Emanzipation!

Ich finde ja, der liebe Gott hat uns Frauen seinerzeit ein total ulkiges Präsent gemacht: den Mann. Ich bin ja ein großer Fan dieser drolligen Erfindung!!! Gilt aber auch der Satz: Einem geschenkten Gaul schaut frau nicht ins Maul. Und so haben wir unser schniedeltragendes Präsent nun seit dem Paradies mit all seinen Fehlern an der Backe. Das zwingt zu Kompromissen!

Also, Mädels, die ihr neu seid im Geschäft, also vielleicht gerade das erste Mal verliebt oder bislang wohnhaft auf einer männerfreien Insel in der Südsee: Kerle nerven! Sie essen nicht. Sie saugen die Nahrung ein. Sie sind pflege- und wartungsintensiv, sie ähneln da Haustieren und Kaffeevollautomaten von Miele. Die Industrie baut ihnen Autos mit Nachtfahrkamera. Aber sie können nicht mal einen Knopf an ihr Oberhemd nähen. Und da hilft auch keine Brille. Sie verstehen nix. Was den Kerlen aber nichts ausmacht. Denn sie verstehen ja nicht, dass sie nix verstehen. Und ein Phänomen, das bislang auch noch viel zu wenig untersucht ist: Sie wollen immer, dass die Frau nachts ihre kalten Füße an ihnen reibt. Das ist auf Dauer echt anstrengend!

Nun war Gott vorausschauend. Er hat nicht nur den Mann erfunden. Sondern auch den Einkaufszettel. Mit diesem tollen Accessoire aus dem Männerzubehörshop ist die Bedienung von Machos überhaupt kein Problem. Ich hab das mal an Schatzi getestet. Früher ging er ja noch das eine oder andere Mal im REWE-Regaldschungel verloren. Dann gab es eine Durchsage: »Der kleine Kai wartet im Konservenparadies auf seine Mama!« Und zu Hause angekommen, machte er einen auf Kaffeevollautomat von Miele. Jetzt kann ich samstags meine Nägel lackieren, während Schatzi die Einkäufe für die nächsten vier Wochen erledigt.

How to schreib the perfect Einkaufszettel:

1 Blindenschrift.

2 Gurken oben auf die Liste. Die Bonbons unten. Damit Wauzi im Laden auf einem rechtsgerichteten Rundparcours in immer derselben Richtung traben kann. Das kennt er von Zirkus Krone! Kopf gesenkt und hü.

Mögliche Störfaktoren: Er erspäht seine Lieblingsnachbarin/ eine Grillbude. Wisse: Für ein intelligentes Dekolleté oder eine dumme Currywurst springt selbst der trägste Sack in Grätsche über den Tresen.

Oder aber der Supermarkt hat eine Aktionsfläche voller Merkwürdigkeiten, zum Beispiel Chili-Pfeffer-Senf-Schokoladen-Tafeln mit einem Kakaoanteil von hundertzwanzig Prozent. Die zwinkern jetzt: »Pst, du alleinkaufendes Wauzi da drüben, komm mal rüber! Uns will sonst keiner!« Da muss er natürlich mit dem Schaufelbagger ran. Zumal ja vom letzten Einkauf nur noch dreitausend Tafeln im Keller lagern. Wobei die letzten Mäuse, die dran nagten, auch immer noch beim Arzt sind.

3 Auf keinen Fall und nie etwas Kompliziertes aufschreiben. Kompliziert ist alles, was mehr als zwei Silben hat. Also: Alufolie, Ta-hampons, Hühnerbrühe. Wobei auch klar ist: Müsste Ihr Wauzi wie beim Sudoku aus viertausend chinesischen Schriftzeichen Titel und Anfangszeit des nächsten »Tatort« herausfinden – DAS wäre natürlich nicht zu kompliziert.

Das ist unser Emanzipations-Deal. Immer samstags simuliert Schatzi Interesse am Haushalt. Den Rest der Woche unterstütze ich ihn darin, so zu sein, wie ich das doof finde. Ich muss sogar zugeben: Mir würde was fehlen, wenn er in Zukunft das Brot kaut, bevor er es runterschluckt. Mein Mann soll ein Mann bleiben! Nicht auszudenken, wenn Männer wie Frauen werden und wir uns in Zukunft quasi selbst heiraten. Dann weißt du doch: Die nächsten fünfzig Jahre werden ganz bestimmt nicht lustig. Um nicht zu sagen: *mecker-mecker!*

Wer seinen Kerl in die große Männer-Optimierungswaschmaschine stopft, Schleudergang rein, muss natürlich auch bereit sein, anschließend Knitterfalten aus dem Ego zu bügeln. Will frau das? Sind wir nicht schon genug ausgelastet mit den blöden Anzügen und Hemden? Ein schlauer Mensch sagte mal: »Emanzipation ist der Versuch der Frau, die Männer kleinzukriegen, aber nicht an der falschen Stelle.« Genau! Wie soll eigentlich der Typ im Schlafzimmer den Säbelzahntiger in sich entdecken, wenn wir tagsüber einen verschreckten Hamster züchten? Männer, die ins Feng-Shui-Seminar müssen, kommen da eher selten als kernige Naturburschen wieder raus. Also, nieder mit der Vaginaldiktatur!

Nehmen Sie sich ein Beispiel an mir! ICH will bei Schatzi lediglich sanft ein paar Kanten brechen. Sowie den einen oder anderen Finger, der immer die Klobrille oben lässt.

Nun ist die Emanzipation eine Wurst, der zweite Zipfel heißt Mann. Und selbst wenn du als Frau sagst: »Ja, mein Mann darf Macho sein!« – was machst du mit Kerlen, die glauben, die Gleichberechtigung gilt für alle gleichberechtigt? Und die quasi nur gewartet haben auf ihre mentale Geschlechtsumwandlung?

Gestern Abend zum Beispiel war ich essen. Um den Tisch versammelt: vier als Männer getarnte Kaninchen. Die mümmelten die ganze Zeit irgendwelche Salatblätter und jammerten über ihre Gewichtsprobleme. Dazu nuckelten sie Staatl. Fachingen, das mich geschmacklich an ein Fußbad von Mesut Özil erinnert. (Manchmal schmeckt man auch noch ein bisschen Poldi-Mauken raus.)

Ich will mich aber sehr wohl dazu äußern, dass es schön war, als wir Frauen unsere Macken noch für uns alleine hatten. Dass uns im Prinzip auch keiner gefragt hat, ob wir überhaupt was abgeben wollen. Und ich mir auch nicht sicher bin, wie ich das finde, wenn der moderne Mann zukünftig nicht nur seine Männermacken hat. Sondern dann auch noch Frauenmacken kultiviert.

Ich bin weit davon entfernt zu sagen: »Früher! Ja, da war alles besser!« Aber früher! Wissen Sie?! Da ging ich als Frau ins Restaurant, bestellte Tomatensalat und fragte den Kellner, ob die Küche statt Tomaten Gurken reinschnetzeln kann. Und wenn ich stöhnte: »Oh, ich fühl mich zu dick!«, ging das unter in ignorantem Fußball- und Formel-1-Gequatsche.

Und heute? Da ist das wie der Echo-Regler auf der Hammond-Orgel. Ich rufe: »Diät!« Und von Männerseite berghallt es sofort wissend zurück: »Di-Äääät! ..... Ääät! ..... Ät! .....« Wie furchtbar ist das denn? Dann doch lieber ignorantes Gequatsche, oder? Ich will auch ganz bestimmt keinem Mann an den Hüftspeck fassen, selbst wenn der fordert: »Fühl mal, muss alles weg!« Denn dann muss ich mir ja auch vorstellen, wie er ohne Hose aussieht. Und das ist Nötigung.

Und immer schwingt natürlich auch die Unsicherheit mit bei mir als Frau: Bin ich jetzt die Zwangsverbündete von dem Kerl, will er mein Mitleid? Oder braucht er die Mutti, und ich soll ihn loben? Ja? Nein? Was nun? Mal ehrlich! Dann doch lieber der Michael-Jackson-ich-fass-mir-an-die-Murmeln-Griff! Der ist zwar auch affig und von vorgestern. Aber ich muss mir wenigstens nicht den Kopf zerbrechen, was von mir erwartet wird.

Heidi Kabel hat mal gesagt: »Die weibliche Emanzipation ist dann erfolgreich abgeschlossen, wenn eine total unfähige Frau in führende Position aufsteigt.« Das ist die Theorie. Praktisch kann das Ganze natürlich erst funktionieren, wenn das deutsche Grundgesetz nicht nur die Gleichstellung der Frau vorschreibt, sondern auch ihren Männer-Erotik-Grundversorgungsanspruch. Mit anderen Worten: Du darfst als Frau die Polizei zu Hilfe rufen, wenn dein Lover in spe beim ersten Date

- die Worte »ich« und »Problemzone« in einem Satz verwendet
- den Labello rausholt und sich die Lippen glänzend cremt
- erkennbar die Augenbrauen gezupft hat
- Gummisohlenschuhe, Herrenhandgelenkstäschchen oder Karottenjeans trägt
- weniger Haare an den Beinen hat als du
- auch sonst und überall ein glatt rasierter Lurch ist, an dem frau abrutscht
- erzählt, dass er in Flugzeug oder Bahn immer das Nackenkissen aufbläst
- von seiner Augencreme schwärmt

- ☠ seinen Haarausfall beweint
- ☠ bekennender In-Radlerhosen-Jogger ist, da auch gern noch das T-Shirt reinstopft
- ☠ auf Prosecco steht und bei Cocktails den Strohhalm benutzt
- ☠ einen laschen schweißigen Händedruck der Marke »aufgeweichter Toast« hat

Da möchten wir Frauen einfach nur schreien. Aber bestimmt nicht, weil wir so erregt sind. Eher, weil unser hoch empfindlicher Waschlappen-Seismograf eine Männerkatastrophe der Stärke »Super-Schluffi« ankündigt. Rette sich, wer kann! Frauen mit schicken Schuhen selbstverständlich zuerst.

Natürlich hat das Erotik-Grundversorgungsanspruchsgesetz auch diverse klein gedruckte Zusatzparagrafen, die zum Beispiel das Verhalten von Männern in Hechelkursen sowie beim Besuch von Fischrestaurants nach überstandener Magen-Darm-Grippe regeln. Zehn Stockschläge auf die Fußsohlen für:

- ☠ Kerle, die im Hechelkurs lauter hecheln als die Frau. Die auf die Frage »Was wird's denn?« prompt antworten: »*Wir* kriegen ein Mädchen.«
- ☠ Kerle, die keinen Mund und keine Meinung haben und die Freundin für sich antworten lassen: »Nein, der Jürgen isst nichts von dem Fischfondue. Der hatte die ganze Woche Magen-Darm.«

An dieser Stelle wird es Zeit, Schatzi zu loben! Wie souverän und großartig er durch den Irrgarten der Emanzipation tapst. Und sich auch nur bei jeder zweiten Abbiegung ein bisschen verläuft. Während der Bielefelder Opa Klaus wie eh und je gern auch vor dem Brett mit der leckeren Käseauswahl sitzt und die Bielefelder Oma Brigitte bittet: »Tust du mir auf?«, darf Schatzi seine Brote bei uns schon ganz alleine schmieren. Er dankt es mir, indem er Tunnel und Gänge in die Leberwurst bohrt. Manchmal verzichtet er auch aufs Messer. Dann entdecke ich nächtliche Bissspuren am Geflügelwurstkringel im Kühlschrank.

Dann, in jeder Ehe eine spannende Emanzipationsfrage: »Wer schenkt Wein und Wasser nach?« Auch hier hat Schatzi die Gleichberechtigung wunderbar im Griff. Die Flasche aus dem Eisschrank holen, das Eingießen und Zurückstellen ist sein religiös zelebriertes Männer-Hochamt. Fehlt nicht viel und ich muss Weihrauch schwenken. Dafür darf ich dann ganz autonom und selbstständig Stunden vor dem leeren Glas sitzen, weil mein Amateur-Barkeeper natürlich auch gern mal seine Einsätze verpasst. Und erst in die Gänge kommt, wenn mir die dehydrierte Zunge wie Sandpapier aus dem Mund hängt und ich mit trockener Kehle dezente Schluckgeräusche nachahme.

Aber, wie gesagt: Nun will ich ja auch keinen Puschenheini! Ich bin eher für das Modell »Bedarfsemanzipation«. Also, Geldausgeben, lebende Wirbeltiere in den Haushalt einschleusen, Beulen ins Auto fahren – das alles kann ich als moderne Frau ganz alleine. Hingegen plädiere ich sehr für die Rückkehr zu alten Rollenmodellen bei Themen wie: »Ich helfe meiner Uschi in den Mantel. Und das, auch wenn nicht Ostern oder Weihnachten ist.«

Wobei! Beim armen Schatzi ist das Scheitern programmiert. Seit Beginn unserer Ehe verwechselt er mich nämlich mit Flip, dem Grashüpfer. Heißt: Wo er den Mantel hinhält, gern Höhe dritter Halswirbel, haben normale Humanoiden gar keine Arme. Schatzi würde jetzt entgegnen: »Hab halt nicht Damenoberbekleidungsassistent gelernt!«

Einen anti-emanzipatorischen Höhepunkt durfte ich dann neulich am Flughafen London-Heathrow erleben. Ich gehöre nämlich zu den Frauen, die ihre Sachen ganz alleine tragen können. Ehrlich! Geht nur leider nicht, wenn der Ehemann Absolvent der Bielefelder Charme- und Kavaliersschule ist. Und sich stets gewaltsam und gegen den Willen der Frau mit dem gesamten Gepäck behängt. Was ihm dann Mitleidsblicke einbringt: Guck mal, der arme Kerl! Und mir die Verachtung sämtlicher mitfliegender Passagiere. Ich kann es in ihren Augen lesen: Was für eine Zicke.

Jedenfalls händigte ich Schatzi meinen Kleidersack aus, darin ein Outfit der Trendmarke Mördergeil & Unersetzlich. Guckte dann am Gate noch Alexandra Maria Lara und ihrem Schauspiel-Mann Sam Riley ein bisschen beim Schnullern zu (sehr süß). Flog los. Landete. Und dachte beim Blick auf Schatzis leere Hände: Mmmh … *kratz am Kopf!* … da fehlt doch was.

Und da wusste ich auch den Grund, warum Männer das Gepäck alleine schleppen wollen. Weil sie dann einfach viel mehr Ruhe, Gelassenheit und Souveränität beim Verlieren haben. Und die Gewässerhoheit genießen.

Nun gibt es die Alltags- und die hohe Schule der Emanzipation. Bei Ersterer schimpfst du nur. Bei Letzterer muss der Mann für sein Mannsein auch mal richtig bluten.

Meiner durfte mir ein neues Kleid kaufen. Und weil frau bekanntlich auf einem Bein nicht stehen kann, auch gleich noch zwei Schuhe.

Ich will an dieser Stelle noch sagen: Nächstes Mal darf er wieder tragen.

Ein erfolgreicher Mann ist
ein Mann, der mehr verdient,
als seine Frau ausgeben kann.
Eine erfolgreiche Frau ist eine,
die so einen Mann findet.

Mario Adorf

Happy Birthday, Mausi!

Oder:

46 Millionen Euro Roaming-Gebühren

Zehn Wochen ist es jetzt her, dass ich mit Schatzi in Marokko war. Eine Katastrophenreise.

Wobei Katastrophen auf Reisen ja nicht Katastrophen heißen, sondern Abenteuer.

Das Ganze war ein Überraschungsgeburtstagsgeschenk für mich. Überraschend insofern, als auch Schatzi am Vierten abends gern gewusst hätte, was er mir am Fünften morgens schenken würde. Geburtstage, muss man wissen, haben diese blöde Angewohnheit, sich einmal im Jahr hinterrücks anzuschleichen. Als Mann bist du da wirklich machtlos.

Nun ist der Geschenkrhythmus einer Ehe ohnehin folgendermaßen: Am Anfang überrascht dich dein Schatzi mit den tollen Ohrringen, die du dir schon immer, immer, immer gewünscht hast. Und die er eigens bei einer Goldschmiedin im norwegischen Spitzbergen aus seinen alten Zahnplomben hat gießen lassen. In einem weiter fortgeschrittenen Stadium eurer Liebe schenkt er dir dann via Amazon-Overnight-Express einen Camcorder mit fünfundzwanzigfachem optischem Zoom und 17-Plus-Premium-Deluxe-

Irgendwas und erklärt, warum du genau dieses Technikmonster schon immer wolltest. Fortan liest du dann abends im Bett das Buch »Wie Partnerschaft gelingt« und dein Schatz die Camcorder-Bedienungsanleitung.

In einer dritten Liebesphase, die meist fünf Tage nach dem Kennenlernen einsetzt und dann auch nur bis zur Scheidung dauert, gibt's zu Geburtstagen und an Weihnachten lustige, schnell zusammengehauene Zettelchen. Wobei ein lustiges, schnell zusammengehauenes Zettelchen unter Ehemännern ja nicht »lustiges, schnell zusammengehauenes Zettelchen« heißt, sondern Gutschein.

Das wirklich Tolle an diesen Gutscheinen ist: Dein Kerl schreibt immer so Sachen drauf, die ihr beide schon lange mal überhaupt nicht machen wolltet. Zum Beispiel die vierwöchige Rundreise »Durch Lappland wie die Lappen« oder Huckepack-Bungee-Jumping vom Fernsehturm.

Nun zu Schatzi. Im Zoo wäre Schatzi ein Kakadu ohne Haube oder das Zebra mit Rüssel: Schatzi ist anders. Schatzi gehört zu der männlichen Exotenabteilung: *Er will Ohrringe schenken, schafft aber noch nicht mal den Gutschein zu basteln.* Und wenn du mit ihm verreist, lernst du Diekmann'sches-Geburtstags-Management: *links blinken, rechts abbiegen.* Du denkst, du fliegst nach Mailand, landest aber in Nordafrika. So kam es, dass ich mich nachts um halb zwei an einem Gepäckband in Marrakesch wiederfand. Allerdings ohne Gepäck. Das hatte sich tatsächlich für Italien als Urlaubsziel entschieden. Wobei ich auch nicht ausschließen möchte, dass mit einer Wahrscheinlichkeit von zehn Prozent eventuell auch ein malawischer Zollbeamter gerade im Begriff war, sich meine verloren gegangenen Unterhöschen über den Kopf zu ziehen. Und mit immerhin noch drei Prozent Chance einer aus Burundi.

Wir verbrachten dann noch eine gemütliche Stunde in einem kargen neonbeleuchteten Raum von »lost & not found«. Hier kratzen sich ja traditionell immer alle gern am Kopf und wissen nicht, wo was abgeblieben ist. Meist kann man sich aber anhand von Schautafeln darauf verständigen, dass das vermisste Gepäckstück acht Ecken hat.

Und schon ging's weiter zum Hotel »Royal Grand Haumichtot«.

Der Achteinhalb-Minuten-Transfer war mit tausend Euro zum Glück nur ein klitzekleines bisschen teurer als erwartet. Ich sage, zum Glück. Denn wäre ja irgendwie blöd gewesen, Schatzi und mich hätte nach dem ganzen Stress hier das Gefühl beschlichen, man wolle uns abzocken. Im anschließenden Transferkosten-Beratungs-Gespräch um vier Uhr morgens vor dem Hotelklo allerdings belehrte uns der Fahrer: »Aber das ist eine S-Klasse! Die kommt extra aus Tanger!«

Mal ehrlich: Als Deutsche gehst du doch zu »Wetten, dass ..?«, lässt dir die Augen verbinden und kannst allein durch Anlecken von Stoßstange und Auspuff sagen: »Mercedes!« Was will ich also mit dieser Information? Nee, nee, ganz bestimmt!! Solche Halsabschneiderpreise zahlen wir nicht! Wir sind doch nicht Rockefeller! Dafür verlange ich mit kieksender Stimme zu wissen: »Or do YOU have mein Gepäck?! Los, raus mit der Language!!«

Nun ist Marokko Gott sei Dank ein wahres Shopping-Paradies für nackt in Nordafrika gestrandete Ehefrauen aus der Berliner Vorstadt. Du musst auf deiner Einkaufsliste nur die ersten vier Punkte – Zahnbürste, Schlafanzug, schicke Unterwäsche, hübsches Make-up in dezenten Farben – durchstreichen. Und stattdessen schreiben: Kaftane, Ziegen, Secondhand-Prothesen, gelber Lidschatten.

Schon bist du die glücklichste Reisende von der ganzen Welt.

Außerdem empfiehlt sich – aber das ist jetzt auch mal hier so eine etwas spätere Erkenntnis – das Mitführen von Regenschirmen. Denn wenn du bislang dachtest, Hamburg, 2844 Kilometer weiter Richtung Nordpol gelegen, sei eine nasse, kalte, ungemütliche Stadt, dann hast du noch nicht die marokkanischen Engelchen Eiswürfel pissen sehen.

Auch an Tag vier unserer lustigen Geburtstagsreise blieben die Koffer verschwunden, dafür pustete Schatzi, typisch Mann, fleißig Simsen, verregnete graue Urlaubsfilmchen und anderes sinnloses Technik-Hallöchen der Strickart *Alles Roger in Kambodscha!* in den Äther. Damit seine Kumpels auch wissen, dass es ihm gut geht. Erinnerte mich stark an unsere vier Kreißsaal-Aufenthalte. Da lag ich immer rum und stöhnte, während Schatzi seine Männerfreunde draußen via Blackberry über alles Wichtige auf dem Laufenden hielt: Wassertemperatur, Luftdruck, sein aktueller Punktestand bei Doodle Jump. Und nein, sie müssten sich keine Sorgen machen, er hätte keine Schmerzen.

Nun ist nichts auf der Welt umsonst. Insbesondere dann nicht, wenn du es in Nordafrika tust. Für das Benutzen marokkanischer Luft flatterte natürlich irgendwann auch eine hübsche Rechnung ins Haus. »Roaming«-Gebühren unter Insidern.

Raten Sie mal, wie hoch!

Nein, raten Sie nicht!

Sechsundvierzig Millionen Euro. Vielleicht waren es auch nur dreiundvierzig. Ich will mich da nicht festlegen. Auf jeden Fall eine absurde Summe, für die Schatzi die nächsten hundertfünfzig Jahre in den Steinbruch gemusst hätte zum Steinekloppen. Um die Raten aufzubringen. Natürlich ist das Wegelagerei und räuberische Erpressung. Und natürlich drohst du als guter Deutscher mit ARAG

Rechtsschutz, GSG 9 und Omi Kiels traditioneller Mehlsoße. Doch ein Blick auf den Rechnungssteller, und du begreifst, dass du es hier mit einem besonders ausgebufften Gegner zu tun hast. Da steht nämlich nicht »Marokko Mobile Mafia«. Da steht: »German Telekom«.

Trotzdem! Die sollen mal kommen!

Mit kleinen Schaumflöckchen im Mundwinkel und glasigem Blick kletterten Schatzi und ich an Tag fünf unserer beseelenden Katja-hat-Geburtstag-und-ganz-viel-Spaß-Reise in den Royal-Air-Maroc-Flieger. Um in Berlin – Murphys Gesetz – festzustellen: Jetzt fehlt, Abwechslung muss sein, das Ersatzgepäck. Allerdings, goldene Verlierregel: Niemals findest du, wenn du suchst, dein Handy wieder, aber immer die Kappe vom Reklame-Kugelschreiber.

So trudelte zwei Tage später auch tatsächlich das Ersatzgepäck aus Casablanca ein. Verschollen blieben die Original-Koffer mit meinen sieben liebsten Lieblings-Shirts, den drei obercoolsten Jeans aller Zeiten sowie einem Vierzig-Zentimeter-Dildo der Marke Jamaica Hammer. – Ha! Kleiner Scherz! (Aber als Autorin muss ich sicherstellen, dass Sie sich auch wirklich für alle meine belanglosen Probleme hier interessieren.)

Eine wirklich schöne Erinnerung an diese Reise ist und bleibt auch die Lederkette mit dem total seltenen versteinerten Haifischzahn um Caspis Hals. Und noch viel schöner ist: Auch Henriette, Yellas Potsdamer Freundin, hat so eine. Ihre Eltern haben dafür allerdings nicht in irgendeinem dunklen müffelnden Souk einen Sack voll Dirhams berappen müssen, sondern sechs Euro achtzig in einem Kiosk in Damp 2000 an der Ostsee.

PS: Letzte Woche hatten Schatzi und ich nach langer Zeit endlich mal wieder vier Tage am Stück frei. Und wo will der Kerl hin, wenn's

mal ganz romantisch sein soll? So ganz ohne Kinder? Einfach Zeit nur für uns?

Richtig.

Beirut.

Ich bin dann auch tatsächlich mitgeflogen. Komische Menschen sind ja traditionell mit ebensolchen verheiratet. Deswegen passt das.

Etwas enttäuschend war allerdings die lässige Reaktion unserer Umgebung: Omi Kiel reagierte auf unser »Tschüss, wir fliegen dann mal in den Libanon!« mit einem entspannten: »Ach schön, Kinder, genießt es! Ich freu mich für euch!« Dabei lässt sie doch sonst unter der Woche immer ihre Zimmertür offen, weil sie nicht schlafen kann, bis sie weiß, dass ich sicher im Bett liege. (Ich bin EINUNDVIERZIG!!!) Hat sie einen Liebhaber? Spekuliert sie auf sturmfreie Bude?

Und Schwiegerpapa Klaus fragte auch nur dreimal: »Sag mal, habt ihr sie noch alle?« Das ist total untypisch für ihn. Schicken wir zum Beispiel Yella und Co. zu Besuch nach Bielefeld, lässt ihn allein die Frage *Katja, hast du auch daran gedacht, den Kindern Schuhe einzupacken?*, vorher viermal zum Telefon greifen.

PPS: Zeit heilt alle Wunden, insbesondere die in leeren Kleiderschränken. Nach zwei Tagen intensiver Trauerarbeit, die ich auf den Internet-Shopping-Seiten von »Stylebop«, »MyTheresa« und »net-a-porter« verbracht habe, sehe ich meiner modischen Zukunft jetzt schon wieder ein wenig gefasster ins Auge. Ich glaube, ich habe auch schon meine neue Lieblingsjeans erspäht. Und zwei saucoole Shirts, für die ich mich fast gern habe beklauen lassen. Und, ja, vielleicht noch vierundzwanzig Stunden, und ich werde es auch ertragen können, eine neue Handtasche von Diane von Fürstenberg zu besitzen. Ich fühle da eine innere Bereitschaft.

Schatzi kann mir ja dann zum nächsten Geburtstag im Rahmen einer Gutscheinbastel-Absichtserklärung noch eine Sonnenbrille von Marc Jacobs dazu schenken. Die ist zwar nicht verloren gegangen. Aber wir wollen hier auch nicht zu viel durcheinanderbringen. Er ist ein Mann. Wahrscheinlich krieg ich ohnehin den schicken Aufsitzrasenmäher.

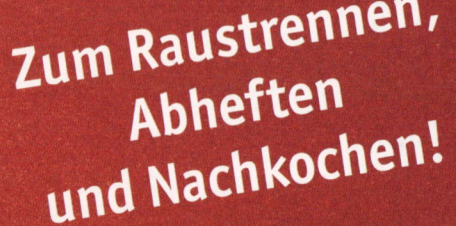

Omi Kiels traditionelle Mehlsoße

Zutaten:

3 Teelöffel Brühe

1 l Wasser

5 kg Mehl

bei Bedarf mit Fondor verfeinern

für die besondere Raffinesse:
ein Eimer Madeira!

Kleiner Tipp! Reste nicht
wegschütten, sondern zum Hausbau
oder Wändeverputzen nutzen!

Es ist der Traum
jeder Frau,
der Traum eines
Mannes zu sein.

Barbra Streisand

Schnittchen mit Gürkchen

Oder:

Der Ehefrauen-TÜV

Für jede Ehefrau gibt' s eine Art Einstellungstest. Omi Kiel bestand ihren beim Knurrhähne-Angeln. Ich den meinen im Hotel.

Vor vierundvierzig Jahren flanierte ein frisch verliebter Opa Kiel mit Omi Kiel über die Timmendorfer Mole. Dort waren auch Angler und sortierten ihren Fang. *Die Guten ins Kröpfchen, die Schlechten ins Töpfchen* rupften sie den grätigen pfannenuntauglichen Knurrhähnen die Angelhaken aus dem Maul und schmissen sie halb tot ins Wasser zurück. Das fand Omi Kiel furchtbar eklig. Und rührte damit Opa Kiels Herz. Freud würde wahrscheinlich sagen: Sind wir nicht alle ein bisschen Knurrhahn? Suchen wir nicht den Menschen, der uns mag, selbst wenn wir zu viele Gräten haben? Der uns in die Pfanne haut bis ans Ende unseres Lebens, auch wenn wir ein ungenießbarer Stinkstiefel sind? (Wobei! Äh! Letzteres lese ich wohl besser noch mal im Wortlaut nach. Nicht dass ich mich hier vergaloppiere.)

Auf jeden Fall, Einstellungstest bestanden! Opa Kiel spürte, diese Deern passt zu mir! Die hat das berühmte norddeutsche Geisha-Gen. Die wird mir jetzt bestimmt dreißig Jahre lang abends die

Schnittchen schmieren, während ich vor dem Fernseher sitze. Und unsere entzückende Tochter Katja wird schon im Alter von sechs die Gürkchen draufdekorieren. (Sie ahnen, liebe Leserinnen und Leser: Schon recht früh konnte ich mir eine Pascha-Routine zulegen. Falls Sie wissen wollen, warum das mit Schatzi und mir jetzt so gut klappt.)

Nun zu meinem eigenen Einstellungstest! Ich habe zwei Talente: Ich kann ein Hotelzimmer in nur drei Minuten so aussehen lassen, als ob ich schon seit drei Wochen darin wohne. Inklusive leer gefressener Minibar und herausgezogenen Nachttischlampenkabeln, da ich sämtliche Steckdosen für meine Adapter und Ladegeräte brauche. (Mit mir reist nämlich immer ein komplettes Elektrofachgeschäft.)

Ich kann aber auch, Überraschung, innerhalb von nur zwei Minuten wieder auschecken. Dazu schiebe ich alles in den Koffer und setze mich auf den Deckel.

Ich glaube, hier hat's bei meinem Schatzi vor zehn Jahren klick gemacht! *Da* hat er sich gedacht: Das ist meine Jeannie aus der Bottle! An der Frau kann ich mich reiben! Oder so ähnlich.

Nun hat jede Beziehung ihre magischen Sätze. Zum Beispiel, er sagt zu ihr: »Du hast so schöne Augen, in die möchte ich bis zu meinem Lebensende gucken!« Mein Zaubersatz, mit dem Schatzi zum Ausdruck brachte, dass er sich vorstellen könnte, bis in alle Ewigkeit mit mir zusammenzuleben, lautete: »Prima, du bist schnell!«

Dazu muss man wissen: In seinem früheren Leben war mein Schatzi mal eine Uhr. Oder vielleicht auch der Zeitzünder einer Bombe. Bei ihm macht's gern *tick, tick, tick*! Immer busy, immer Zeitdruck.

Die größte Niederlage seines Lebens wäre, auf eine Party zu kommen und die Gastgeberin hätte nicht noch die Lockenwickler im Haar. Nun bin ich selber eine Frau. Und, eben, empathiebegabt. Ich habe Schatzi einen Kompromiss abgetrotzt: Wir sind fünfzehn Minuten vor der Zeit da – er ist happy. Anschließend cruisen wir noch mindestens zwanzig Minuten im Auto um den Block wie eine Aufklärungssonde um die Erde. In dieser Zeit rechne ich ihm vor, was ich noch alles in meinem Gesicht hätte bepinseln und anmalen können.

Aber nicht nur mein Party-Gesicht fällt regelmäßig in die Rubrik »Schatzi-Kollateralschaden«.

Vor drei Jahren – es war ein Samstag, unser großer Umzug von Hamburg nach Berlin stand an – wollten wir Yella auf ihrer neuen Grundschule anmelden. Eine Fahrt von dreihundert Kilometern. Schon lange, bevor's losgehen sollte, rief Schatzi: »Hü!« und »Schneller!« und »Nicht, dass wir zu spät kommen!«

Wie soll ich sagen?

Zu spät kamen wir nicht. Wir hatten auch wirklich alle Bescheinigungen dabei: Geburtsurkunde, Heiratsurkunde, Taufurkunde. Videothekenmitgliedsausweis. Pizza-Lieferservice-Karte in Gold. Man weiß ja nicht, was die heutzutage so alles verlangen.

Mit Blick auf die anderen Eltern ging uns allerdings auf, dass uns eine ganz unerhebliche Kleinigkeit fehlte: nämlich unser Kind.

Die Moral der Geschicht?

Gürkchen auf den Schnittchen waren gestern – eine gute Ehefrau widersetzt sich! Und: Sie ist nicht nur schnell, sie ist auch mal langsam. Sie nimmt sich die fünf Extra-Minütchen, um zu Hause auch das Kleingedruckte im Einladungsschreiben zu lesen. Selbst wenn der Kerl Terror macht. Ist ja nur zu seinem Besten.

Sie sehen, eigentlich bin ich die totale Ehefrauenniete.

Nur gut, dass ich schon unter der Haube bin.

Wenn ich mein Leben noch einmal leben könnte, würde ich die gleichen Fehler machen. Aber ein bisschen früher, damit ich mehr davon habe!

Marlene Dietrich

Gut gebaute Indianer

Oder:

Was wollen wir Frauen wirklich?

April, April! Was wollen wir Frauen wirklich? *Ich* zum Beispiel hätte gerne einen Ehering. Das ist nachvollziehbar, denn ich bin verheiratet. So ein nackter Finger ist da immer ein bisschen blöd.

Und wenn meine Kinder nerven und mein Mann auf Dienstreise ist: ab und an einen gut gebauten Indianer, der mir an einem weißen Sandstrand seine selbst geschriebenen Gedichte vorliest.

Zu Letzterem lässt sich sagen: Da gibt es leider ein Problem. Gemäß dem berühmten altdeutschen Sprichwort: *Wenn Mutti verheiratet, dann nix Indianer.*

Und was den nackten Finger angeht: Meine Beziehung ist eine Art Bermudadreieck für Eheringe. Schon drei von ihnen sind auf mysteriöse Art und Weise und Nimmerwiedersehen verschwunden. Weil in hundert Prozent der Fälle mein Mann diese Ringe kaufte, während ich sie in hundert Prozent der Fälle verlor, kann ich sagen: Unsere eheliche Arbeitsteilung funktioniert. Darüber hinaus diskutieren wir nun schwungvoll, ob eine einzige Ehefrau so bescheuert sein kann.

Ich verrate Ihnen jetzt mal was: Sie kann!

89

Zur Erinnerung: Der letzte Ring verschwand auf dem Weg nach Marrakesch. Ein Grund könnte sein, dass ich ihn zusammen mit ein paar nigelnagelneuen Tussi-Schuhen in einen schicken Koffer der Marke »Bekloppt teuer« stopfte und das Ganze unverschlossen aufgab. Jedenfalls, nachts um zwei auf einem Airport in Nordafrika stellte ich fest: Ring weg! Um weiterhin zu registrieren: auch der ganze Koffer drum herum. Schade. Denn ob Sie's glauben oder nicht: Auch wenn mein Mann ihn ausgesucht hat, der Ring war wirklich hübsch.

Ich habe mich auch schon oft gefragt, was Cindy Crawford wohl gedacht haben mag, als ihr Richard Gere bei ihrer Beach-Hochzeit einen selbst gedrehten Alufolienring an den Finger steckte. Ich glaube, dieser Aluring ist der einzige Grund, warum ich nicht Cindy Crawford sein möchte. Die Ehe hielt dann fünf Jahre – hätte ich denen aber auch vorher sagen können.

Um mal aus dem Nähkästchen zu plaudern: Natürlich träumen wir Frauen nachts unter unseren Bettdecken heimlich von dem Mann, der am Abend des Kennenlernens einen Ring aus dem Kaugummi-Automaten zieht, niederkniet und fragt, ob man zehn Kinder mit ihm möchte. Wir finden aber auch nichts Anstößiges daran, wenn er am nächsten Morgen seiner Liebeserklärung ein wenig Nachdruck verleiht, indem er Bulgari, Tiffany und Van Cleef & Arpels leer kauft.

Das ist sozusagen der künstlerisch wertvollere Director's Cut unseres hübschen kleinen Mädchen-Bettdecken-Kurzfilms.

Es wird immer gefragt, ob es für den Erwerb von Schmuck eine Schmuckerwerbserfolgsformel gibt. Klares »Ja«: vom richtigen Kerl zur richtigen Zeit für die richtige Frau ausgesucht – wer das als Mann beherzigt, dem gehört die Welt.

Mit kleinen Ausnahmen.

Hinten links in meiner Schmuckschublade fiebert nun schon seit neun Jahren ein metallenes Urviech seinem ersten großen Auftritt an meinem Hals entgegen: eine Art Kettengliedermonster, durchaus in der Lage, die Queen Mary diebstahlsicher im Hamburger Freihafen zu verankern. Mein Mann schenkte es mir, als er mich schon abgöttisch liebte, aber wie jeder unverheiratete Mann noch das Kraut-und-Rüben-Schönheitsempfinden eines Geschmacksblinden hatte. (Heute sind wir erfolgreich verheiratet, seine Liebe ist immer noch tief wie ein Bergsee, aber er kann schon Rot von Blau und einen Vorhang von einem Kissen unterscheiden.)

Trotz dreier Umzüge hat mir das Kettenmonster noch nicht den Gefallen getan, im Bermudadreieck zu verschwinden. Was mich zu dem Punkt bringt: Am meisten freuen wir Frauen uns natürlich bei einem Schmuckgeschenk über den beiliegenden Umtauschbon.

Vielleicht geht es Ihnen ja auch mal wie meiner Freundin aus München. Die hatte den perfekten Ring vom perfekten Kerl für die perfekte Hochzeit. Zwei Wochen vorher kam ihr der Kerl abhanden und damit auch die Hochzeit. Blieb aber ja noch der Ring. Den brachte sie, als es nicht mehr ganz so wehtat, zurück zum Juwelier und tauschte ihn gegen etwas Schönes, Positives. Und wer weiß: Vielleicht gibt es ja irgendwann die Möglichkeit, nicht nur den Schmuck zu tauschen, sondern nichtsnutzige Scheißkerle gleich mit. Ich denke, das ist auf jeden Fall ein Zukunftsmarkt.

Übrigens: Mir wurde jetzt kürzlich ein vierter Ehering in Aussicht gestellt. Ich soll mich ein bisschen zusammenreißen, nicht mehr so böse Sachen über meinen Mann schreiben und weniger Geld für Schuhe ausgeben. Ich glaube, handtechnisch werden Sie mich also noch die nächsten zehn Jahre FKK erleben.

16 IN STEIN GEMEISSELTE REGELN IM LEBEN EINER FRAU

1 Keine Frau ist so groß, wie es in ihrem Pass steht!
Dafür sind Männer stets und immer mindestens eins dreiundachtzig – selbst die kurzbeinigen, die so aussehen, als seien sie
beim Spargelstechen zu früh aus der Erde gezogen worden.

2 Lamentiere nicht, wenn die Klobrille hochgeklappt ist! Sieh es
so: Männer schimpfen ja auch nicht, dass sie immer unten ist!

3 Frage deinen Typen vor dem Weggehen nicht, wie irgendwas aussieht! Wenn er irgendwo hinwill, ist sowieso alles, was du trägst,
oberprima. Für Männer sind Kürbis, Malve und Umbra übrigens
auch keine Farben – das sind Krankheiten. Und Männer tragen
ihre drei Paar Schuhe im Wechsel. Wie sollen sie aus deinen dreihundert das Paar herauserkennen, das gut zu deinem Rock passt?

4 Wahrscheinlich ist Victoria Beckham die einzige Frau auf diesem schönen Planeten, die nie irgendwelche verwaschenen alten Unterhosen trägt. Wahrscheinlich schafft sie es sogar, dass
der BH immer, immer zum Slip passt. Aber da die Wahrscheinlichkeit gering ist, dass dein Kerl eine Affäre mit ihr anfängt,
wirst du dich niemals rechtfertigen müssen.

5 Wie sagte Murphys Mutti zu Murphys Sister?
Mein Kind, sagte sie, du siehst immer nur so lange gut aus, bis
ein heißes Date ansteht oder ein wichtiger Termin! Dann bekommst du deine Tage oder Pickel oder Herpes. Oder alles

drei. Manchmal fällst du auch einfach nur einem Friseur in die Hände, bei dem die »Mahagoni«-Coloration in Hustenbonbon endet und »Gold« in Karotte.

6 Ja, du hast es schon immer geahnt: Manchmal denkt dein Kerl tatsächlich nicht an dich! Aber weißt du was? Lebe damit!

7 Sie zu ihm – immer! Er zu ihr – nimmer!
Kerle, die in die Wohnung der Frau ziehen, sind dieselben, die weiter Coupé fahren, immer genau wissen, wer beim letzten Mal den Putzmittel-Einkauf bezahlt hat und nach drei Jahren die Biege machen, weil sie sich unverstanden fühlen.

8 Fragt er dich, was los ist, und du antwortest »nichts«, wird er so handeln, als sei nichts. Um das klarzustellen: Das Wort »subtil« gibt es im Männerlexikon nicht! Sag klar und präzise, was Sache ist. Am besten in Hauptsätzen mit nur einem Tuwort.

9 Ist etwas, das er sagt, auf zwei Weisen zu verstehen, und eine davon macht dich böse und die andere traurig, meinte er garantiert die andere. Merke: Männer sind Kommunikations-Stoffel. Gott sei Dank nur trampelig und doof, aber nicht bösartig.

10 Geh zu einem Mann nur dann mit einem Problem, wenn es mit »ja« oder »nein« zu beantworten ist. Also nie. Für Lösungen und Mitgefühl gibt es Freundinnen.

11 Du kannst die schönsten, teuersten Klamotten im Schrank haben – gute Typen und doofe Lästertanten triffst du grundsätzlich nur, wenn du einen Fleck auf der Bluse hast! Gilt auch für Familienfeiern! Hier präsentiert sich dein Nachwuchs garantiert in merkwürdig verwaschener Schlabber-Scheiße, die aussieht, als ob ihr euch bei der Heilsarmee einkleidet. Dabei hattest du vorher doch extra noch diese hübschen Kombis rausgelegt.

12 Es stimmt überhaupt nicht, dass Internet-Bestellungen bei www.stylebop und www.mytheresa ins Geld gehen! Du musst

deinem Kerl nur richtiges Rechnen beibringen! Größer/gleich 100 Teile ordern. Kleiner/gleich 90 Teile retournieren. Und wenn die Gutschrift kommt, jubeln: Hey, guter Deal. Hier kriegt man ja sogar noch Kröten raus! Fazit: Internet-Fashion-Shopping ist ein Plus-Geschäft!

13 Bitte deine Freundin um ein Alibi! Sie wird ohne mit der Wimper zu zucken die schwer kranke Tante aus Amerika erfinden. Bitte deine Freundin um einen Job! Sie wird Schweißausbrüche kriegen und dir nach einer schlaflosen Nacht zehn Gründe nennen, warum das alles sehr, sehr schwierig ist.

Wisse: Weiber halten privat zusammen wie Pech und Schwefel, aber für berufliche Seilschaften haben sie genau null Talent.

14 Dein Tag ist Frauen-Algebra: Morgens schreibst du eine To-do-Liste mit dreißig Punkten. Bis zum Abend schaffst du maximal zehn zu erledigen. Dafür sind über den Tag noch fünfzehn neue Punkte dazugekommen. Rein rechnerisch kannst du also nicht fertig werden in diesem Leben. Versuchen tust du es trotzdem. Wie die Fliege an der Scheibe. Und wer weiß? Vielleicht steht im Himmel ja auch noch eine Waschmaschine.

15 Bist du immer nur gestresst und am Rödeln, wenn dein Kerl abends nach Hause kommt, kannst du davon ausgehen: Irgendwann kommt die gut gebaute Babette aus dem Nagelstudio und rödelt auch – aber anders.

16 Betrügt dich dein Ehemann? Macht nix! Vor dir liegen noch viele glückliche, unbeschwerte Jahre! Du bist nämlich die Letzte, der man irgendwas sagt. Nicht böse gemeint. Man will dich nur schonen!

An dieser Stelle: Danke an die Jungs von jaegers.net. Auf eurer Seite habe ich ganz viele Steilvorlagen für diese Liste gefunden!

Wenn eine Frau
einen Mann kennt,
versteht sie alle.
Kennt ein Mann alle Frauen,
versteht er immer noch keine.

Helen Rowland

Prinz Albert in Socken

Oder:

Let's go Party!

Wissen Sie? Ich bin ja ein verlässliches Party-Gerät. Auf bestimmt drei Millionen Dutzend Feten, Feiern, Sausen und Einladungen rief ich schon »Cin! Cin!« und hob mein Gläschen. Früher war darin artige Ahoi-Brause, heute gern Blubberwasser mit Bums. Die Hausfrau in mir braucht das. Ich hatte aber auch schon dunkle Bacardi-Cola- und Kirsch-Bananensaft-Zeiten. Möchte ich Ihnen nicht verschweigen.

Nun ist ekstatisches Feiern mir nicht wirklich in die Wiege gelegt.

Ich erinnere mich noch an meinen Lieblingskindergeburtstag. Ich und meine eineinhalb Gäste (der halbe war mein kleiner Bruder Leus, der klebte mir immer an der Backe) hörten »Ri-ra-Roller-Schreck, ich schürf mir alle Warzen weg!« Dazu futterten wir fiese Plombenzieher-Toffees aus der Quality-Street-Dose. Und weil das wohl des Elends nicht genug war, setzte mein Vater noch einen drauf, holte die Gitarre raus und sang: »Wir lagen vor Madagaskar!«

In meiner Pubertät ging das mit dem Orgienfeiern auch nicht so recht voran.

Ich weiß noch: Überall auf den Partys wurden diese dunklen Kuschelecken eingerichtet. Und irgendein abgebrochener Oberpopper namens Poffel fasste zu »Urgent!« und »Vamos a la playa!« den Mädels unters T-Shirt. Und mich wollte noch nicht mal einer knutschen.

Dann kamen, *zack!*, auch schon die Uni-Feten. Irgendwann zweites Semester fuhr ich mit Tim und Tom und Sven zu einem Partywochenende nach Dänemark. Anschließend sprach mir die Gruppe ihren kollektiven Dank aus und prognostizierte mir eine große Karriere als Spaßbremse: »Du, Katja, wir fragen uns alle, warum bist du eigentlich mitgefahren?« Danke, ihr Nichtse! Wir sprechen uns noch! Wahrscheinlich sitzt ihr heute in eurem gekachelten Partykeller und sammelt nach Feiern das Konfetti wieder ein fürs nächste Mal!

Nun glaube ich ja an Vorsehung. Und als ich das erste Mal als Zeitungspraktikantin vor Manni Meier, meinem damaligen Chef, stand, spürte der gleich: *Die hat keine Ahnung von Politik und Wirtschaft und Sport. Was weiß die überhaupt? Die schicke ich gleich mal in die Party-Abteilung!* Na danke. Und täglich grüßt das Murmeltier.

Da saß ich also nun wie Maja und Willi in der Waldschule, in diesem Falle auf einem Zeitungsflur mit dem eher gediegenen Namen »Show und Unterhaltung«, und bekam Nachhilfe als Event-Biene. Ich würde im Nachhinein sagen: Lieber spät als nie.

Meine erste Fun-Mission führte mich auf eine Sause mit Albert von Monaco, die auf irgendeiner Jacht im Hafen von Cannes stattfand. Besonders beeindruckten mich damals die weißen Socken, mit denen seine Prinzlichkeit oben am Jacuzzi lehnte. Daran bin ich auch heute noch positiv erinnert, wenn unsere Gäste in der Berliner Vorstadt abends ihre Hausschuhe mitbringen. Dann denke ich: Guck, der Albert, der macht das genauso! Ein sensibler Bodenschoner und seine Jünger!

Ein weiteres Highlight war auf jeden Fall auch Herr Rockefeller. Ich sage Ihnen: ein Party-Bär, wie er im Buche steht. Einer, wie ihn sich Kieler Zahnarzttöchter, sechste Etage Sophienblatt, abends unter der Bettdecke zusammenträumen, wenn sie über die Frage nachdenken: Wie könnte er wohl aussehen, der Traumprinz?

Herrn Rockefeller traf ich in Vail/Colorado. Und zwar auf einer Rockefeller-Party. Das war schon mal die erste Überraschung. Die zweite: Trotz seiner erst vierzig Jahre hatte er kaum noch Haare, dafür aber sehr viel Brille. Zudem trug er – immerhin: Abendveranstaltung! – einen dicken Zopfpulli mit aufgesticktem springendem Hirsch auf der Brust. Um Schlag zweiundzwanzig Uhr – Party-Beben hatte ich bislang noch keines verspürt und dachte: Jetzt muss es doch mal endlich losgehen hier! – drehte irgendwer das Licht hell. Die Mutti von Herrn Rockefeller? Ich und jede Menge Vintage-Gesichter blinzelten gemeinschaftlich erschrocken in die Glühbirnen. Dann wurden noch schnell die Fenster aufgerissen, eine arktische Brise blähte die Vorhänge und, Ende Gelände!, Party aus.

So ist das eben in Amerika. Rockefeller hin, springender Hirsch her.

Und einmal, in Hollywood, das war nach der Verleihung der sehr, sehr wichtigen Grammy-Emmys, stolperte ich über Christina Aguilera. Die saß da und verbreitete Lebensfreude, indem sie die ganze Zeit gegen die Wand guckte.

Omi Kiel sagt ja immer: »Nichts ist so schlecht, dass es nicht für was gut ist!«

Und Omi Brigitte sagt immer: »Soll ich ein Filet Wellington machen?« (Okay, das passt hier vielleicht nicht so …)

Jedenfalls: Derart Event-geschult bin ich einer dieser heiß gehandelten Allrad-Allzweck-Gäste, die man auch problemlos bei Abendesseneinladungen ans Tischende setzen kann zwischen zwei schwer vermittelbare, taubstumme Klobrillen-Produzenten aus der Ukraine. Letzten Schliff, lassen Sie mich das noch schnell erzählen, bekam ich diesbezüglich von Event-Königin Irina Pabst. Die schob mich mal mit irgendeinem bunt dekorierten, dickbäuchigen Paradegeneral zusammen, wechselte ein paar Worte Russisch mit ihm und freute sich dann: »So,ihr könnt euch jetzt weiter auf Französisch unterhalten!«

Ich inkognito und der Georgi! Elisabetta, alte Ziege! Guck dir die Finger an!

Falls Sie sich das jetzt fragen – natürlich kann man nicht nur mit Ausländern krude Partys feiern! Ich muss sagen: Wir Deutschen haben da auch allerhand drauf. Wir müssen uns nicht verstecken! Echt nicht!

Schatzi und ich waren zum Beispiel mal von einem Münchner Musikmenschen eingeladen, der hatte seine halben Rhododendren abgesägt und als Tischdeko verteilt. Interessant und auf jeden Fall ungewöhnlich. Nach dem ersten Gang wurden wir überraschend ins Nachbarzimmer gebeten. Ich war so geistesgegenwärtig, nach einem Glas mit flüssigem Proviant zu greifen. Was folgte, war ein fünfstündiges Kammerkonzert. Getreu dem Motto: *Und immer, wenn du denkst: Da hat doch jetzt gerade erst einer stundenlang gefiedelt!, fiedelt auch schon wieder der Nächste.*

Das wahre Highlight kam aber erst noch: Nach dem Hauptgang spazierte ein dicker Koch mit schmutziger Schürze an den Tisch, ließ sich völlig schmerzfrei auf irgendeine Fensterbank plumpsen und begann, die Gäste mit irgendwelchen Kochrezepten vollzutexten. Während der Gastgeber synchron das andere Ende der Tafel beschallte. Und du als Gast dazwischen wusstest nicht, wohin du gucken solltest. Wie beim Tennis. Da gehen die Augen des Publikums ja auch immer links-rechts, links-rechts.

Letztes Wochenende stieg in Hamburg eine Nobel-Party. Mit allem Zipp und Zapp und Caterer. Irgendwann marschierte der Gastgeber in die Küche, um mal – Hallöchen! – nach dem Rechten zu sehen. Hier herrschte reges Treiben. So war der Koch gerade dabei, mithilfe eines Kellners winzige Wiener Schnitzelchen auf noch winzigeren Tellerchen zu arrangieren. Beide merkten nicht, dass sie hohen Besuch bekommen hatten.

Fragte der Kellner den Koch: »Ey, warum machste die Schnitzel denn so klein?«

Antwortete der Koch: »Sonst fressen die Idioten da drin das nicht!«

Nun, die Party war dennoch ein voller Erfolg. Da sag mal einer, wir Deutschen gehen zum Lachen in den Keller.

Wir gehen in die Küche!

Die perfekte Willy-wichtig-Party

Nicht nur die Schönen und Reichen können miserable Partys feiern. Auch in Ihnen steckt ein überkandidelter schlechter Gastgeber. Lassen Sie ihn raus! Hier 10 Tricks und Tipps zum Erfolg:

1 Ansprache halten. Ab zwei Gästen steigen Sie bitte auf den Stuhl, machen *Klong! Klong!* am Glas und sagen: Willkommen in der Villa Rotfuchs/Schwalbenschwanz/Murmeltier. Wenn Ihre Butze keinen Namen hat – ausdenken!

2 Aperitif reichen! Hier empfiehlt sich irgendwas Süßes, Buntes, in dem ein Johannisbeerstängel treibt. Wichtig: Männliche Gäste sollten damit augenblicklich wie Vollidioten aussehen. Nur komplizierte Gläser verwenden, die gerne umfallen/ständig überschwappen. Und wenn überhaupt Bier, dann nur warmes ohne Blume.

3 Sitzordnung. Platzieren Sie sich selber so, dass auf jeden Fall SIE Spaß haben. Also mittenrein. Tragen Sie als Gastgeber Sorge, dass die schönen und wichtigen Gäste hofstaatmäßig um Sie rumsitzen. Langweilige Weiber kommen am besten alle nebeneinander ans Ende vom Tisch. Dann müssen Sie das Elend nicht sehen.

4 Musik. Verstecken Sie unbedingt vorher alle guten CDs! Überhaupt: Wer braucht schon Hintergrund-Bedudelung? Falls Sie sich doch breitschlagen lassen sollten, irgendwas in den CD-Player zu schieben, unbedingt immer nur kurz anspielen! Dann wieder raus mit den Worten: »Ach Mensch, das ist es jetzt auch nicht, was ich suche …« Dann nächste CD.

5 Licht. Auf jeden Fall immer voll aufdrehen! Ihre männlichen Gäste können bestätigen: geht nichts über gut ausgeleuchtete Dekolletés der Marke Lümmel-Parkplatz. Und was die Frauen im Raum angeht: Die stehen natürlich total drauf, wenn ihre Falten und Hautunreinheiten mal so richtig schön zur Geltung kommen. Ganz wichtig für schummerige Stehpartys: irgendeine Knalltüte von Gast an der Wand mit den Lichtschaltern platzieren. Jede Wette, er kommt da alle zwei Minuten mal gegen und das Licht flasht auf? Großartiger Stimmungskiller!

6 Menü. Kompliziertes Essen ist Pflicht! Also zum Beispiel: an der Gräte gegarter Wal auf Erdnuss-Ravioli mit Mandarinen-

Pesto. Falls Sie selbst kochen: Rufen Sie bitte die ganze Zeit nervös aus der Küche: »Sitzt ihr schon?! Gleich geht's los!«

7 Themen. Sprechen Sie unbedingt über Filme oder Bücher, die so neu sind, dass noch niemand sie kennt. Sie selbst auch nicht. Aber das behalten Sie besser für sich. Noch besser: Machen Sie Ihre Party zum kommunikativen Salon, indem Sie jemanden einladen, der irgendwas referiert. Immer wieder spannend: Reiseberichte der Strickart *Mit dem Dreirad durch Grönland.*

8 Tanzen. Hier spätestens zeigt sich, ob Ihre Gästemischung stimmt! Unverzichtbar: das anspruchsvolle Paar aus der Fortgeschrittenen-Tanzstunde, das trotz Sardinenbüchsenenge pflichtbewusst sein »Eins, zwei, drei, tepp!« durchzieht und auch an Kreiselfiguren nicht spart. Ebenfalls sehr beliebt: die mittelalte Frau, die gerade erst in einer Rückführungssitzung ihre innere Mitte wiedergefunden hat – und diesem völlig neuen Lebensgefühl jetzt barfuß und mit seligem Lächeln Ausdruck verleiht zu einer Musik und einem Rhythmus, den nur sie hört.

9 Dessert. Merke: Sie haben versagt als Gastgeber, wenn Ihr Gast am nächsten Tag auf einen Nicht-Gast trifft und sagt: »Stell dir vor, da gab's noch nicht mal Blattgold auf dem Pudding!« Anders gesprochen: Damit es lobend heißt: »Das war alles teuer und schmeckte nach nichts!«, bitte nicht allein auf Essblumen und Karambolen verlassen.

10 Zu guter Letzt: das stille Örtchen. Jeder kennt ihn! Diesen gern männlichen Gast, der nur dann richtig kann, wenn der Raum maximal zwei mal zwei Meter groß ist und fensterlos und draußen schon vier andere Gäste warten. Und wenn Sie sonst niemanden einladen – DER muss dabei sein!

Liebe auf den
ersten Blick ist ungefähr
so zuverlässig wie
Diagnose auf den
ersten Händedruck.

George Bernard Shaw

Was törnt uns Frauen wirklich ab?
Oder:
Die wahren Date-Killer

Es gibt doch immer diese lustigen Umfragen, die liest du und denkst: *Das* wusste ich auch schon ohne Umfrage. Zum Beispiel die Klassiker-Umfragen-Frage: Was törnt uns Frauen eigentlich ab? Dann steht da als Erkenntnisgewinn:

* wenn er aus dem Mund riecht wie eine alte Socke
* wenn er sieben Kinder hat aus fünf früheren Beziehungen
* wenn er eine Bratwurst und ein Sixpack Bier für ein Sieben-Gänge-Menü hält

Dann denkst du, das ist zu simpel! Wir Frauen sind komplizierter. Einige von uns trennen sich ja sogar, weil sie nicht ertragen können, die Frau eines betrogenen Ehemanns zu sein!

Hier also jetzt die wahren Flirtpannen.

Einschränkend muss ich sagen: Ich schreibe hier natürlich ein bisschen wie die Blinde von der Farbe. Vor zehn Jahren ging ich als Jungfrau in die Ehe, und auch seither habe ich sowieso nur Augen für Schatzi. Aber ich habe meine Freundinnen gefragt. Deswegen lässt es sich manchmal nicht vermeiden, dass es sich so liest, als ob ich Ahnung hätte.

Date-Killer Nr. 1:
Der Kerl kommt schon im Restaurant nicht zu Potte – super unsexy!

Fünfunddreißig Minuten lang hat er höchstes Verständnis dafür, dass kein Kellner kommt. Er hühnert willy-wichtig mit der Weinkarte rum, fragt nach Pétrus und Barolo (und du denkst nur: Mach mal hinne, Kollege, ich hab Durst!), um sich dann doch fürs Bier zu entscheiden. Nach jedem Mal Steaksägen legt er das Besteck beiseite, um mit großer wichtiger Geste kleine unwichtige Geschichten zu erzählen.

Da weiß jede Frau: Den nimmste lieber nicht mit nach Hause. Der Typ hat einfach kein Timing. Der tritt sich noch an der Fußmatte die Sohlen sauber, da hast du schon den Schlafanzug an und die Nachttischlampe aus.

Date-Killer Nr. 2:
Zu viele Haare an zu vielen falschen Stellen – mega-igitt!

Nun hat ja mittlerweile selbst der drömmeligste Kandidat bei »Bauer sucht Frau« geschnallt: Lange Haare in Ohren und Nase? Da muss ich wohl mal mit dem Lötkolben ran! Aber woran kein Kerl denkt und noch tausendmal schlimmer: diese fiesen kleinen Pimmelkrausentuffs, die Männer auf der Oberseite ihrer Finger züchten. Iih! Eiserne Regel: Was er hier zu viel hat, hat er auf dem Kopf garantiert zu wenig. Und allein die Vorstellung, später im Bett krabbelt dir nach Art eines Jack-Arnold-Films eine Monstervogelspinne über den Busen, geht so was von gar nicht. Außerdem liegt die Wahrscheinlichkeit bei hundert Prozent, dass da irgendwo tiefer auch noch ein ganz besonders großer Überraschungstuff lauert.

Date-Killer Nr. 3:

Neonbeleuchtete Fahrstühle – ultimativer Date-Killer!

Wisse: Abends sind wir Frauen leider Vampire – wir haben Angst vor Helligkeit. Unsere temporäre Lichtallergie haben wir meist vorher im Badezimmer entwickelt. Da stehen wir vor wichtigen Dates nämlich gern ein paar Stunden vor dem Spiegel und interpretieren mit dem Konturenstift – getreu dem Motto »Heute die Angelina Jolie!« – unsere Lippen ein bisschen neu. Und auch Pickel sind nie zu groß – das Make-up ist einfach noch zu flach.

Aus all diesen Gründen lieben wir Frauen Dates beim Candle-Light-Italiener und Absacker in Schwummerlicht-Bars, in der keine Birne mehr als zwei Watt hat und man(n) die Hand vor Augen nicht sehen kann. Es schreckt uns auch nicht, wenn wir beim Knutschen feststellen müssen: Huch! Hat der Typ aber harte, kalte Lippèn! – weil wir wegen der schlechten Sichtverhältnisse aus Versehen die Keilertrophäe an der Wand über ihm erwischt haben. Künstlerpech.

Alles, alles ertragen Frauen, eben nur keine neonbeleuchteten Fahrstühle, die sie besteigen müssen auf dem Weg raus aus der Disco oder hoch in seine Wohnung und in denen sie aussehen wie frisch bröckelnde Mumien. Und der Mann kann auch nicht gewinnen. Ruft er erschrocken: Igitt!, ist das Date zu Ende. Will er dich trotzdem weiter knutschen, weißt du: Der Kerl ist ohne Anspruch, der nimmt jede! Und das Date ist erst recht zu Ende.*

---

* Fußnote: Kein Mann, dem dieser Absatz vorgelegt wurde, war in der Lage, diesen intellektuell zu verstehen. Nicht nach hundertmal lesen. Und selbst dann nicht, wenn man das Ganze in die Handlung eines Ninja-Turtle-Films packte. Stets war zu hören: »Häh? Wie? Was ist denn mit den Neonröhren im Fahrstuhl?«

Date-Killer Nr. 4:

Es ist Winter, und er schlägt für den nächsten Tag vor: »Lass uns doch mal einen Spaziergang um die Alster machen.« – Ein Garant für ihr »Sorry, ich kann leider nicht!«

Nicht nur, dass dir das blaue Winterlicht liebevoll jede Falte ausleuchtet. Meist hattest du am Abend vorher irgendwelche heißen hochhackigen Treter an, die dich zur Gazelle gemacht haben. Jetzt musst du fürchten, dass er auf dich runterguckt und erschrocken ausruft: »Huch, ein Hobbit!«

Und Schatzi und ich?

Auf unserem Weg zu seinem Junggesellenreich im dritten Stock fuhren wir beim ersten Mal auch Aufzug. Ich weiß das allerdings nur vom Hörensagen. Schatzi meint, das könnte an den ganzen Oechsle in meiner Blutbahn gelegen haben. Quatsch. Ganz bestimmt war ich einfach blind vor Liebe.

Intuition ermöglicht Frauen,
ganz sicher zu sein,
ohne es genau zu wissen.

Kuno Klaboschke

Böse Mama!

Oder:

Minimonster-Alarm

Wissen Sie: Ich habe ja gleich mehrere Begabungen!

Ich kann ganz tollen trockenen Krümelkuchen backen.

Ich weiß, wie man aus einer spiegelblanken neuen Amex-Partner-karte, die mir Schatzi im Januar zur Verfügung stellt, bis Dezember ein verkratztes trendiges Vintage-Modell mit ganz vielen Ritsch-Ratsch-Durchziehstreifen macht.

Und! Ich habe offensichtlich ein großes Talent, niedliche kleine Minimonster zu produzieren. Im Kreißsaal wurde mir noch glaub-haft versichert, das seien Babys. Caspi zum Beispiel weiß ganz ge-nau, was er nicht will. Nach seiner Ratzfatz-Geburt machte es erst mal eine halbe Stunde lang kräftig Mecker-Mecker-Protest! unter meiner Bettdecke. Offensichtlich passte es ihm gerade so gar nicht in den Kram, geboren zu werden. Er ist da ein Kind, das gefragt werden möchte. Und ich nehme an, er hatte sich seine Ankunft für übernächstes Jahr Dienstag vorgenommen. Caspi eben.

Mit Lilly steht nun das nächste liebreizende Querköpfchen in den Startlöchern: Lilly, zwei Jahre alt, will, was Lilly will. Also viel und auf jeden Fall immer das andere. Das Wurstbrot ohne Brot. Die linke Birne, nicht den rechten Apfel. Keine Spange, eine Spange. Diens-tagmorgen kam ich in den Genuss einer zweistündigen Sinnlos-Dis-

110

kussion über eine Strumpfhose, die sie nicht anhaben wollte, ich aber fand, sie sollte sehr wohl. Über ein Schlafanzugoberteil, das ich ihr über den Kopf zog. Und sie wieder runter. Über eine Socke, die sie sich vom Fuß zupfte, sobald ich versuchte, auch Nr. 2 an die Frau zu bringen. Hallo???!!!

Ich bin einundvierzig, und dieser Zellhaufen ist zwei!

Kürzlich las ich in der Zeitung von einer zweiunddreißigjährigen Juristin, die mit ihrer achtzehn Monate alten splitterfasernackten Tochter durchs kalte München radelte und einem bestürzten Polizisten zu Protokoll gab, diese habe sich nicht anziehen lassen. Weißt du was, Schwester? Komm zum Kaffeetrinken! Ich glaub, wir haben uns viel zu erzählen!

Nun ist »Diskussion« vielleicht auch das falsche Wort für Lillys und mein Miteinander: Die kleine Diva zürnte und schrie, dass ihr süßes kleines Gesichtchen nur ein großes schwarzes Loch war, in dessen Mitte zornig ein rotes Zäpfchen schwang.

Morgens um halb acht ist echt Alarm bei uns. Da verlässt eine achtbeinige Karawane aus Kindern, Ranzen, Kita-Rucksäcken, Lillifee-Vesperdosen, Dino-Trinkflaschen, Ersatzwäsche, Match-Attax-Fußballkarten-Sammelheften, Tusch-Schuhkartons und Turnbeuteln das Haus. Gern auch ergänzt durch irgendwas Sperriges, Kompliziertes. Zum Beispiel siebenundsiebzig frisch gewaschene Kita-Handtücher in der blauen Diese-Woche-ist-Familie-Diekmann-dran-Ikea-Tasche. Was eine Mutter zu diesem Zeitpunkt also wirklich ganz dringend gar nicht braucht, ist ein kleines blondes Teufelchen mit Flausen im Kopf.

Auftritt Lilly.

Gestern Morgen ließ ich sie sechzig Sekunden unbewacht. Als ich das nächste Mal guckte, hüpfte sie glucksend und begeistert in die kleinen Händchen klatschend in einer weißen Lache herum. Die war das Ergebnis einer spontanen Forschungsarbeit zum Thema: *Was passiert, wenn ich mein komplettes Actimel auf Mamas und Papas Holzboden gieße?* Und als ich versuchte, mir den kleinen Troll zu schnappen, warf sich der fröhlich quiekend auch schnell noch mal bäuchlings in die klebrige Tunke. Und täglich grüßt das Murmeltier! Willkommen bei unserem Lieblingsproblem: Aus-Um-Anziehen.

Natürlich zählt die textile Wartung und Pflege eines zweijährigen sich sträubenden Schmutzfinks zu den Standardanforderungen des Mutterhandwerks. Aber ich bin Mama 2011. Mein Kind soll niemals weinen, es soll immer nur lachen. Es soll später allen erzählen, was für ein Riesenglück es war, vom Klapperstorch über unserem Haus abgeworfen zu werden. Und nicht bei der blöden Tante aus dem Haus gegenüber. Ich will, dass es voller Liebe ruft: »Ich habe mein Fehlverhalten eingesehen und kooperiere gerne!« Und ich glaube, unsere Lilly ist da schon auf dem besten Weg. Sie kann sich halt nur noch nicht so gut ausdrücken, die kleine Maus: »Mama, böse!!!«

Lilly ist wirklich mein Premium-Minimonster. Nach der Geburt brauchte sie nur vierundzwanzig Stunden, um zu kapieren, dass der Schnulli, den wir ihr ins Mündchen drückten, übelster Betrug war. Der wurde also ab sofort unter lautem Protest ausgespuckt.

Und wenn ihr großer kleiner Bruder Kolja in seiner Küchenecke mit viel Passion einen Klötzchenwolkenkratzer errichtet, findet sie immer einen Kriechweg unterm Küchentisch, um das Ding mal eben zum Einsturz zu bringen. Dann habe ich zwei schreiende Kinder: den zutiefst empörten Kolja und Lilly, die nicht versteht, dass der Spaß zu Ende sein soll.

Ganz manchmal erwische ich mich bei dem Gedanken, wie es wäre, wenn hier und jetzt der Kleintiertransporter vom Tierheim vorbeikäme und mir im Tausch einen pflegeleichten Wellensittich daließe.

Von wem hat der kleine Strolch das bloß?

Omi Kiel erzählt ja gern die Geschichte von diesem merkwürdigen Mädchen, das sich vor vielen Jahrzehnten beim Spazierengehen immer auf den Boden schmiss, wenn es fand: *Hab keine Lust mehr zum Laufen!* Es sei auch nicht aufgestanden, wenn die Erwachsenen außer Sichtweite gerieten. Versuchte man dann, es mit vereinten Kräften vom Waldboden zu pulen, hatte es eine Technik drauf, Arme und Beine nach Art des toten Tintenfischs lang und noch ein bisschen länger werden zu lassen.

Mein Vater, alte Schule, bediente sich bei Erziehungsfragen noch gern des Arguments »Schuhlöffel«.

Da setzen Schatzi und ich doch eher auf langfristig ausgelegte pädagogische Erfolgskonzepte. Zum Beispiel: *Wir rascheln mit einer Gummibärchentüte.* Fester Bestandteil dieser Methode ist: Du steckst dir als Mutter ganz viel von dem klebrigen Zeug selbst in den Mund und rufst: »Ui, lecker, lecker, lecker! Das isst die Mama jetzt ganz alleine, wenn du nicht artig bist.« Und? Kind spurt. Zuverlässig.

Dauert oft nur eine halbe Tüte lang. Und macht leider ein bisschen dick.

Kondolenzanzeige

… lieber Gott!

Warum ich niemals meine
Mutter ihre Tochter das Lieblings-
kuschelpferd sein möchte …

… weil sie Dich dann nämlich nimmt und in ihrer Waschmaschine bei 1000 Grad zu hässlichem Zausel-Klump
zusammenkocht.

Der einzige Mann,
der wirklich nicht ohne
Frauen leben kann,
ist der Frauenarzt.

Arthur Schopenhauer

Grrr !

Oder:

Was ich an Schatzi ganz besonders lieb habe!

Termine

8

9

10

11

12

Die meisten Frauen setzen ja alles daran, einen *Mann* zu *ändern*, und wenn sie ihn dann geändert haben, mögen sie ihn nicht mehr.

Ein sehr schöner, sehr großer Satz, den vor siebzig Jahren Marlene Dietrich mal bei mir abschrieb.

Natürlich habe *ich* den besten Ehemann aller Zeiten! Er sollte wirklich genauso bleiben, wie er ist, ich muss nur erst mit ihm fertig sein. Das ist hoffentlich demnächst der Fall. Das Projekt »Ich bastele mir einen Mann, der weiß, wo die Ersatzmülleimerbeutel liegen«, dauert nämlich jetzt schon vier Kinder und drei Umzüge lang.

Kleine Erfolge gab's bereits zu feiern: Seit zehn Jahren schlurft Schatzi nun schon klaglos als zweiter Sieger morgens in die Dusche und versichert glaubhaft, dass er sich freut, dass *er* die Scheiben abziehen darf. Seine Sportunterwäsche ist meine Sportunterwäsche. Und hat er irgendwo Aua im Mund, darf ich, seine Zahnarzt-Ex-Ehefrau – äh, ne, Moment!, so rum! – Ex-Zahnarzt-Ehefrau, ihn

117

abends im Badezimmer mit dem Teelöffel untersuchen. Wir haben's aber auch schon mit dem umgedrehten Bleistift gemacht oder den Fingern.

Süß? Süß!

Er ruft auch nur siebenundzwanzigmal vertrauensvoll: »Uuuuh, nisch' so 'rutal … vorsisch'isch … pasch doch au', aah, aaaah …!« Wie die Jungfrau Maria in den Wehen. Dafür durfte ich neulich feststellen: Wir werden wieder Eltern. Schatzi zahnt gerade. Im Alter von sechsundvierzig, nach 2x Mädchen, 2x Junge schenkt er mir und unserer Beziehung jetzt einen gemeinsamen strammen gesunden Weisheitszahn.

Ist das Liebe? Das ist Liebe!

Nun machen auch Texte gelegentlich einen Boxenstopp, um neue Gedanken zu tanken. Bei der Gelegenheit kann ich gleich mal eine Erfrischungsfrage reinreichen: Was eigentlich, wenn ich nicht Zahnärztin wäre von Beruf, sondern Schlangenbeschwörerin? Muss ich Schatzi dann an der, ähm, Nase untersuchen? Und wenn ja, benutzt frau dafür eine Salatgurke oder die Grillzange?

Nun sind die Dinge, wie die Dinge sind. Diese gewaltige thailändische Weisheit fand ich nach meinem letzten Südostasien-Urlaub im Koffer zwischen den Badelatschen. Das ist fünfzehn Jahre her. Seitdem wollte sie keiner haben. Weswegen jetzt dieses Buch dran glauben muss. Es ist so: Natürlich möchte Schatzi total gern ein besserer Mensch und Ersatzmülleimerbeutel-Versteher-Ehemann werden. Wir suchen nur noch nach einem passenden Termin. Acht Tage die Woche ist er nicht da. Und die restliche Zeit auch ziemlich viel unterwegs. Er kann sich glücklich schätzen, dass wir nicht planen, in nächster Zeit nach Japan zu ziehen. Zum einen, weil's natürlich komisch ist, wenn er abends dann immer ruft: »Schashi will pushi-di-mushi!« Und ich ihn nicht verstehe, weil ich mit meinem Japanisch noch nicht so weit bin. Zum anderen, weil sich in Japan die Frauen scheiden lassen dürfen, wenn ihr Kerl mindestens drei Jahre verschollen ist. Und der Kerl wiederum darf seine Alte vor die Tür setzen, wenn sie ungehorsam ist gegenüber den Schwiegereltern und zu viel tratscht. Gibt also doch ein paar frauentechnische Tücken im Land der aufgehende Sonne und untergehenden Ehemänner.

Vom Kuchenbacken zu den Pobacken. Vom Höckschen zum Stöckschen. Von der Zahnärztin zur Männerexpertin.

Also, was ist es, was ich an Schatzi ganz besonders lieb habe? Das zu beantworten würde ganze Bibliotheken füllen. Klar. Deswegen will ich mich hier auf die dreihundert wichtigsten Punkte beschränken.

Punkt eins bis zweihundertfünfzig: Schatzi ist ein richtiger Mann!

Als solcher weiß er, was eine Frau will, selbst wenn man es ihm vorher erst dreitausendmal gesagt hat. Er macht auch nur dieselben falschen Sachen immer wieder falsch. Sehr verlässlich. Und er ist selbstlos: Er macht Fehler nicht für sich allein, er guckt stets, dass ich auch was davon habe.

Kommen wir zum Beispiel in ein Hotelzimmer, haben Schatzi und ich einen Lieblingsdialog, der geht seit Jahren so:

Er: »Es ist stickig hier und warm! Findest du nicht auch?«

Und ich – ganz subtil, kaum zu dechiffrieren, weil sprachlich sehr verschlüsselt: »Nein, ich find's arschkalt hier und echt sau-ungemütlich!«

Aber natürlich hätte er nach all der Zeit auch fragen können: »Ägypten?«

Und ich hätte antworten können: »Tunesien! Litauen! Egal! Blubb!«

Jedenfalls: Mein kleiner süßer Schatzi reißt daraufhin erst mal frohgemut alle siebenunddreißig Fenster auf. Und wenn ich mich dann daranmache, ihm mit meiner Wimpernzange die Schneidezähne nach innen zu biegen, fragt er auch gerne: »Hach du wach, Mauchi?«

Nun fragt man sich natürlich: Muss der Mann vielleicht mal zum Ohrenarzt? Liebt er mich noch? Oder plant er meinen Schnupfentod, um den Weg frei zu machen für eine Frau, die kochen kann und nette Bücher schreibt?

Simpler!

Männer wollen, dass man ihnen Zusammenhänge verdeutlicht. Zwischen Bier und Bierbauch. Zwischen: Vaddi böse – Muddi auch böse. Zwischen: Flossen am Fenstergriff und Kopfmassage mit dem Nudelholz. Ansonsten gilt der Satz von Zsa Zsa Gabor: »Männer, die keine Fehler machen, haben einen Riesenfehler: Sie sind unspannend!« Recht hat sie, die alte Mumie!

Kommen wir zu den nächsten siebenundzwanzig triftigen Gründen, Schatzi lieb zu haben: sein Harem. Ups! Ich mein natürlich: seine Sekretärinnen, die Maren und die Havva. Sehr fesch. In der Männertraum-Sortierung blond & busig sowie schwarzhaarig & auch verdammt lecker.

Um die wird Schatzi echt beneidet, und mir kondolieren alle. Was mir beweist, was für eine verkniffene Alte ich bin.

Dabei muss ich sagen: Ich habe echte Seelengefährtinnen gefunden! Ich würde sogar sagen: Schatzis Sekretärinnen verstehen mich besser, als mein Kerl das tut. Sie wissen auch viel mehr über mich als der Mann, mit dem ich verheiratet bin. Was ganz vielleicht daran liegen mag, dass wir schon diverse Jahrzehnte gemeinschaftlich in irgendwelchen Telefonwarteschleifen gehangen haben.

Hier greift dann die alte Schweißer-Formel:

$$2H * H_2 \, H_R^0 = -436{,}22 \text{ kJ/mol}$$

der zufolge zwei Weiber, die stundenlang Blech reden, irgendwann zu dicken Busenfreundinnen zusammenschmurgeln.

Motto: Marmor, Stein und Eisen bricht, nur nicht unser »Hold the line«.

 Und wenn wir nicht mehr weiterwissen, jedes Modethema schon durch ist und auch die Farbe von Caspis Schnupfen, dann fangen wir zur Zeitüberbrückung auch gern mal an zu singen! Und zwar nach Art einer Qualitätswarteschleife:

»Freude schöner – *rausch! krzzz! krzzz!* – Götterfunken – *krzzz! krzzz! rausch …*«

Die Sekretärinnen sind es auch, die mir immer wieder liebevoll Schatzis Bild in Erinnerung rufen, wenn ich irgendwann unsicher werde und frage: »Das war doch der mit der Brille?« Oder wenn ich ihm sein millionstes »Hauptsache blau und kariert«-Hemd kaufen will und fürchte, er könnte mittlerweile zu »Hauptsache kariert und blau« tendieren.

Und dann, irgendwann. Da ruft's doch noch freudig erregt durchs Warteschleifenparadies:

»So, Katja, *nun* ist er frei! *Nun* stell ich dich durch!« Als sei der Komapatient erwacht, und ich darf auf Zehenspitzen als Erste zu ihm. Das sind auf einen Schlag gleich weitere dreiundzwanzig gute Gründe, diesen Mann lieb zu haben!

Meist können Schatzi und ich sogar dreieinhalb Sekunden im Stück telefonieren. Was ein Problem ist, denn für so viel Zeit haben wir natürlich gar nicht genug Themen. Oder manche Themen sind so komplex, dass sie doch vier Sekunden in Anspruch nehmen. Zum Beispiel, ich bin gerade mit dem Hubschrauber abgestürzt oder will mitteilen, dass ich mit den Kids nach Feuerland auswandere.

Für XY-Chromosomenträger sind Problemgespräche purer Stress. Will sagen: Mit Schatzi kannst du über alles reden, Hauptsache, es geht nicht um Probleme. Als Mann hasst er Probleme. Insbesondere solche, die ihm seine eigene Frau erzählt. Und noch insbesonderer welche, die er nicht mit »ja« oder »nein« beantworten kann. Natürlich hat er auch diese klassischen tief verwurzelten Männerängste. Niemals zum Beispiel würde er irgendein Problem einfach so an sich reißen und zu seinem erklären. Nachher hänge ich noch dran, wer weiß?

Als Frau warte ich beim Telefonieren auch immer vergeblich auf ein Grunzen oder Schnarchen am anderen Ende der Leitung. Also irgendein Geräusch, das mir das Gefühl gibt, mein mit mir verheirateter Gesprächspartner ist noch am Leben. Stattdessen gewinne ich schnell den Eindruck: Muddi ist der akustische Spam hier, immer dicht am Mülleimer. Und Schatzi die wackere, unüberwindbare, ein Meter dreiundachtzig hohe Firewall – erschaffen, das Paradies vor dem Untergang durch Probleminvasion zu bewahren.

Dabei stehen die ganze Zeit zwei Fragen im Raum – natürlich breitbeinig, wie sich das gehört, und mit viel hosentaschentechnischem Kleingeldgeklöter: Ist Schatzi vielleicht ein schlechter Zuhörer?

Ach nein! Iwo!

Zuhören und Antworten sind einfach nur zwei im Männerhirn völlig voneinander abgekoppelte Prozesse. Manchmal gibt derjenige Mann die bessere Antwort, der gerade nach einer dreijährigen Amazonas-Expedition durch die Tür kommt und gar nicht weiß, was gefragt wurde. Während Schatzi, reziprok gesehen, nach zehn Jahren Dauerdialog mit mir immer noch keine Antwort weiß auf die Frage: Was will diese Frau eigentlich von mir?

Die andere Frage ist: Könnte es vielleicht sein, dass Schatzi sich einen Scheißdreck für Probleme interessiert?

Auch iwo! Ich bitte Sie!

So was fange ich erst gar nicht an zu denken! Selbst an Tagen nicht, wo ich nicht weiß: Reihern nur die Kids oder auch schon die Weihnachtstanne? Und mein Muckel ein Formtief hat auf seiner Couch und leider nicht helfen kann, jedenfalls nicht, bevor der »Tatort« zu Ende ist.

Nun gibt es natürlich solche und solche Probleme und diese und auch andere.

Wenn nämlich, nur mal als Beispiel, nachts um zwölf Schatzis Kumpel Schnutzi anruft, um über Probleme mit Freundin Wutzi zu berichten, die die Nase voll hat, weil Schnutzi leider nie zuhört und sich auch nur für Probleme interessiert, die nicht seine eigenen sind, dann kommt Schatzi auf Touren. Da erwacht der Weltenretter und Frauenexperte in dem Kerl, da gibt er schlaue Tipps. Und zwar nicht der Art: »Wenn der Schuh drückt, ist er zu klein.« Oder: »Der Himmel ist blau, die Sonne gelb und Wasser nass.« – was er mir immer so erzählt. Und was von so einsteinscher Durchdringungs-kraft ist, dass man nach der Amazonas-Reziprok-Theorie denken könnte, er hat vorher besonders beschissen zugehört.

Nun habe ich das große Glück eines Persil-Ehemanns: Da weiß man, was man hat.
    Ich werde ihm jedenfalls diesen Text ausdrucken und hinlegen.
    Und ich schwör Ihnen: Er wird sogar versuchen, ihn zu verstehen.

Und das ist übrigens der dreihunderteinste Grund, warum ich Schatzi wirklich liebe.

Es gibt drei Dinge,
die eine Frau aus dem Nichts
hervorzaubern kann:
einen Hut,
einen Salat
und einen Ehekrach.

Mark Twain

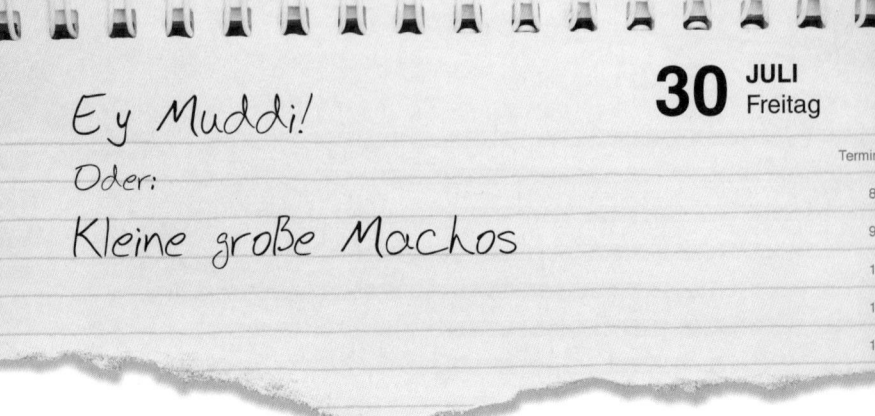

Ey Muddi!

Oder:

Kleine große Machos

Heute, ich kam gerade aus der Dusche, flog mit lautem *Rums* die Badezimmertür auf. Im Rahmen standen Caspi (6) und Kumpel Max. Reflexartig riss ich das Badehandtuch hoch. Wobei die klassische Ü40-Frau ja nicht weiß: Tut sie das jetzt gerade, um sich vor den Kindern zu schützen oder die Kinder vor ihr.

»Wir woll'n Eis!«, klärte mich Caspi zackizacki auf. Ist das nicht lustig? Kein »Hallo«. Kein »Wie schön, dass du mich geboren hast!« Nein. Eben noch in die Windeln gemacht. Und jetzt schon ganz cool einen auf: *Ey Muddi, komm bloß nicht auf die Idee, mich abzuschnuckeln!* Was ich auch niemals vorhatte, ich schwöre! Denn: Caspis Erzeuger, mein Schatzi, ist leidenschaftlicher Ostwestfale. Da gilt die goldene Ehefaustregel: Bevor im Teutoburger Wald das Käuzchen siebenmal ruft, hat sich die Braut schriftlich von allen unangebrachten zukünftigen Vertrauensduseligkeiten zu distanzieren. Die da wären: Knuddeln, Küssen, Finger-ins-Ohr-Bohren. Aber falls Sie jetzt besorgt sind: Am »Du« für die Ehefrau sowie Händeschütteln zur Begrüßung in der Küche hält mein Mann natürlich fest.

Ich antwortete, wie ich finde, dass sechsjährige Machos das dringend brauchen: »Caspi, du darfst mir gern die Hand küssen. Und anschließend die Füße. Und dann überlege ich mir das mit dem Eis.« Es spricht wohl nicht für meine Erziehungsmethode, denn Caspi antwortete nur mäßig beeindruckt: »Okay, ich küss das Eis!«

Auftritt Max. Wo der eine Nachwuchs-Macho sein Gefieder spreizt beziehungsweise seine noch feuchten Kükendaunen, will der andere natürlich nicht nachstehen: »*Ich* bin der *beste* Kescher der Welt!!!«, wurde ich durch zwei fehlende Front-Milchzähne hindurch ins Bild gesetzt. Jede Wette: Noch ein halbes Jahr, und der junge Herr fordert die Damen auf, seinen Bizeps zu fühlen.

Ich weiß nicht, ob ich es bereits erwähnte: Ich bin ja nun schon seit zehn Jahren mit einem Silberrückenmännchen von der Bielefelder Charme-Uni verheiratet. Das hat den großen Vorteil: Entweder du gehst unter oder du hast ziemlich schnell einen Plan, wie, wo und wann du etwas nicht willst als Frau. Kein Gesabbel, *zack!*, auf den Punkt. Männer denken Autobahn. Männer kriegen Autobahn. Immer schön geradeaus. »So, Jungs, finito la musica, raus und tschüss! Ich hab zu tun!«, erklärte ich Caspar und seinem Kumpel. »Du bist gemein! Ich spiele nie wieder mit dir!«, bekam ich zu hören. Da hat es sich doch wirklich gelohnt, Kinder zu kriegen.

Wobei, das Tolle an der klassischen XY-Chromosomen-Erziehung ist ja: Du kannst als Mutter praktisch nix falsch machen. Ein bisschen Kasernenhofton, ein bisschen einschüchtern, drohen, erpressen. Fertig ist die sensitive Jungspädagogik nach Mutter Teresa.

Wobei, auch das eine Wahrheit: Vergiss die Idee, einen Mann, egal wie alt, dauerhaft erziehen zu können. Einmal Messer abschlecken, immer Messer abschlecken. Das ist sein DNA-Code. Da sind sie wie ein Haushaltsgummi. Schnurren auch immer wieder auf Ausgangsformat. Am Ende sieht das Ende aus, wie der Anfang schon schreckversprechend war. Als Frau und Freundin willst du das natürlich noch nicht wahrhaben, als Mutter aber ereilt dich die Erkenntnis in Form eines Vier-Zentimeter-Mikro-Schniedels auf der Klobrille. Wenn sich nämlich dein Zweijähriger noch nicht allein die Hose aufmachen kann, aber schon unbedingt im Stehen danebenpinkeln will. Dann weißt du: Das ist kein Erziehungsproblem, das sitzt tiefer.

Und natürlich sind wir Frauen auch Hasenherzen. Wir wollen unseren Söhnen schon sagen, was Sache ist. Aber das gelegentlich auch mit Kuschelkonsens-Rhetorik und der Philosophie der Stoppersockensätze. »Mama ist traurig! Hör auf! Schluss!« beeindruckt kleine Männer in etwa so sehr wie einen weißen Hai der Hinweis: »Beißt du dem Surfer ein Bein ab, kann er zukünftig nur noch hüpfen.« Wir haben einfach die falschen Pfeile im Köcher:

Ich war frische Ehefrau, da kam Schatzis Patenkind zu Besuch. Zu dem passte laut aufgedruckter Altersempfehlung eine Packung Pyramidenkuchen von Dr. Oetker. Kaum aufgerissen, wusste ich: Das blöde Teil backe ich alleine. Patenkind und Patenonkel hatten sich verkrümelt. Schlüsselloch-Recherche ergibt: »Kampfstern Galaktika Teil III«, erst frei ab zwölf, wurde gerade in eine »Lassie kehrt zurück«-Hülle umgesiedelt. Kleines Give-away für zu Hause und sozusagen Schleuserhilfe unter Männern. Da kannst du dir doch als Frau einen Elch abziehen.

Heute Morgen sprang Kolja seinem älteren Bruder auf die Brust. Der hatte noch die Zahnpasta im Mund: »Los, wir spielen Wikinger ohne Totmachen!« Ich gebe zu: Früher wäre ich wahrscheinlich direkt zum Kinderpsychologen gerannt. Heute weiß ich – Gott sei Dank: klassische Zärtlichkeitsbezeugung unter Männern.

Ich liebe es auch, mit Caspi ein Date vor seinem Kleiderschrank zu haben. Wenn mein Sohn könnte, wie er wollte, und ich ihn ließe, was er möchte, trüge er montags bis freitags ein und dasselbe graue Dino-Shirt. Lediglich für Samstag und Sonntag bietet er einen Kompromiss an: Da könnte er sich auch gut ein graues Dino-Shirt vorstellen.

Kürzlich führte ich den Ein-Tag-Hemd-nächster-Tag-T-Shirt-Rhythmus ein. Irgendwann hast du nämlich als Mutter die Faxen dicke. Seither diskutiere ich: Was ist ein T-Shirt? Und was ein Hemd? Hat dieses Hemd zu viele Knöpfe? Warum muss ein Hemd überhaupt Knöpfe haben? Und täte es nicht doch ein T-Shirt, zum Beispiel das mit dem Dino?

Einen kleinen Mann zu verstehen, ist für eine Mama echt schwer. Zumal sie sich ja meist schon erfolglos mit der erwachsenen Ausgabe abplagt.

In unserem Wohnzimmer steht ein kleines Tretauto. Die letzten sechs Monate wurde das von Caspar und Kolja keines Blickes gewürdigt. Bis heute Nachmittag, vierzehn Uhr siebenundzwanzig und drei Sekunden. Plötzlich großes Gerangel.

Die Einzige, die den Schuss nicht gehört hatte, war ich. Wieso jetzt genau? Weshalb beide? Und warum genau dieses Spielzeug? Hatte ich da was verpasst? Irritierend fand ich auch: Es krallten sich nicht nur zwei Paar Hände an Lenker und Reifen. Nein, vier. Yella und Lilly hatten auch einfach mal ihre Puppen weggeworfen und beschlossen: Es muss jetzt genau dieses Bobbycar sein.

An Tagen wie solchen wünschte ich mir eine Live-Übertragung in Schatzis Büro. Ich glaube, der denkt nämlich, wir sitzen hier den ganzen Tag und essen Kekse. Gestern noch meinte er zu mir: »Ach, ich beneide dich!«

Also, Schatzi, hier mein Angebot: Wir können gern mal tauschen. Ich geb auch eine Wette ab. Vierundzwanzig Stunden allein mit den Kids, und du sitzt wieder an deinem Schreibtisch.

Auch Frauen können ein
Geheimnis
für sich behalten.
Vorausgesetzt, man erzählt
es ihnen nicht.

August Strindberg

Männer-
bedienungsanleitung
(Darf nicht in die Hände des Gegners fallen!)

12 MAI
Mittwoch

Termine

8

9

10

11

12

Wenn ich eine Sache wirklich, wirklich richtig gut kann, dann ist es, Schatzi zur Weißglut zu bringen. Ich hab da so eine Technik entwickelt, die beschleunigt ihn von null auf hundertachtzig in nur zwei Minuten. Garantiert zuverlässig.

Nun hatte ich natürlich auch von klein auf ein super Übungsobjekt! Leus, meinen kleinen Bruder. Ich kann nur allen Mädchen empfehlen: Bittet Mama und Papa, sie sollen euch auch so was besorgen. Lohnt sich!

In der Grundschule zum Beispiel war Leus in Bettina Buse verknallt. Er behauptet zwar, dass das nicht stimmt, aber er ist ein Mann. Deswegen interessiert seine Meinung hier nicht. Ich weiß noch, wie die beiden mal wegen der Hausaufgaben telefonierten und Leus – schon damals ganz ein Leus von Welt – in der Hörer rief: »Tschüss, Bettina Buse!« Von da an ermunterte ich ihn immer wieder, zu den Gefühlen, die er nicht hatte, zu stehen. Zum Beispiel mit einem »Verliebtes Paar! Küsst euch mal!«

Vielleicht hatte Leus zu dem Zeitpunkt aber auch schon ein Auge bis mehrere Sommersprossen auf Aline Kesifli geworfen, eine weitere Mitschülerin. Die beiden machten mit der 2 b Wandertag in Büsum.

Hier bewies Aline, wie ich fand, dass sie super gut zu Leus passte, indem sie beim Krabbenpulen das Fleisch wegwarf und das Drumrum futterte.

Nun mögen Sie denken: Gott, wie fies! Aber aus dem Leus ist trotz allem ein bequemer, traniger, seinen Kram nicht wegräumender Ehemann geworden. Deswegen können die Spätfolgen durch seine Schwester – namentlich: Angst vor Frauen – in ihm ja nicht allzu groß sein.

Dann wieder, da war Leus schon zwölf, klebte ich puffmuttermäßig kleine liebevolle Zettelchen unter die Kaffeetassen, an die Türklinken und Stuhllehnen, wann immer Leus ein Mädel zu uns nach Hause einlud. Auf diesen Zettelchen hatte ich ein »Herzlich willkommen!« gemalt. Oder »Wie schön, dass Du da bist!!!« Dazu viele Herzchen. War ich gut drauf, gab's gratis dazu noch eine Schweineballett-Darbietung, indem ich die Arme zur Pirouette über den Kopf nahm und um die Turteltauben herumtänzelte.

Ja, Sie wollen das sicherlich fragen, und ich sag's auch ganz ehrlich: Undank ist der Welt Lohn! Statt sich zu freuen, dass ich für ein bisschen Programm und Unterhaltung in seinem öden Date sorgte, stand Leus auf und schallerte mir eine.

Aus Omis Memorabilientruhe stammen übrigens diese zwei Fundstücke: ein 1,5 x 1-Meter-Plakat, das ich für Leus malte, als der mal mit gebrochenem Fuß in der Klinik lag. Fand die alte Spaßbremse aber natürlich überhaupt nicht lustig.

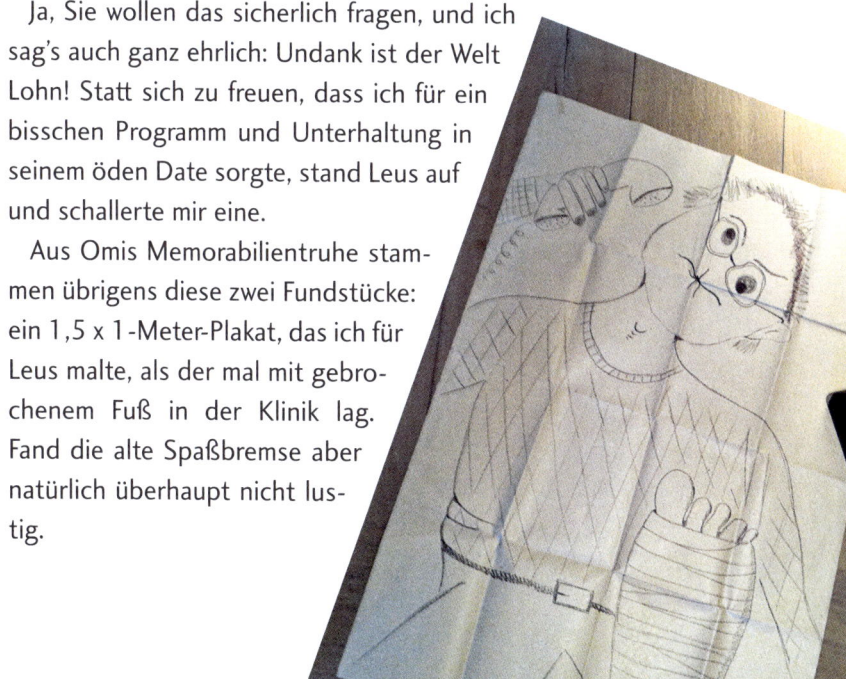

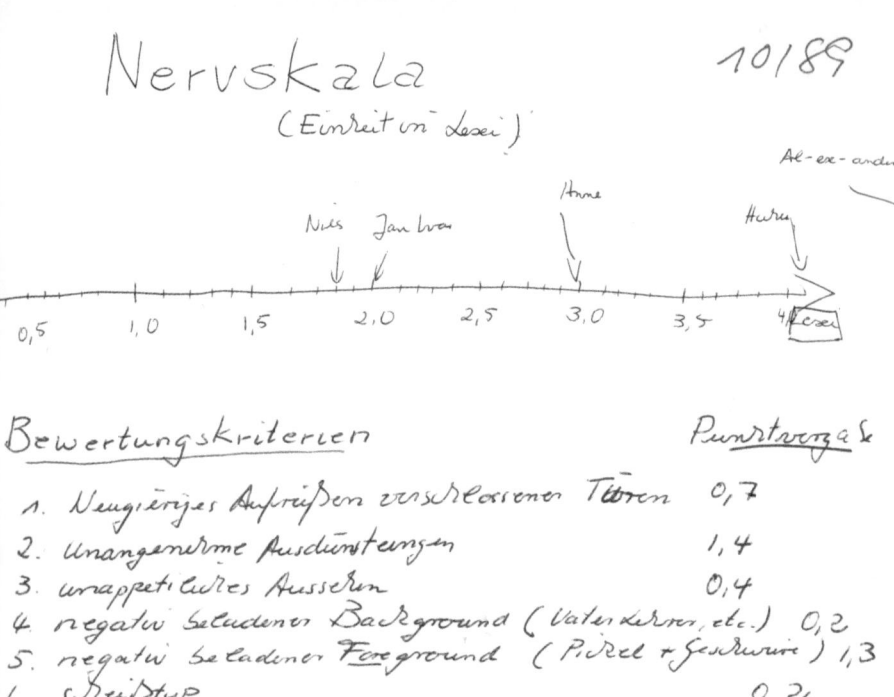

Nervskala 10/89

(Einheit in "Lesei")

Al-ex-andu

Niels Jan Ivar

Horne

Harry

0,5   1,0   1,5   2,0   2,5   3,0   3,5   4 Lesei

Bewertungskriterien   Punktvergabe

1. Neugieriges Aufreißen verschlossener Türen   0,7
2. Unangenehme Ausdünstungen   1,4
3. unappetitliches Aussehen   0,4
4. negativ beladener Background (Vaterklärer, etc.) 0,2
5. negativ beladener Foreground (Pickel + Geschwüre) 1,3
6. schreistyp   0,2
7. periodisches Auftreten / Intensität   1,0

Außerdem eine wissenschaftlich-mathematische Befunderhebung zum Thema »Wie sehr nerven mich Leus' Kumpels«?

Nun zu Schatzi!

Gleich zu Beginn unserer Ehe wurde er von Leus mit einem fröhlichen Schulterklopfer in der familiären Runde begrüßt: »Darf ich dir im Namen der gesamten Familie danken, dass du uns Käti abgenommen hast?«

Ist halt mein Bruder. Immer für einen schlechten Witz oder eine fußlahme Pointe zu haben.

Was er nicht wissen konnte: Schatzi ist in Drachenblut gebadet! Der durchlief nämlich vorher in Bielefeld eine vierunddreißigjährige Terror-Schulung bei seiner Schwester Kirsten. Von wegen: »Du sitzt hinten im Bus und ich vorne!« Da bildet sich über die Zeit natürlich ordentlich Hornhaut auf dem Gemüt. Oder anders formuliert: So viele Lieblingssocken kann ich Schatzi gar nicht klauen aus seiner Schublade oder Beulen ins Auto fahren, dass er wirklich mal ausflippt.

Dabei ist Streiten so, so wichtig! Wie sonst will ich feststellen, ob der Kerl mich noch liebt?

Aber was hat genügend Nervpotenzial, um selbst hartnäckige Pazifisten à la Schatzi auf die Palme zu bringen? Hier fünf Tipps:

1 Zeitung zerlesen! Mit dem Mittelteil beginnen, dann planlos durch den Sport, das Feuilleton und die Politik wühlen. Streng darauf achten, dass nichts mehr zusammensetzbar ist und zum Vorne das Hinten fehlt. Wisse: Zeitungen wie auch Fernbedienungen betrachten XY-Chromosomenträger als ihr Hoheitsgewässer!

2 So trödeln beim Abendessen, dass er die ersten fünf Sekunden der großen Free-TV-Premiere »Tödlicher Killerschleim aus dem All« verpasst. Bis zum Ende verfolgt ihn jetzt die Angst, er könnte wichtige dramaturgische Wendungen nicht kennen.

3 Abgebrannte Streichhölzer zurück in die Schachtel stopfen.

4 *Sein* geliebtes Handy-Aufladekabel aus *seiner* geliebten Steckdose ziehen. Und in einer Egal-Steckdose wieder einstöpseln.

5 Auf der Suche nach einem Pulli oder Schal sämtliche Schränke und Schubladen aufreißen, aber nichts wieder zumachen.

Man merkt: Eigentlich sind Männer so einfach zu bedienen wie Toaster. Gibt nur ganz wenige Knöpfe, auf die du als Frau drücken musst! Und schon, *zack!*, Zoff!

Aber wichtig ist natürlich auch, als Sieger aus diesem Duell hervorzugehen. Hier daher das ultimative 5-Punkte-Männer-Bezwing-Programm. In einundvierzig Lebensjahren von der Autorin liebevoll zusammengetragen.

1. Schritt: Innere Emigration! Einfach mal nix sagen und stier nach innen gucken. Funktioniert KLASSE! Er wird fragen: »Hast du was?« Sie sagen dann (aber wirklich erst, wenn er zehnmal gefragt hat): »Nein.« Er hakt nach: »Aber du hast doch was?« Und Sie erwidern: »Was soll ich haben?« Das kann man ganz toll ein paar Minuten bis Stunden spielen. Wisse: Männer tun zwar immer genervt, wenn frau redet. Aber wenn sie dann tatsächlich die Klappe hält, kriegen sie Angst. Und *klick!* – schon hast du den Karabiner im Fels.

2. Schritt: Weglaufen! Da muss er dann wie doof hinterher. – Wunderschönes Gefühl! Rundparcours um die Couch wählen! Sackgassen wie Küchen und Abstellkammern meiden.

3. Schritt: Schreien!

4. Schritt: Finale – Weinen! Allerdings: kein hysterisches Rumgeheule. Da kriegt der Kerl Panik: O Gott! Sie dreht durch! Ein Arzt! Die Spritze! Schnell! Besser: leises Schluchz-Schluchz! Da geht auch die stärkste Männer-Eiche in die Knie.

5. Schritt: Vergebung. Er darf Ihnen jetzt was schenken.

PS: Heute habe ich mich mit meinem Verleger und meinem Agenten gezankt. Tat total gut. Hatte schon so lange nichts von denen gehört. Jetzt weiß ich, die haben mich noch lieb.——

PPS: Schatzi freut sich übrigens von Herzen mit mir: »Alte Ziege!«, lobte er mich. »Hast du dich mal wieder durchgesetzt? Gut, dass ich nicht dein Vertragspartner bin!«

Auch die
schönste Frau
ist an den
Füßen zu Ende!

Casanova

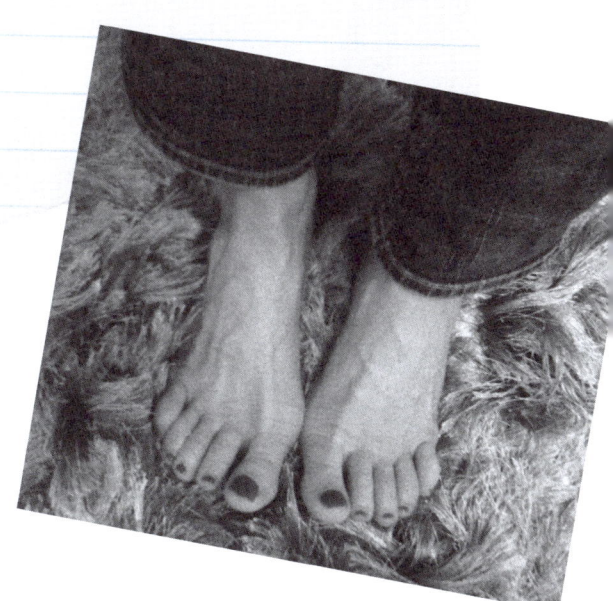

Die Mami-WikiLeaks
Streng geheim!

Es gibt Dinge, die wissen nur Mütter voneinander!

Tief betroffenes Vorwort

Das Beste, was mir im Leben passiert ist, sind meine kleinen Mäuse. Aber wie alle schönen Dinge gibt es auch Kinderhaben nicht umsonst. Als Mutter entrichtest du regelmäßig kleine Glücksbenutzungsgebühren: Wenn du schwanger bist, knutschst du oft wochenlang die Kloschüssel, so übel ist dir. Du lässt dir von allen möglichen Leuten überall hinfassen. Du bekommst rote Zickzack-Tattoos am Bauch und Beine wie die Säulen der Akropolis. Und? Du nimmst das supergern in Kauf, weil es nichts ist im Vergleich zu dem, was du bekommst.

Zur Mutterolle gehört allerdings auch, dass Fünf ab sofort eine gerade Zahl ist. Ich glaube, in den zehn Jahren an der Mutti-Front habe ich schon jede Notlüge dieser Welt geflunkert. Zwei will ich hier beichten:

Als junge Mutter mit erstem Kind sprach mich vor unserem Haus eine Co-Mutter aus der Etage unter uns an. Wie geht's, wie steht's? Wo ich denn tagsüber immer sei? Sie würde mich ja nie auf dem Spielplatz sehen. Mist, dachte ich, erwischt – und hatte sofort ein pechschwarzes Gewissen. Sodann staunte ich über mich selbst. Denn ich hörte mich antworten: »Weißt du, also, ich nehme, äh, die Yella immer ins, ähm, Auto, und wir fahren dann in den, ähm, Wald.«

Als mein Kind dann in den Kindergarten kam, lernte ich schnell die erste einer Vielzahl von Mutti-Todsünden kennen: Ich brachte gekauften Kuchen mit zum Sommerfest. Keinen selbst gebackenen. Böser, böser Anfängerfehler! Seither pule ich wie alle meine Freundinnen heimlich die Streusel vom gekauften Streuselkuchen, halte den Bunsenbrenner drauf oder fahre, wenn's sein muss, auch noch mal mit dem Auto drüber. Manchmal möchte ich die Neumuttis in den Arm nehmen, die noch nicht wissen, wie der Hase hier läuft, und ganz erschrocken gucken, wenn sie mit uns ganzen backwütigen Frauen konfrontiert werden.

Ich glaube, zum Muttersein gehört, dass man manchmal ein bisschen komisch wird. Und dass einem das leider zu selten jemand sagt. Die folgenden sechzehn Mutti-Dossiers sind mir aus geheimer Quelle zugespielt worden. Sie wurden zusammengetragen aus hundertfachen Augenzeugenberichten, mitgelauschten Sandkastengesprächen und 1.247.000 Blicken in den eigenen Spiegel. Ich hoffe nur, wenn's mal ganz arg wird mit mir, dass Schatzi kommt und mir ein bisschen an den Kopf klopft: »Hallo, du da drin! Geht's denn noch?«

Und wo wir schon dabei sind! Ja! Auch meine Kids hatten schon Krabbelbesuch auf dem Kopf! Was komisch ist. Denn ich wasche ihnen sogar ab und an mal die Haare! Dafür ist Madonna jetzt meine neue beste Freundin. Die erklärte neulich bei Oprah Winfrey: »Wir auch!«

Danke, Madonna! Danke, Läuse! Ihr seid wahre Demokraten!!!

Die Rudel-Mutti

hat neben ihren drei bis fünf eigenen Kindern und dem nickituchtragenden Familienhund mindestens immer noch zwölf weitere Kinder im Schlepptau, mit denen sie gleich ins Kino/Schwimmbad/Eisgeschäft geht. Den Haustürschlüssel trägt sie zusammen mit zweiundzwanzig anderen Schlüsseln an einem breiten Band um den Hals, um den schon die Leine und ein Tuch baumeln. Manchmal wird sie auch für den Hausmeister gehalten. Am Handgelenk hat sie ein Ersatz-Haargummi. Denn gern auch mitten im Gespräch tütelt sie sich irgendwo auf dem Kopf einen ulkigen Knödel zurecht. Sie ist unprätentiös, kumpelig, weiß, wo gerade Petit Bateau oder Pampolina Schlussverkauf machen. Die Rudel-Mutti ist die deutsche Eiche im Kindergarten- und Schulbetrieb, ausdauernd, beständig, verlässlich. Und so wahnsinnig patent. Die schnitzt dir auch mit ihrem Schweizer Fahrtenmesser aus einem Baumstamm einen funktionierenden Apple-Computer.

Beim Schulfest hilft sie spontan drei Stunden am Waffelstand aus. Ist der Teig alle, hat sie ganz zufällig einen Mixer und hundert Eier einstecken. Sie ist diese Mutti, von der deine Kids adoptiert werden wollen. Denn sie hat immer ganz viele Fruchtzwerge und Curry-Kings im Kühlschrank und nervt nicht mit Bio-Brokkoli.

Einer für alle, alle für eine! Die Probleme anderer sind selbstverständlich auch die der Rudel-Mutti. Sie hat einen ausgesprochen starken genetisch codierten Reflex zur Bildung von Spielgruppen und Fahrgemeinschaften: »Okay, dann treffen wir uns morgen bei mir. Und übermorgen bringe ich Lasse, Luca und Antoinette zu dir. Und auf dem Rückweg könnte ich Lara-Pia einsammeln.«

Sie hat alle Termine – den Afrika-Basar im Kindergarten, die Projektwoche in der Schule – im Kopf, schon deswegen, weil bei ihr ständig alle anrufen, um zu fragen, wann was ist und was man dazu mitbringen muss. Sie erinnert auch an Termine, von denen man gar nicht wusste, dass sie welche sind: »Heute wird der Labrador der Schulsekretärin zwei Jahre alt, wollen wir ihm einen Knochen mitbringen?«

Überhaupt: Wenn irgendwo eine Kindergeburtstagsparty steigt, initiiert sie gerne GEC's, sogenannte Geschenk-Erwerbs-Communitys, mit ihr als der ersten Vorsitzenden: »Die Michelle wünscht sich was mit Pferden. Ich hab schon mal recherchiert: Der Pferdehof von Brio würde achtzig Euro kosten. Willst du dich beteiligen?« Ihr Kind ist es dann auch, das das Geschenk überreicht – zusammen mit einer zugekrickelten »Wir haben auch geschenkt«-Karte, die erfahrungsgemäß im allgemeinen Geschenkpapieraufreißtrubel sowieso kein Schwein mehr liest.

Leider allerdings sind »praktisch« und »erotisch« zwei Paar Schuhe. Wenn die Rudel-Mutti im Blaumann und mit Gummistiefeln ihre Terrasse kärchert, bringt das Rudel-Vati nur bedingt in Wallung. Man könnte auch sagen: Sex findet im Leben der Rudel-Mutti recht oft eher selten statt. Als gesichert gelten können nur die Male, an denen sie beim Klapperstorch ein Baby in Auftrag gab. Dann aber holla und ran an den Papi.

Wobei ... Wohl auch bei den Rudel-Muttis gibt's laszive Ganzjahresmodelle. So hört man von der einen oder anderen, die den Blaumann weglässt und nur die Gummistiefel trägt.

Eben doch patent, die Frau.

Die Generalstabs-Mutti

besitzt einen Bachelor in Senior-Arts-Degree-of-global-Tralala. Das war allerdings, bevor sie noch ein Zusatzstudium als IT-Management-Consultant an der Fern-Uni von Yokohama draufsattelte. Jetzt ist sie vierundvierzig und sagt ihren Eizellen einzeln guten Tag.

Für ihr aktuelles Bauvorhaben »Ich bastle mir Nachwuchs, und zwar schnell« hat sie überdies mittels Planfeststellungsverfahren/§§ 72 bis 78 die Entdeckung gemacht: *Oh, ich hab' ja gar keinen Kerl!* Nach reiflichen Überlegungen ist sie dennoch zu dem Schluss gekommen: Ja, sie will Mutti werden.

Ihr neuer Intimfreund ist von nun an Dr. I-Punkt Mussuf-Yilderim vom Fertilisationszentrum »Untere Wupper«. Er und sein bunt gewürfeltes Expertenteam aus zwanzig Kontinenten sind führend, wenn es darum geht, verschlafene Resteizellen mittels Medizin oder Vorhalten einer kleinen Mohrrübe aus ihrem Eierstock-Versteck zu locken. Außerdem setzt man hier auf den Servicegedanken: Sitzt die Frau erst mal auf dem Behandlungsstuhl und hat die Beine hoch, lässt sich das hervorragend mit einer Pediküre verbinden. Außerdem bietet das Institut noch Waschen-Legen-Föhnen an. Und dass Gabi, die Rezeptions-Azubine im ersten Lehrjahr, das Baby austrägt. Das aber natürlich gegen Aufpreis.

Die Generalstabs-Mutti entscheidet sich für zwei Babys, das ist dann ein Abwasch. Samenspender wird irgendein blonder Zwei-Meter-Gorilla, den sie im Spermien-Katalog auf Seite 56 entdeckt hat. Neben einem IQ von 347 vereint er auf sich die wie gemeißelten Gesichtszüge eines Norwegers mit feurig-schwarzem Kringelbrusthaar. Letzteres hängt dem Samen-Gorilla – so zeigt sein Hochglanz-Grinsepeter-Foto – in langen Büschen aus dem Hemdkragen wie einem atomar verstrahlten Spanier.

Abschließend wird mittels Blackberry und Outlook noch ratzifatzi geklärt, wann Empfängnis-Date sein muss, damit die Kids ihre Geburtstage später immer bei geringer Niederschlagswahrscheinlichkeit im Garten feiern können. Dann kann Baby-Konditor Dr. I-Punkt mit der aufgezogenen Samenspritztüte anrücken. Dazu hat man hier im Institut »Untere Wupper« ein paar stimulierende Poster aufgehängt. Zum Beispiel zwei zum Gebet gefaltete Hände im Gegenlicht, einen schwarzen Erdklumpen umschließend, aus dem sich was minikleines Grünes – Bohne? Hanf? Heuschreckenpimmel? – emporstreckt. Auch das Aufhängen rotgesichtiger schreiender Babys mit Neugeborenen-Akne und platt geknautschten Nasen wurde diskutiert, dann aber von den Experten aus zwanzig Kontinenten, darunter einem Eskimo und einem Indianer, als diskriminierend abgelehnt.

Über die Schwangerschaft der Generalstabs-Mutti gibt's eigentlich nichts weiter Nennenswertes zu berichten, außer, dass sie natürlich auf *keinen* Fall irgendwelche bonbonfarbene Schwangerschafts-Schundliteratur liest, sondern ausschließlich Lennart Nilssons »Ein Kind entsteht« in der schwedischen Originalfassung. Insbesondere die rasterelektronenmikroskopischen Aufnahmen, wo kleine, glibberig-durchsichtige, Pantoffeltier-artige Embryonen in niedlich roten Mutterkuchenzotten hängen, haben es ihr angetan.

Zum glücklichen Finale neun Monate später verlässt die General-stabs-Mutti deutsche Lande und bucht das »Kaiserschnitt-Sorglos-Paket« in einem Entbindungskombinat für Frauen und Nutztiere im zehntausend Kilometer entfernten Bashkirskaya Chumaza. Das sieht da zwar alles ziemlich merkwürdig aus, hat aber den tollen Vorteil, dass der Küchentrakt des Gebäudes auf russisches Gebiet ragt, der Kreißsaal mit angegliederter Aussegnungshalle aber noch in China steht. So verfügen die Babys (für den angestrebten Glo-bal-Master-of-Universe-and-Benelux von unschätzbarem Vorteil) mit dem Zeitpunkt ihrer Geburt gleich über drei Staatsbürgerschaf-ten.

Überdies als echtes Plus des Kaiserschnitts in Bashkirskaya Chuma-za zu werten und leider noch viel zu wenig bekannt: Er birgt die Option, die Babys nach der Geburt noch mal zurückzustopfen und samt Mutter und Liege auch noch an die nepalesische Grenze zu rollern.

Aber egal, Ende gut, alles wieder zugenäht: Mit den Babys im Twin-Maxi-Cosi, ihrer Bottega-Veneta-Tasche über der Schulter und ei-nem handsignierten Foto vom Yeti (wann ist man schon mal in Ne-pal?) kehrt die Generalstabs-Mutti glücklich nach Deutschland zurück, um ihre Kinder mit dem dritten Tag in einen Hort zu geben.

Die Hardcore-Läuse-Mutti

Heute verrate ich Ihnen mal ein großes Geschichtsgeheimnis: Vor vielen, vielen Jahren stieß Archäologe Heinrich Schliemann beim Mumien-Buddeln auf drei total frustriert aussehende ägyptische Pharaonen-Muttis. Eine hielt einen versteinerten Läusekamm in der Hand, die zweite einen Krug mit eingetrocknetem Weidenrindenshampoo. Die dritte einen geknüllten Papyruszettel. (Vielleicht sollte man noch erwähnen: Alle Betten in der Pyramide waren abgezogen).

Die Übersetzung des Zettels ergab folgenden, als »Mutti-Dreisatz« berühmt gewordenen Mutti-Dreisatz. Er steht, kleingedruckt, noch heute mahnend in jedem Mutterpass:

 Kriegste Mann, kriegste Kinder, kriegste Läuse!

So ist das eben. So war's schon immer. Allerdings leben wir in traurigen Zeiten des Werteverfalls. Und Frustrationen, die unsere Vorfahrinnen erfolgreich kultivierten, werden von uns Ur-Ur-Enkelinnen einfach so mit Füßen getreten. Ein Skandal.

Dabei wären die alten Pharaonen-Muttis bestimmt beeindruckt, könnten sie sehen, wie die moderne deutsche Hardcore-Läuse-Mutti auch ohne Mumie so fantastisch alt aussehen kann. Kaum liest sie

»Wir haben Läuse!!!« auf einem hingekrickelten Zettel an der Tür der Kita oder Schule, startet auch schon ihr vollautomatisches Gesichtsverfallprogramm. Fußpilz, Krampfadern, Besuch der Schwiegermutter – kein Horrorszenario kann der Hardcore-Läuse-Mutti so nachhaltig die Laune verhageln wie die Vorstellung: eine *Laus(!)* auf dem Kopf *ihres(!)* Kindes.

Die Hardcore-Läuse-Mutti entsteht in einer Art Knallgas-Reaktion aus fünf oberfrustrierten Läuse-Muttis, die gerade ihre kompletten Familien inklusive Hund bei neunzig Grad in der Waschmaschine waschen durften. Jetzt halten sie Kriegsrat, während der Rest der Familie inklusive Mobiliar bei minus zweihundert Grad vierzig Tage in der Tiefkühltruhe lagert. Nur Papi und das Schmusekamel stehen schon seit drei Tagen tauend und tropfend in der Badewanne. Aufgrund der vielen Haare am Körper dauert das Auftauen hier länger. Der Läuse-Mutti-Kriegsrat will jetzt natürlich wissen: Wem bitte darf man Danke schön sagen für diesen völlig überflüssigen Megaschlamassel?

Der Ruf nach Rache, Polizei und Bundesgrenzschutz wird immer lauter. Irgendwann macht's *Bumm!* Die allermeisten Läuse-Muttis spalten sich ab, weil sie denken: »Ach egal! Was soll's? Dinge sind, wie Dinge sind. Ende Lamento. Welt geht nicht unter. Wenn meinem Kind was zustoßen würde, das wäre viel schlimmer. Nächstes Mal passen wir noch besser auf.« Der kleine Rest wird IM bei der Läuse-Stasi. Die fachsimpelt gern flüsternd zwischen Tür und Schulhofangel, welche Familien potenzielle Läuseschleudern sind. Und ob es hilft, wenn man der Lehrerin – ist natürlich fürs Vaterland! – mal einen kleinen Hinweis gibt.

Eines ist auf jeden Fall so klar wie Kloßbrühe: Dafür hat die Hardcore-Läuse-Mutti nicht vierzehn Semester Germanistik studiert! Um sich am Ende mit ordinären Parasiten rumzuschlagen! Mithilfe des Robert-Koch-Instituts sowie des Ministeriums für Läusewesen versucht sie wissenschaftlich nachzuweisen, dass Läuse tausendmal lieber auf einen Kevin oder eine Scarlett springen als auf die frisch gewaschenen Haare von Carl-Friedrich und Sophie-Charlotte. Wissen doch eh alle. Nur vielleicht noch nicht die Läuse. Die können ja nicht lesen.

Zu Hause shampooniert die Hardcore-Läuse-Mutti ihrer eigenen Family mindestens zweimal täglich die Köpfe mit Läuseschreck-geh-weg-Prophylaxe-Stinke-Shampoo. Reißt dann mit einem extra-kleinzinkigen Kamm vorsorglich schon mal alle Haare aus. Und lässt über drei zufällig stehen gebliebenen Büscheln ein Kruzifix kreisen. Dann liest sie noch ein paar Stunden im Internet Schauergeschichten über eine Monsterlaus, die erst kürzlich eine Herde afrikanischer Elefanten leer gesaugt haben soll. Und vor der auch der Weiße Hai in Panik fliehen würde, fiele sie zufällig mal mit ausgefahrenem Saugrüssel ins Wasser.

Schließlich, am Ende eines Tages voller vieler neuer Falten, fällt die Hardcore-Läuse-Mutti erschossen mit brennenden Händen und juckender Kopfhaut ins Bett. Beim China-Mann hat sie sich heute noch ein Döschen E126-Geschmacksverstärker besorgt. Was aus einer alten fleckigen Neonröhre eine leckere, etwas zu hart gekochte Glasnudel macht, müsste doch auch auf dem komischen langhaarigen Kevin aus der 1c Wunder wirken.

Sie will da morgen mal heimlich ein bisschen was drüberbröseln.

Die erste Hälfte
unseres Lebens wird von
den Eltern ruiniert,
die zweite von den Kindern.

Clarence Seward Darrow

Die Piepsmaus-Mutti

Stößt man sie an, macht's wie bei Beaker in der Muppet-Show verzagt leise »mi-mi-mi!« Sie ist diese »Mensch, wer ist das noch gleich?«-Mutti: Sie hat schon zehnmal während irgendwelcher Kindergeburtstage bei dir in der Küche gesessen und mit anderen Muttis Warte-, Überbrückungs- und Langeweilekaffees getrunken. Und jedes Mal wieder denkst du: »Kenn ich die? Warum isst die jetzt meinen Kuchen?«

Die Piepsmaus-Mutti ist eine Frau. Aber das muss nun wirklich ihr Geheimnis bleiben. Damit die anderen Frauen und ihr Mann ihr nicht auf die Schliche kommen, verwendet sie ausdrücklich kein Make-up und keinen Lippenstift, verzichtet auf Röcke und setzt sich zur besseren Tarnung noch eine Brille auf. Außerdem hat sie eine Liste der zehn unerotischsten Gesprächsthemen vorbereitet, auf die sie bei Bedarf jederzeit zurückgreifen kann. Gegenwärtig beschäftigt sie – sie weiß, kein schönes Thema, aber – die Phimose ihres Sohns und was man da medizinisch machen kann.

Beim Sohn der Piepsmaus-Mutti weiß man sofort: Das wird mal ein ganz Großer. Bis er das erste Mal ohne Mama und ohne zu heulen eine halbe Stunde allein im Kindergarten blieb, brauchte es nur achtzehn Jahre. Gerade wiederholt er auf eigenen Wunsch (und den seiner Mutter) zum dritten Mal die Kindergarten-Vorschul-Ab-

schluss-Klasse, um sich an
den Gedanken zu gewöh-
nen: Bald kommen das
böse »A« und der Füller-
führerschein.

Die Piepsmaus-Mutti fin-
det Emanzipation eine gute
Sache, sie muss nur mal eben
schnell ihren Mann fragen. Wenn sie
zacki-zacki etwas entscheiden soll, hält sie zudem
gern Rücksprache mit ihrer Katze oder liest im Kaffeesatz. Ihre Feinde finden, sie ist eine alte Zauderliese. Ihre Freunde finden, dass
ihre Feinde recht haben.

Nun gibt es ja gehässige Rudel-Muttis (zu denen ICH natürlich
nicht gehöre), die vor der Tür des Kindergartens die Köpfe zusam-
menstecken und lästern, dass die Piepsmaus-Mutti das Charisma
einer Seegurke hat und überall durchflutscht wie das berühmte
Gläschen Rizinus. Gleichzeitig aber neidet man der Piepsmaus-
Mutti auch ihren Erfolg als langweiligste Frau des Planeten. Besonders giftig und unversöhnlich zeigt sich hier die Öko-Trulla-Fraktion.
Die sind nämlich eigentlich die Goldmedaillen-Gewinnerinnen in
der Disziplin: »Nein, ich red nicht nur wie Knäcke, ich seh auch so
aus!« Und wäre das Leben eine Autobahn, wären sie natürlich der
Stand- und Grünstreifen in einem. Jetzt müssen sie erschüttert feststellen: Hey, rechts von uns kriecht sogar eine rückwärts!

Auch in puncto Ernährung setzt die Piepsmaus-Mutti neue Minus-
Maßstäbe. Sie ist nicht bloß Vegetarierin, sie ist *Frutarierin*. Sie war-

tet, bis der Apfel selbst vom Baum fällt. Weil er natürlich nur so auch wirklich tot ist. Alle anderen Äpfel wurden quasi ermordet.

So, das wär's auch schon mit dem Piepsmaus-Mutti-Porträt. Leider! Denn alles Weitere an ihr ist so farblos und blass, dass selbst die sie beschreibenden Worte mit dem Papier verschmelzen.

Sorry for that.

Hier Platz für eigene Mutti-Beobachtungen

Schärfster Papi beim Babyschwimmen

Name: _____

Alter: _____

Handynummer: _____

Größte Zicke der Stadt

Gold: _K. Kessler_

Silber: _____

Bronze: _____

inlichste Kindesnamen
Freundeskreis:

B. Wendy-Mercedes)

gene Vorschläge:

m Wiehern: _____

m Schmunzeln: _____

m Am-Kopf-Kratzen: _____

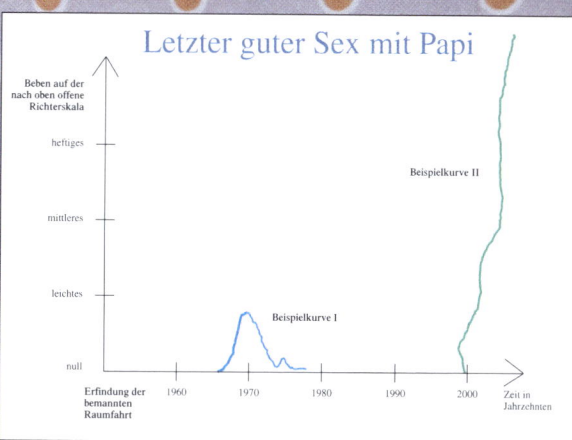

Schuhgröße

vor/nach der
Schwangerschaft

(z.B.): 38/42

Anwärterinnen für den Scheiterhaufen

(flirten nach Partys immer mit Schatzi im Auto)

englisch gebraten: _Imke T._

medium: _____

well done: _____

Körbchengröße nach dem Stillen

(Zutreffendes ankreuzen)

Eine geballte Mäusefaust: ⇨

Zwei geballte Mäusefäuste: ⇨

Die Pissnelken-Mutti

ist leicht zu identifizieren. Das ist die Frau, die immer deine Kinder ausfragt: »Sag mal, worüber streiten sich Mama und Papa eigentlich so?« Um dann mit ihren Forschungsergebnissen die Nachbarschaft zu beglücken.

Auch auf Partys bist du als Frau schon mal ihr Opfer geworden. Hier leckt sie gern mitten im Gespräch ihren Daumen an und fragt: »Darf ich mal?«, wenn sie Lippenstift auf deiner Wange entdeckt hat. Manchmal ist da auch gar kein Lippenstift, aber sie leckt trotzdem. Sie liebt es auch auszurufen: »Dass du auf *den* Absätzen laufen kannst!«, oder: »Sag mal, *frierst* du gar nicht in dem Kleid?!«

Und wenn sie dich küsst zur Begrüßung, dann mit der Herzlichkeit und Wärme, mit der sozialistische Diktatoren ihren Stabs-Chef umarmen, bevor sie ihn in ein Gulag verbannen. Dabei kommt auch ihr patentierter Pissnelken-Spezial-Hüftgriff zum Einsatz: Sie zieht dich an ihre Brust für eine schwesterliche Umarmung und checkt gleichzeitig, wie's den Love Handles auf deinen Hüften specktechnisch so geht. Da möchte man ihr gleich mal die unegalen Finger abhacken.

Aber das Schlimmste an ihr???

Willst du dich bei deinem Typ über diese hinterhältige Bitch beschweren, wird er sagen: »Wieso? Die ist doch nett!« Denn Männer erkennen scheinheilige Bitches nur, wenn die vorher mit rot-weißem

Flatterband markiert wurden. Oder wenn sie Sätze sagen wie: »Weißt du, ich lese doch gerade dieses tolle neue Hoden-Koch-buch!« Erst dann kommt auch der gemeine Mann ins Grübeln.

Aber das wahrhaft Oberallergemeinste ist: An dieser Stelle des Schreibens quittiert nun auch der Computer seinen Dienst, denn als wahrer Kerl kriegt er Pickel oder einen Kurzen in der Leitung, wenn Zickenkrieg in der Luft liegt.

Also handschriftlich weiter!

Schon in der Schule ~~hättest du der Pissnelken-Mutti gern auf die Fresse gehauen~~ war sie dir die Allerliebste. Da saß sie als noch kleine Mini-Pissnelke fingerschnipsend direkt vorm Pult und pflegte ihren Status als Gewindeschraube im Gesäß des Lehrers. Sie hatte auch immer diese komischen Probleme, bei der ihr alle lösen helfen mussten. Motto: »O Manno, jetzt hat sich doch der Timo tatsächlich in mich verliebt (nachdem ich ihm nur dreimal in die Hose gefasst habe)! Und ich weiß wirklich nicht, was ich machen soll! Denn der Nino und der Crischi und der Michi, die finden mich ja auch alle sooo super! Die wollen alle unbedingt mit mir gehen!«

Jedenfalls: Meist direkt mit dem letzten Schultag schüttelst du dir die Mini-Pissnelke aus dem Fell wie der Hund den Floh und denkst: nie wieder!

»Nie wieder« dauert exakt bis zur Geburt deines ersten Kindes. Jetzt ist Pissnelke wieder da – wie von Zauberhand hockt sie, zur Turbo-Pissnelken-Mutti upgegradet, auf dem Rand der Sandkiste ~~und wartet nur darauf, dass du sie ansprichst.~~ Wartet überhaupt nicht!!! Quatscht ungefragt!!!

Ihre Lieblings-Gesprächsthemen in abnehmender Beliebt-heits-Reihenfolge:

- »Dreht sich dein Kind noch nicht???!!«
- »Also UNSERES schläft schon durch!!!«
- »Mach dir nichts draus! Das kriegt noch Haare!«

Sie geht dann nach einem solchen Gespräch zufrieden nach Hause, und du gehst ~~zum Psychiater~~ auch zufrieden nach Hause.

Auf jeden Fall freust du dich schon auf die nächsten achtzehn lustigen Jahre mit ihr bis zum Abi. Du weißt: End-lich hast du einen Menschen in deinem nächsten Umfeld, der dir verlässlich erzählt, was du gar nicht wissen willst. Zum Beispiel:

- bei welchem Kindergeburtstag dein Kind nicht eingeladen ist
- was die anderen Kinder an deinem Kind nicht mögen
- was Frau Schmidt-Wutzeck neulich über dich gesagt hat

Niemals fehlen wird ihr Pissnelken-Hinweis: »Ich hab ja lange, lange überlegt, ob ich dir das alles sagen soll!!! Aber weil ich dich mag, sag ich's jetzt einfach mal!«

Irgendwann stehst du dann vor der Wahl: Will ich selbst zur frustrierten Oberzicke morphen? Möchte ich auch graue Haare bekommen und Kniffkanten in den Mundwinkeln wie so ein altes Schnittbrötchen?

Dann entscheidest du: Gib der Pissnelken-Mutti Saures! Frag: »Hast du abgenommen?« Auch wenn Tod durch Platzen droht. Denke in ihrer Gegenwart laut: »Mensch, du bist ja ganz nett! Ich weiß gar nicht, was die anderen immer erzählen!« Oder, auch super: Tritt ihr einfach mal kräftig gegens Schienbein. Die Sprache kapiert sie. Und das Allerwichtigste dabei: Trag die Schuhe, auf deren Absätzen sie niemals wird laufen können.

Die Too-much-information-Mutti

Sie ist eine Art fleischgewordene Bundeszentrale für gesundheitliche Aufklärung. Mit der Emsigkeit einer Ameise verfolgt sie ihr Anliegen auf Gartenpartys, wenn man gemeinsam mit ihr vor der Schule auf die Kinder wartet. Oder, besonders gemütlich und intim, wenn sie dich nach den Sommerferien an der Kasse von McPaper trifft, wo du in einer drei Kilometer langen Schlange stehst und im Nacken schon die Nase der nächsten Mutti spürst.

Gern erzählt sie dann allen, die es hören wollen, und auch allen anderen, die noch nicht wissen, ob sie wollen, dass die Familienplanung abgeschlossen ist und sie sich nun die Spirale hat reinstöpseln lassen. Sie will auch kein Geheimnis daraus machen, dass das Ding teuer war und jetzt fünf Jahre drinbleibt. Dafür hat ihr Mäuschen zu Hause nun große Angst, dass es sich stößt. In Wahrheit ist Mäuschen natürlich ein in die Jahre gekommener blasser Brillenschlangen-Mäuserich, aber man will ja hier und jetzt keine Haarspalterei betreiben. Man fragt sich allerdings, ob sie sich vorher eine Vollnarkose geben lässt, bevor sie mit ihm in seine Mäuserich-Kiste steigt.

Schon während ihrer durchschnittlich 1,3256 Schwangerschaften überzeugte die Too-much-information-Mutti durch freudig-feuchttriefende Detailschilderungen, die sich bei Frauen ihres Bautyps durch kurzes Rucken am Pferdeschwanz ähnlich einer Autoplay-Funktion auslösen lassen. Möchte man zum Beispiel wissen: »Wie geht es Ihnen?«, bekommt der Fragende sogleich die tagesaktuelle Dosengröße mitgeliefert: »Oh, danke der Nachfrage, wunderbar – mein Mumu ist schon drei Zentimeter auf!« Und bei einer Verabredung zum Spaghetti-Essen packt sie auch gern noch ihre neuesten Krampfaderbefunde mit auf den Tisch.

Ihr oberallerliebstes Lieblingsthema ist allerdings: die Entbindung. Wer sich damit noch nicht so auskennt, könnte auch meinen, es handele sich, wenn sie so erzählt, um einen Live-Bericht aus dem Schlachthof. Auch ein Splatterfilm ist nichts dagegen. Am Ende fragt man sich, ob da ein Kind zur Welt gebracht wurde oder ein drei Meter großer Kürbis. Auf jeden Fall ahnt man, dass die Lady unten herum jetzt aussehen muss wie die Fransen vom Perserteppich.

Im Rahmen selbst ausgerufener Feldstudien interessiert sich die Too-much-information-Mutti natürlich auch für die Fransen anderer Muttis. In schönster James-Bond-Manier – geschüttelt oder gerührt? – fragt sie gern: »Bist du gerissen oder wurdest du geschnitten?« Dabei bindet sie auch gern noch zehn zufällig daherkommende Männer sowie den örtlichen Fußballclub mit ins Gespräch ein. Gratis obendrauf gibt's

Ringelblumengenesungstipps von ihrer »Hebi«, mit der sie sich auch zwanzig Jahre nach der Geburt noch einmal wöchentlich zum Kaffeetrinken trifft.

Aber ein Gutes hat die Too-much-information-Mutti auch: Sie ist wie Krupp-Stahl – geringer Verbiegungs-Koeffizient, bringt auch unter maximalem Druck volle Power. Für den familiären Umgang heißt das: Auf Feiern kann man sie als verlässlich funktionierenden Plauderautomaten neben Onkel Theodor oder andere komplizierte Verwandtschaft setzen, die sonst nur an einem Einzeltisch im Nachbargebäude vertretbar wären.

Bleibt noch anzumerken, dass leider immer nur diejenigen Muttis zur Innereien-Beichte neigen, bei denen man sich das auf keinen Fall bildlich vorstellen mag. Das ist wie die goldene Regel des FKK: Es ziehen sich grundsätzlich immer nur diejenigen aus, bei denen man das eigentlich unbedingt verhindern will. Nie die anderen. Gilt übrigens auch für Kerle. Sehr hübsch zu beobachten an Buhne 16 auf Sylt. Bei diesen alten Düsseldorfer Säcken, die im Adamskostüm Beachball spielen müssen und zwischen den Beinen so Schleifspuren im Sand machen.

Die militante Still-Mutti

Wenn man sie so sieht, macht's leise zärtlich »muh!« Denn: Sie scheut sich nicht, bei jeder Gelegenheit, und auch wenn's mal nicht so passt, ihre Tüten mit den Riesennippeln auszupacken und fröhlich begleitet von lautem Babygeschmatze loszustillen.

Sie strebt die Heiligsprechung als Fruchtbarkeitsapostel an und zeigt der Welt gern, dass sie keine Probleme hat mit ihren diversen Körperfunktionen. Dabei ist es ihr egal, ob sie Gottes pralle Schöpfung auf einer Parkbank sitzend präsentiert. Oder im Restaurant vor einem Teller mit Gulasch. Sie kann auch nicht so ganz nachvollziehen, dass nicht jeder einen Gratis-Nachhilfekurs in weiblicher Anatomie haben will.

Sendungsfroh wie sie ist, wirft sie sich in der Art eines kanadischen Trappers nach getaner Arbeit auch gern ihr Baby über die Schulter und schnuppert an der vollen Windel. Dazu ruft sie aus: »Uih, das haben wir aber feini gemacht!« Während andere nur denken: Mir wird schlecht.

Schon in der Schwangerschaft hat die militante Still-Mutti fleißig Milchbildungstees getrunken und sich am Schwarzen Brett ihrer Firma mit einem fröhlichen »Nun ist sie endlich vorbei, die Zeit von Kümmel und Anis!« in die fünfzigjährige Elternzeit verabschiedet. Am Tag zuvor gab es meist ein »Baby Shower«-Buffet auf ihrem mit Diddl-Mäusen übersäten Schreibtisch. Gereicht wurden – geteiltes

Schwangerenleid ist doppeltes Stehparty-Teilnehmer-Leid – warmer alkoholfreier Sekt sowie fader, nicht blähender Rübenkuchen. Außerdem durften sich noch alle siebenundvierzig Kollegen mit einem Fingerfarben-Handabdruck auf ihrem Bauch verewigen. Dafür hat die militante Still-Mutti schon vorletzte Woche Freitag einen neuen Chip in ihre Kamera eingelegt.

Ist das kleine schreiende Verdauungssystem, auch Baby genannt, dann nun endlich auf der Welt, stehen die Uhren still. Es beginnt, wie schon eingangs grob umrissen, die neue Zeitrechnung der Brustfütterung, an deren Ende eine Nominierung für den internationalen Stillorden-am-Band-Award winkt, inklusive Finalisten-Reise nach Grönland. Vor diesem Hintergrund versteht man auch, dass der militanten Still-Mutti nicht zum Lachen und Zwiebelnessen zumute ist, sie und ihr Baby befinden sich ja schließlich in einem Wettkampf.

Gleichzeitig kontrolliert sie mit missionarischem Eifer, dass andere Frisch-Muttis auch fleißig stillen. Wer nicht genügend Säugetiersinn an den Tag legt und bereits nach drei Monaten abstillt, wird ohne mit der Wimper zu zucken wegen Kindesmisshandlung beim Jugendamt gemeldet.

Wie ein Häschen zu Ostern oder das Eichhörnchen vor dem Winter legt die militante Still-Mutti auch gern große Depots mit abgepumpter Milch an, die sie in Fläschchen zwischen der Barbecue-Soße im Kühlschrank parkt oder in Eiswürfelbeuteln tiefgefroren bunkert. Wenn sie könnte, würde sie ihr Baby nicht nur stillen, bis die ersten Zähne kommen, sondern gerne auch, bis die zweiten schon wieder ausfallen.

Nun muss man allerdings auch einräumen, dass eine Infras-Meinungsumfrage unter hundert sehr neuen Neugeborenen kürzlich ergeben hat: Die militante Still-Mutti ist Babys Liebling. Ihre beiden Bio-Nuckel sind definitiv besser als jeder noch so hoch gelobte kieferwachstumsstimulierende Kirschkern-Naturkautschuksauger aus der eurasischen Zirbeltanne.

Da können sich alle neunmalklugen Autorinnen einfach mal gehackt legen. Außerdem sollen die sogar auch schon im Bauwagen, beim Friseur und mitten im Sylter Schickimicki-Fresstempel Sansibar gestillt haben. Darf aber keiner wissen.

Die Heile-Welt-Mutti

Unter Insidern auch Perlhuhn genannt. Trägt total gern Perlenketten und Barbour-Jacken – diese am allerliebsten mit über die Schultern geworfenem rosa Pulli. (Peek & Cloppenburg will demnächst sogar Jacken anbieten, an denen der Pulli schon festgenäht ist.)

Bricht die Heile-Welt-Mutti zum Wandern auf, dann nicht mit Capri-Sonne und Bifi, sondern mit Picknickkörbchen, einem »Frühtau zu Berge« und dem allseits beliebten Bestseller »Die Vögel Baden-Württembergs«. Dazu trägt sie einen Rucksack mit Aufkleber: »Chorsingen macht Freu(n)de!« Sie schiebt sich auch nicht einfach ihre selbst gebackenen Kürbis-Dinkel-Stullen hinter die amalgamfreien Kauleisten. Nein, sie setzt sich versonnen auf einen Baumstamm und »vespert«. Gern erläutert sie ihrem Nachwuchs dabei anhand eines vorbeikriechenden Regenwurms die Schöpfungsgeschichte.

Die Heile-Welt-Mutti steht auf gummierte Zwiebeln. Wenn man genau hinschaut, sind das ihre Kids, bedeckt von neununddreißig Schichten Kleidung plus Regenhaut. Denn auch wenn's krachtrockene vierzig Grad hat – mit diesen plötzlichen Witterungsumschwüngen rund um Pforzheim ist auch wirklich nicht zu spaßen. Machen ihre Kinder mit der Schule einen Zeltausflug, würde sie ihnen gern ein hundert Kilo schweres Überlebenspaket mit Satellitentelefon packen. Darin auf keinen Fall fehlen dürfen, Achtung!, selbst geklöppelte Hausschuhe. Und natürlich würde sie sich selbst auch noch gern ins Paket packen.

Instant-zackizacki-Schnellkochtopf ist mit der Heile-Welt-Mutti nicht zu haben. Sie ist der Director's Cut und die volle Bohne. Ihr bescheidenes Ziel: alles richtig machen. Was nicht heißen soll, dass sie nicht auch spontan und frisch wie Inge Meysel entscheidet: Ja, mein Kind kommt nächstes Jahr September um 15 Uhr 40 zum Spielen vorbei. Sie ruft aber noch mal an, um zu sagen, dass es auch 15 Uhr 42 werden kann.

Das Chanel No 5 der Heile-Welt-Mutti ist frisch gebackener Apfelkuchen. Den würde sie sich am liebsten unter die Achseln rubbeln. Beim Duft von Apfelkuchen wird auch der Mann der Heile-Welt-Mutti zum Stier. Beim Nachhausekommen schafft er es gerade mal, seine Aktentasche im Flur zu parken, den Hausanzug anzuziehen und, last but not least, in die bereitstehenden Lederschläppchen zu schlüpfen. Und dann, Sie wissen schon: aufeinander mit Gewieher.

Dabei ist Sex der Heile-Welt-Mutti gar nicht so wichtig. Wichtiger ist: Urvertrauen. Urvertrauen, um das kurz hier wissenschaftlich zu verdichten, ist Vertrauen mit Spoiler obendrauf. Die gepimpte, tiefergelegte Variante vom Feld-Wald-und-Wiesen-Vertrauen versetzt nicht nur Berge, sondern gleich mal ganze Milchstraßen. Und ist das, was Moses vor dreitausend Jahren fehlte. Dann hätte er nämlich nicht zu Fuß durchs Rote Meer gemusst, dann hätte ihm Gott die Aida geschickt.

Die Heile-Welt-Mutti würde ihre Kinder am liebsten in Urvertrauen baden wie Siegfried in Drachenblut. Sie verpackt ihre Botschaften auch gern in kindgerechte Dialoge wie: »Ich urvertraue dir, und du urvertraust mir, und gemeinsam fühlen wir uns jetzt angenommen und geborgen, aber auch dein Töpfchen ist es wert, geliebt zu werden!«

Auf dem Nachttisch der Heile-Welt-Mutti liegen so schmissige Werke wie »Vom Urvertrauen zum Selbstvertrauen – Das Bindungskonzept in der emotionalen und psychosozialen Entwicklung des Kindes« von Dr. Dr. Schlau. Oder: »Verliert mein Kind sein Urvertrauen, wenn ich es nachts schreien lasse?« von Prof. Dr. Neunmalklug. Besonders lieb hat sie aber auch: »Nabelschnüre wieder annähen – leicht gemacht! – Der pfiffige Schnittbogen von Aenne Hurda«.

Das wichtigste Utensil im Leben und auf dem Nachttisch der Heile-Welt-Mutti ist allerdings ihr Lkw-großes, störwellengesichertes Parabol-Richt-Baby-Phone, das die NASA in Zusammenarbeit mit der CIA speziell für sie entwickelt hat. Im Bett liegend, gibt es ihr die Sicherheit, dass sie ihr Kind – es schläft in der Besucherritze – auch wirklich beim ersten Mucks hört.

Um kurz vor neun allerdings – »Gute Nacht, John Boy! – Gute Nacht, Mary-Ann!« – gehen in der Heile-Welt-Butze der Heile-Welt-Mutti schon die Lichter aus. Denn: Morgen wartet der nächste Apfelkuchen, auch das Schulbrot backt sich schließlich nicht von alleine. Und sie muss noch klären, ob sie vielleicht auch 15 Uhr 38 schafft.

Die Tussi-Mutti

legt sich in erster Linie Kinder zu, weil man diese so hübsch in niedliche hellblaue und bonbonrosa Kinderzimmer hineindekorieren kann. Sie liebt Teddy-Bordüren von Designer's Guilt und Segelbötchen-Stoffe von Ralph Lauren. Die Gören tragen zur Tapete passend Bengh per Principesse, No Tomatoes und Napapijri. Was ihre Mutti aber nicht aussprechen kann. Hauptsache: Es sieht schön teuer aus.

In »Chantalle's Kids Stübli« lässt sie sich schon im Frühjahr das »Look«-Buch für den Herbst zeigen. Sie ärgert sich die Platze, wenn das pinke Blüschen, auf das sie ein Auge geworfen hat, schon von der Mutter von Leonie Trullermann reserviert wurde. Und wie bei der Organspende lässt sie sich auf eine Warteliste setzen, um ja angerufen zu werden, falls das Teil doch noch mal in der überlebenswichtigen Größe 98 reinkommt.

Sobald die Tussi-Mutti weiß, dass sie schwanger ist, macht sie einen Termin mit dem Chefarzt der Entbindungsklinik klar. Der schallt – ein bisschen ärztlich muss es ja auch zugehen – auf ihrem brettflachen Bauch herum, lobt, dass sie so wenig zugenommen hat, und verspricht für in neun Monaten, den Südflügel des Krankenhauses frei zu räumen.

Was waren schon der Flug zum Mond und der Fall der Mauer? Jetzt steht die wahre Zeitenwende an im Leben der Tussi-Mutti: der Tag, an dem sie mit dem Tussi-Papi den Kinderwagen kaufen geht. Hier entscheidet sich, ob sie in Zukunft die belächelte Schieberin eines No-Name-Gefährts in Egal-Farbe ist, gesellschaftlich geächtet, ausgegrenzt an den Sandkisten der Stadt. Oder ob sie einen Ferrari kriegt: einen rachenmandelroten Bugaboo mit Alufelgen und Sonnenverdeck. Den fahren auch schon ihre achtundvierzig besten Sommerschal-tragenden Tussi-Mutti-Freundinnen.

Ist der Tussi-Papi Manta-mäßig drauf, lässt sie sich von ihm zu einem I'coo Primo überreden mit MP3-Player-Anschluss, integriertem Lautsprechersystem und LED-Sicherheitslichtern. Und wenn es denn sein muss, gibt sie auch einem Eintausenddreihundert-Euro-Babyschieber der führenden italienischen Modemarke Mucci Pucci eine Chance.

Die Welt der Tussi-Mutti ist nicht easy. Sie muss im August »Save the Dates« für das große Knusperhäuschen-Backen im Dezember verschicken. Tatsächlich sind das dann eher Knusperburgen, die von der örtlichen Bäckerei als Plattenbausätze auf Europaletten mit dem Kran in ihre Küche gehievt werden. Die könnte man locker fünf Monate jeden Tag acht Stunden mit Smarties und Gummibärchen bekleben, ohne dass es zu einer nennenswerten Fassadenabdeckung käme

Ein Großteil ihres Tages verbringt sie auch als Chauffeur, wenn sie ihren genialischen Nachwuchs zum Feldenkrais-Reiten, der Ballett-Nachhilfe und dem Sachkunde-Förderunterricht kutschiert. Dabei hat sie zwei Erzfeindinnen, die ihr das Leben echt schwer machen:

Parklücken! Insbesondere solche, die weniger als dreißig Meter lang sind und deren Begrenzungen nicht durch Fähnchen, Lotsen, Lautsprecherdurchsagen und Leuchtfeuer aufgezeigt werden. So kommt es, dass sie im verwirrenden Outback ihrer Wohnstraße und der zwei angrenzenden Sackgassen gern auf Navi und die Pippi-Langstrumpf-Guerilla-Technik zurückgreift: *Zwei und zwei ist neun, ich mach' mir den Parkplatz, wo er mir gefällt.* Mit der Präzision einer wärmegesteuerten Boden-Boden-Rakete findet sie stets eine Lieferzone, Toreinfahrt oder zweite Reihe, wo sie den Verkehr eine halbe Stunde lahmlegen kann, während sie im »Schlemmermarkt« Würstchen kaufen geht. (Hier würde sie sich übrigens für stressfreies Shoppen Rückfahr-Kameras an den Einkaufswagen wünschen.) Und kommt sie zurück, nachdem sich schon alle nach ihr totgehupt haben, fragt sie auch gern in aller Unschuld: »Hab ich noch drei Minuten?«

 Filzrock tragende Puschel-Muschi-Muttis aus der Lass-wachsen-statt-waxen-Abteilung! Treffen die beiden aufeinander, ist das wie eine Szene bei Alien III. Wobei die jeweils andere denkt, sie ist die Sigourney und hat's mit einem ekelhaften Monster zu tun.
Dick angemalt in ihren wurstpelligen Klamotten: die Tussi-Mutti. Frisch wie eine Kartoffel aus der Erde die Puschel-Muschi-Mutti. Push-up hier, Bimmel-Bammel dort. Einig ist man sich eigentlich nur in einem: Was bitte ist an der anderen Tante sexy? Die Puschel-Muschi-Mutti wird das Thema beim nächsten Quartalssex mit Papi mal ansprechen. In der Zwischenzeit hat Tussi-Mutti natürlich schon mindestens zehnmal das Kamasutra durchgeturnt. Theoretisch. Praktisch allerdings ist das, wenn man's so ganz allein machen muss, eher uncool und spaßfrei.

Ja, leider. Die Tussi-Mutti hat irgendwie kein Händchen für Ehen. Aber eines für Abfindungsregelungen. Gott sei Dank. Und sie glaubt auch noch an die große Liebe – allen ihren vergeigten Ex-Beziehungen zum Trotz. Das ist sie auch ihren Kids schuldig. Nestwärme ist ja so, so wichtig.

Und so ist sie weiter eine sorgfältig polierte kalte Scheibe. Und die Männer sind die Fliegen, die begeistert – *dong-dong!* – dagegen bumsen.

Die Kinder von heute
sind Tyrannen. Sie
widersprechen ihren Eltern,
kleckern mit dem Essen
und ärgern ihre Lehrer.

Sokrates

Die B-Promi-Mutti

Das Schöne an ihr ist, dass sie allen Frauen zeigt, dass Wasser doch den Berg hochläuft. Sie ist zwar schwanger, nimmt aber gerade mal dreihundert Gramm zu. Wovon ein Kilo die Volvic-Wasserflasche ist, die sie mit sich herumschleppt, seit sie in ihrem von »Fliesen-Harry« gesponserten Badezimmer auf den Teststreifen gestrullert hat. Sie lebt jetzt turbogesund, rührt nichts an, was ihrem Baby schaden könnte: Schampus, Mettbrötchen, Koks, Putzhandschuhe. Letztere sind sowieso eher das Arbeitsbesteck ihrer mexikanischen Zugehfrau. Die hat sie schon seit Längerem im Verdacht, heimlich Sachen von ihr zu tragen. Außerdem hat sie neulich das Strenesse-Cashmere-Lieblingsjäckchen der B-Promi-Mutti auf Teddybär-Größe gekocht. Diese ist dann überraschenderweise selbst der B-Promi-Mutti mit ihrer Size Zero etwas zu knapp und bauchfrei.

Den letzten Urlaub am Beach von Eckernförde nahm die B-Promi-Mutti zum Anlass, mit ihrem Beleuchterfreund ums Hochzeitsfeuer zu tanzen. Vielleicht nicht ganz so cool wie Heidi Klum, die das traditionell fünfmal im Jahr auf Hawaii oder irgendwelchen Gletschern macht. Anschließend ließ sich die B-Promi-Mutti als Zeichen ihrer tiefen Verbundenheit eine Friedenstaube von der Größe eines Emus in den Nacken tätowieren. Ihr On-off-Lover-jetzt-Ehemann bekam zeitgleich ein »Always love you« in den Dödel gestichelt.

Kennen, lieben und streiten lernten sich die beiden übrigens bei den Dreharbeiten zur RTL2-Vorabendserie »Sternchen des Südens«.

Dann geht's in die Promi-Sprechstunde von Dr. Steinknödel, dem aufstrebenden Vagina-Klempner der Stadt. Ein großer alarmroter Heißluftballon über dem Dach seiner gleißend hell angestrahlten Drei-Millionen-Euro-Luxuspraxis sowie Leuchtstreifen am Boden markieren den Weg. Im Wartezimmer möchte die B-Promi-Mutti natürlich nicht erkannt werden. Deswegen entscheidet sie sich für klodeckelgroße Sonnenbrillengläser, einen Luis-Trenker-Gedächtnis-Schlapphut sowie einen blinkenden Anstecker mit dem Hinweis: *Hab Autogrammkarten!* Zusätzlich verbirgt sie ihr Gesicht auch noch hinter der neusten Ausgabe des Wohnmagazins *Chic & Chön!*, wo sie mit einer Homestory ganz groß auf dem Cover ist.

Umso ärgerlicher ist es, dass sie doch schon nach fünfzehn Minuten erkannt und fortan von Paparazzi verfolgt wird. Diese klettern nach der von N24 live übertragenen Muttermund-Untersuchung bereitwillig in den von der deutschen C-Promi-Gewerkschaft eigens vor der Praxis bereitgestellten Doppeldeckerbus, um der B-Promi-Mutti zu ihrem nächsten Termin zu folgen, Hairextension bei Ponyfriseur Attila Dudu aus Paris. Ein rotes Absperrkördelchen rund um den Stuhl der B-Promi-Mutti sowie kalt servierte Erfrischungsgetränke erschweren die Arbeit.

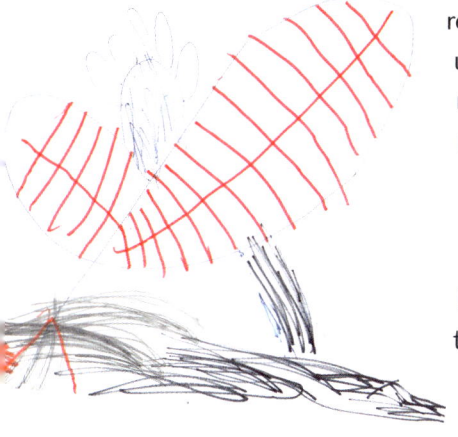

Mit dem Erhalt ihres Mutterpasses spürt die B-Promi-Mutti: Da ist jetzt etwas ganz Wichtiges passiert in ihrem Leben. Noch wichtiger als »Sternchen des Südens«! Oder, oder! »Tierarzt-Praxis Dr. Dromedar«! Hier spielte die B-Promi-Mutti eine Katzenhalterin, die leider schon auf dem Weg in die Sprechstunde zusammen mit ihrem Liebling überfahren wird.

Nun ist sie natürlich für diese wenn auch kurze Rolle ganz, ganz tief in das Thema »Tod« eingetaucht. Außerdem weiß sie seit einem Besuch bei einem Schamanen: In ihrem früheren Leben war sie mal Mätresse am Hofe Ludwigs XIV. und wurde vergiftet, weil sie zu schön war. Kurz: Die B-Promi-Mutti trägt noch ganz viel innere Verletztheit in sich und möchte bis zum achten Monat auf keinen Fall darüber sprechen, dass sie schwanger ist.

Der *Ellerbecker Rundschau*, die selbiges auf Seite 103 behauptet, schickt sie eine Unterlassungserklärung mit Strafandrohung über zehn Millionen. Nur ihr Always-love-you-Knilch darf bei öffentlichen Auftritten auf dem roten Teppich ganz heimlich hinter sie treten und noch heimlicher gleich alle zehn ungepflegten Wurstfinger auf ihren Bauch legen.

Der große Traum der B-Promi-Mutti ist die Wahl zur Miss-Pregnant-International, die im neunten Monat abgehalten wird, indem alle fünfzig Leser der Fernseh-Zeitschrift *Hörmal!* per Telegramm voten oder eine Postkarte an ihre Brieftaube binden. Das hat sich eine Werbeagentur ausgedacht. Gewinnt die B-Promi-Mutti die Miss-Pregnant-International-Wahl, darf sie sich splitterfasernackt ausziehen, um im Stil von Demi Moore – seitlich, Bauch schön raus – Kalenderfotos für den deutschen Landwirtschaftsverband machen zu lassen.

In der Schwangerschaft wird die B-Promi-Mutti von Nanni Tausend-schön gesponsert, einer pfiffigen aufstrebenden Designerin, deren Umstandsmode noch nicht mal Kate Moss passen würde – selbst wenn die nicht schwanger ist. Zur Kaiserschnitt-Geburt checkt die B-Promi-Mutti im Londoner Portland-Klinikum ein – hier kostet ein Zimmer pro Nacht in etwa so viel wie das Ritz-Carlton, würde man den Schuppen komplett kaufen. Könnte die B-Promi-Mutti natürlich im Leben nicht bezahlen! Deswegen trifft es sich gut, dass ihr Arm- und Be-Leuchter-Ehemann ihr im Vollrausch ein Veilchen gehauen hat. Sehr medienwirksam. Und zwar, weil er dahintergekommen ist, dass sie ihn mit seinen neun besten Kumpels betrogen hat. Und das, wo er doch nur kurz Zigaretten, Koks und Speed holen war! Aber was hätte die B-Promi-Mutti machen sollen? Es war Liebe! RTL5 will daraus eine dreißigteilige Reality-Doku machen. Das Scheitern ihrer großen Liebe tut der B-Promi-Mutti natürlich im Herzelein weh. Und ihrem Macker auch irgendwo. Der muss sich nämlich jetzt sein Genital-Tattoo wegschmurgeln lassen.

In der Portland-Klinik kann der geneigte Besucher mit nur ein wenig Fantasie noch die Schreie von Claudia Schiffer und Liz Hurley hören. Eventuell macht es auch leise *ritschratsch*, weil Chefarzt Dr. Pinker-ton an einer seiner vielen Mehrfachkundinnen gerade eine neue Reißverschlusstechnik ausprobiert. Extra für die Geburt hat sich die B-Promi-Mutti übrigens von ihrem Schamhaar-Stylisten einen Klap-perstorch kreieren lassen.

Kaum ist das Baby da – es heißt Coco Moon Cayenne, wenn es ein Mädchen wird, Star Ringo Timmi beim Jungen –, checkt die B-Pro-mi-Mutti für einen achtwöchigen Power-Balance-Metabolic-After-Pregnant-Workshop bei Fitnessguru David Knirsch aus Los Angeles ein. Dem Mann, der auch Heidi Klums Brüste nach vier Schwangerschaften wieder zum Stehen brachte. Hier isst die B-Promi-Mutti nur die ausgekochte Rinde der bolivianischen Sumpfeiche und macht jeden Tag neunhundert Situps, bis ihr irgendwann kotzübel wird. Das ist dann auch der Grund, warum sie keinen Appetit hat und schon einen Tag nach der Geburt wieder ihr altes Gewicht von neun übereinandergestapelten Mäusen hat.

Fragen die Kids im
antiautoritären Kindergarten:
»Müssen wir schon
wieder spielen, was
wir wollen?!«

Die Journalisten-Mutti

Wenn sie zur Entbindung kommt, ziehen die Ärzte in der Klinik die Zugbrücke hoch und lassen die Krokodile in die Gräben. Sie weiß alles besser, hat darüber schon mal recherchiert und mindestens drei Exklusiv-Interviews gemacht. Seit sie für ihre Gazette *Fröhlich in die Wechseljahre!* enthüllt hat, dass man von Rooibos-Tee-Getrinke allein nicht schwanger wird, und anschließend im Selbstversuch den Layouter flachgelegt hat, ist ihr Name in der Branche ein Begriff.

In den Kreißsaal rückt die Journalisten-Mutti ein mit Laptop, Handy, Ersatzstrumpfhose und einem Autogramm von Brad Pitt. Denn natürlich muss sie bis zur Geburt, die in drei Minuten stattfinden soll, noch einen brandeiligen Sechshunderttausend-Zeilen-Text über die Tulpenblüte in Lübeck in die Redaktion senden. Der wird dort leider auf hundert Zeilen gekürzt und wandert auf Nimmerwiedersehen in den Stehsatz. Ausgerechnet an diesem Tag eröffnet nämlich Prinz Albert eine sehr wichtige Marienkäferausstellung. Dies ist dem Chefredakteur von *Fröhlich in die Wechseljahre!* natürlich eine Schlagzeile wert. Die Journalisten-Mutti versteht die Welt nicht mehr. Gerade noch sprach sie mit ihrer einzigen Leserin, die ihr bestätigte, dass sie immer so toll schreibt. Leider hatte Mama aber heute nur ganz kurz Zeit.

Die Journalisten-Mutti versinkt in eine lang anhaltende einminütige Depression. Dann entschließt sie sich spontan, ihre Wehenerlebnisse zu einer Reportage zu verarbeiten. Den Text will sie spätestens übernächstes Frühjahr schreiben. Aber sie morst jetzt schon mal ihre Autorenzeile in die Redaktion.

Die Journalisten-Mutti hat alles über Schwangerschaft und Geburt gelesen, was es als Gratisleseexemplar bei den Verlagen zu schnorren gab. Deswegen weiß sie jetzt: Sie will zehn Minuten Pezziball, fünfmal die Kletterwand hoch, eine Runde Roma-Rad. Dann Badewanne. Dann Seil. Anschließend, mal gucken, vielleicht noch der Flugsimulator der Lufthansa. Leider kommt das Baby dann doch schon mit dem Einlauf. Das ist ärgerlich. Denn eigentlich wollte die Journalisten-Mutti gerade eine Bewegtbild-MMS für ihre Kollegin Ulla aus dem Gesundheitsressort machen.

Bevor die Journalisten-Mutti die Klinik wieder verlässt, drückt sie noch allen Stationsschwestern eines ihrer selbst geschriebenen Besserwisserbücher in die Hand: »Wie ich den Himmel sehe«, »Was mir die Blumen erzählen«, »Warum ich so langweilige Scheiße schreibe«. Darüber vergisst sie auch schon mal das Trinkgeld. Auch egal. Hauptsache, sie macht sich vom Acker.

Mit dem Presseausweis in der gezückten Hand geht's von nun an zum Null-Euro-Tarif in den Zoo. Hier stößt die Journalisten-Mutti gleich auf zwei hammerharte Enthüllungsstorys à la Watergate: Die Paviane haben rote Popos, und die Flamingos stehen auf einem Bein. Muss sie gleich mal ihrem Chefredakteur als Titel vorschlagen. Der ist natürlich wie immer blind und wird das Potenzial der Geschichte nicht erkennen.

So gehen die Jahre ins Land. Das Kind der Journalisten-Mutti arbeitet, schon seit es drei ist, an seiner Autobiografie: »So scheiße war's mit Mutti«. Untertitel: »Immer diese Globuli!«

Die Alles-fit-Mutti

Wer sie sieht, denkt, er hat es mit einer
ehemaligen bulgarischen Olympiateil-
nehmerin in rhythmischer Sportgymnastik zu tun. Sie ist
dieser Typ Frau, der beim Armdrücken locker zweihundert Kilo
schafft, dafür beim Ablassen des Badewassers trotzdem Gefahr läuft,
durch den Abfluss weggespült zu werden.

Mindestens zweimal die Woche joggt die Alles-fit-Mutti sehnig
und dürr wie ein altes Rinderfilet in knackenger Klamotte mindestens zehn Kilometer durch den Park. Dazu schubst sie vorne ihren
dreirädrigen Kinderwagen und zerrt hinten am japsenden Familienhund. Lädt sie ihre Kids vor Kita und Schule ein und aus, trägt sie
– selbstverständlich – auch ausschließlich Sportzeug. Gern von
Markenherstellern.

Zuverlässig wie ein Schweizer Uhrwerk findet sie sich auch immer
montags beim Sitzbeinhöckerblinzelkurs ein, unter Kennern »Rück-
bildungsgymnastik« genannt. Es muss nicht explizit erwähnt werden, man ahnt es eh: Mit ihrer Vaginalmuskulatur könnte die Alles-
fit-Mutti Nüsse knacken und die Kalkmanschetten an Tauchsiedern
sprengen. Ihren Nachwuchs hat sie meist »Preserve your love
channel«-mäßig auf dem kleinen Dienstweg bekommen, also per
Kaiserschnitt. Daher braucht *sie* diesen Kurs eigentlich am allerwe-
nigsten. Sehr im Gegensatz zu allen anderen Muttis, die spätestens
nach der ersten Stunde dem langweiligen Rumgeturne den Rücken

kehren und sich ins Café zu Latte macchiato und Schmandtorte ver-
pieseln.

Nun ist es nicht so, dass die Alles-fit-Mutti ein trockenes Bröt-
chen ist! Nein. Grundsätzlich ist sie allem Neuen gegenüber nämlich sehr, sehr aufgeschlossen. Einzige Bedingung nur: Es darf keinen Spaß machen. Nicht nur Lachen steht auf ihrem Index. Im
Restaurant sitzt sie vor einem Tellerchen kalorienarmer Langeweile,
Alkohol trinkt sie natürlich auch nicht. Und wenn doch, nur mit dem

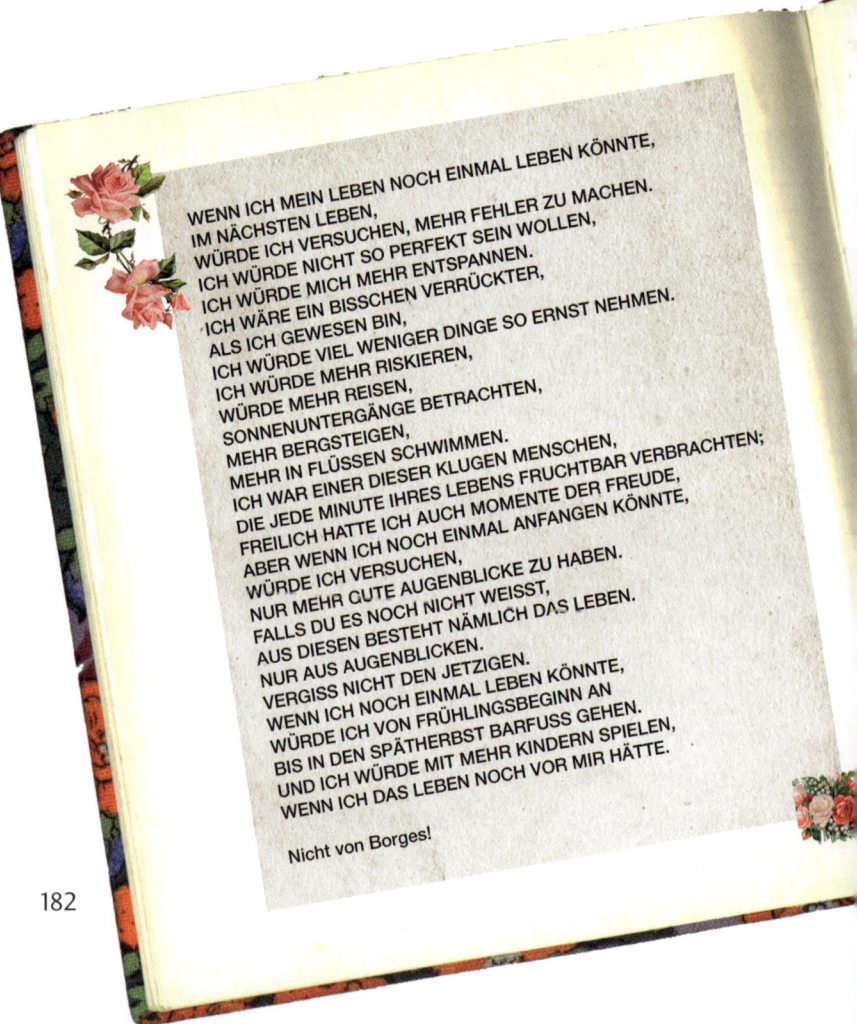

WENN ICH MEIN LEBEN NOCH EINMAL LEBEN KÖNNTE,
IM NÄCHSTEN LEBEN,
WÜRDE ICH VERSUCHEN, MEHR FEHLER ZU MACHEN.
ICH WÜRDE NICHT SO PERFEKT SEIN WOLLEN,
ICH WÜRDE MICH MEHR ENTSPANNEN.
ICH WÄRE EIN BISSCHEN VERRÜCKTER,
ALS ICH GEWESEN BIN,
ICH WÜRDE VIEL WENIGER DINGE SO ERNST NEHMEN.
ICH WÜRDE MEHR RISKIEREN,
WÜRDE MEHR REISEN,
SONNENUNTERGÄNGE BETRACHTEN,
MEHR BERGSTEIGEN,
MEHR IN FLÜSSEN SCHWIMMEN.
ICH WAR EINER DIESER KLUGEN MENSCHEN,
DIE JEDE MINUTE IHRES LEBENS FRUCHTBAR VERBRACHTEN;
FREILICH HATTE ICH AUCH MOMENTE DER FREUDE,
ABER WENN ICH NOCH EINMAL ANFANGEN KÖNNTE,
WÜRDE ICH VERSUCHEN,
NUR MEHR GUTE AUGENBLICKE ZU HABEN.
FALLS DU ES NOCH NICHT WEISST,
AUS DIESEN BESTEHT NÄMLICH DAS LEBEN.
NUR AUS AUGENBLICKEN.
VERGISS NICHT DEN JETZIGEN.
WENN ICH NOCH EINMAL LEBEN KÖNNTE,
WÜRDE ICH VON FRÜHLINGSBEGINN AN
BIS IN DEN SPÄTHERBST BARFUSS GEHEN.
UND ICH WÜRDE MIT MEHR KINDERN SPIELEN,
WENN ICH DAS LEBEN NOCH VOR MIR HÄTTE.

Nicht von Borges!

stimmungsfördernden Hinweis: »Eigentlich trinke ich ja nicht.« Dann aber immerhin zwei Schlucke.

Die Alles-fit-Mutti hasst das Unperfekte. Beim Diäten verlässt sie sich nicht allein auf die alte Bauernregel »Torte und Babys machen den Bauch dick«. Sie geht's wissenschaftlich an. Eine Blutanalyse

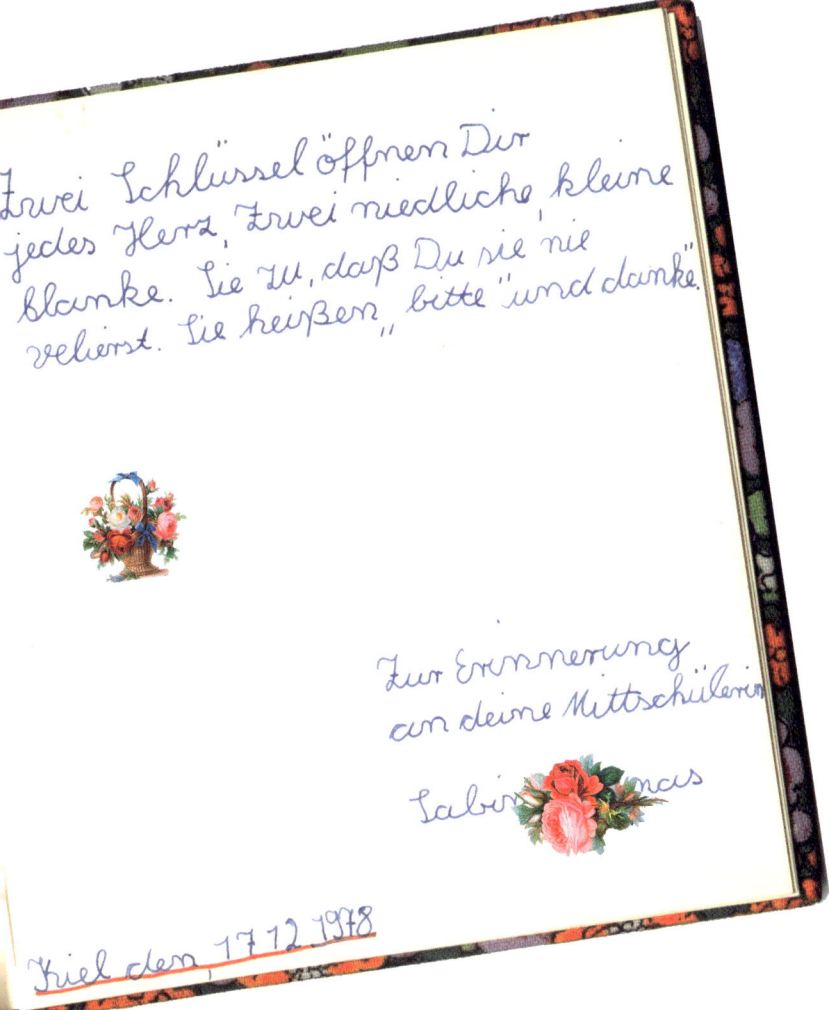

Zwei Schlüssel öffnen Dir
jedes Herz, Zwei niedliche, kleine
blanke. Sie zu, daß Du sie nie
verlierst. Sie heißen „ bitte "und danke".

Zur Erinnerung
an deine Mitschülerin

Sabin nas

Kiel den, 17.12.1978

183

hat ergeben: Von zweihundertsiebzig getesteten Lebensmitteln erhöhen zweihundertneunundsechzig ihr persönliches Fettwerdrisiko, zum Beispiel Frikadellen, Ölsardinen und Tannenbäume. Die lässt sie jetzt alle weg.

Wer die Alles-fit-Mutti im Dienste ewiger Knackigkeit durch ihren Bauch-Beine-Po-Kurs hopsen sieht, erlebt, wie sie sich im Solarium die Extraportion Knusprigkeit gönnt oder auf der Liege ihrer Kosmetikerin zäh daran arbeitet, auch mit fünfzig noch so auszusehen wie mit dreißig, der fragt sich: Was wäre wohl der Supergau im Leben dieser Frau? Ganz klar! Wenn Papi sie mit dem mollig-mopsigen Babysitter beträge.

Gleichzeitig hätte man sogar Verständnis für den Kerl. Man fragt sich nämlich: Was will der mit einer Trulla, die zwar rattenscharf aussieht, aber abends nicht ins Bett kommt, weil sie stundenlang Faltencremes einmassieren muss? Anders gesprochen: Wer will einen Ferrari in der Garage haben, wenn der keinen Motor hat?

Eigentlich sollte man der Alles-fit-Mutti die Weisheit, die nicht von Jorge Luis Borges ist, in ihr Poesiealbum kleben und dreimal rot einkringeln.

Man sollte ihr einen Abend mit viel Pasta und Mousse au Chocolat verordnen. Man sollte ihr sagen, dass Erotik nicht zu erzwingen ist. Dass der K(r)ampf um Attraktivität total unattraktiv macht. Und dass es andere Dinge sind, die Männer verführen. Denen sie verfallen, selbst wenn die Angebetete nicht mehr achtzehn ist.

In einem breit angelegten Feldversuch, bei dem zehn ahnungslose Durchschnittskerle der Berliner Vorstadt von der Autorin mit Folter, Rede-Abenden, Gesellschaftsspielen und Ballettkarten bedroht wurden, konnten folgende alterslose Sexiness-Regeln erarbeitet werden:

Die 10 ultimativen Mutti-Sexiness-Regeln

VON KERLEN GETESTET!

1. Männer wollen mit Frauen schlafen, mit denen sie auch lachen können. Maximale Granate im Bett: eine Frau, die auch über sich selbst lachen kann.

2. Männer stehen auf Frauen, die die Handbremse lösen. Essen gehen heißt: essen gehen. Nicht Brokkoli nagen und Cola light nippen. Rattenscharf, wenn sie das 500-gr-T-Bone ordert. Noch rattenschärfer, wenn sie dabei einen hebt, aber selbst nach dem dritten Glas Bier noch weiß, an welchem Fluss Saarbrücken liegt.

3. Aphrodisiakum pur: wenn sie ihm zu verstehen gibt, dass er sexy ist!
NICHTS macht eine Frau in Männeraugen attraktiver! Sätze wie »Ich finde deinen leichten Bauchansatz und dein schütteres Haar unglaublich erregend« entsprechen in etwa der Dosis von drei Viagra. Wisse: Der Mann ist der Mann und nicht die Frau, er hinterfragt sexuellen Quatsch nicht.

4. Antörnend, wenn man(n) einen dreckigen Witz erzählen kann, ohne dass die Braut verschreckt unter den Tisch rutscht. Noch antörnender, wenn sie selbst einen kennt!

5. Männer wollen kein kleines verschrecktes Bambi. Sie knien zwar nieder, um ihm den Schuh zuzubinden, wenn der aufgegangen ist – aber das finden sie nicht sexy! Angemacht fühlen sie sich von starken Frauen, die ihren Weg selbst finden. Natürlich bevorzugt ins Schlafzimmer.

6. Männer wollen beim Sex keine Bedienungsanleitung vorgelesen bekommen. Es gilt der Grundsatz: Frau sollte im Bett möglichst wenig reden. Also wie im übrigen Leben auch. Allenfalls Lob ist erwünscht.

7. »Hot Shot«: die polyglotte Frau. Beherrscht nicht nur Französisch, versteht auch Männer-Muffkopp-Sprech:
   – »Ja, mir geht es wirklich gut.«
   – »Nein, ich habe wirklich nichts.«
   – »Ich denke an nichts Bestimmtes!«
   Unschlagbar erotisch, wenn sie dann auch noch nach Art der Taubstummen in flüssiger Gebärdensprache kontert: kalte Flasche Bier hinhalten + Klappe halten. Für Männer eine Geste maximaler Zärtlichkeit.

8. Männer haben Probleme mit Problemfrauen, denen sie ständig die Öhrchen kraulen müssen. Sie fahren ab auf Mädels, die sich auch dann noch mögen, wenn man ihnen nicht fünf-

undsechzigmal am Tag bestätigt, dass sie hübsch sind. Männer-Logik: Ist doch sonnenklar, dass ich die toll finde. Säße ich sonst mit ihr hier im Restaurant?

9. Männer wollen weiche, kuschelige Frauen, in jeder Hinsicht. Sie selbst sind ja schon hart. Dabei ist anschmiegsam nicht gleich anschmiegsam. Eine Frau mit Pfirsich an den Beinen und der Seele eines Kloschrubbers interessiert null. Dann lieber oberflächlich Kiwi und drinnen Samt. Zärtlichkeit lässt alle Kater schnurren.

10. Männer wollen penetrieren, nicht penetriert werden! Frauen, die in ihrem Innenleben rumbohren, sind Erektionsbremsen. Wisse: Männliche Gefühle sind wie die Darmschlingen beim Leistenbruch. Hängen eher zufällig draußen und krempeln sich unter Druck schnell wieder nach innen. Deswegen: Frauen mit Geduld sind die Äpfel im Sexparadies – da muss man(n) reinbeißen. Oder anders gesprochen: Wenn ein Kerl von ganz alleine kommt, dann zu ihnen. Heute, morgen oder nächstes Frühjahr.

Die unverstandene Mutti

darf in keiner gut sortierten Pizzeria fehlen!

Sie ist zwar zurzeit alleinerziehend, hat aber gerade einen neuen Bernhard oder Hans-Jürgen am Start. Beides in der Regel vielversprechende Luschen der Männer-Baureihe unsexy + lange Zähne durch Parodontose. Man ist ganz romantisch auf eine »Nudel« zu dritt mit Kind beim Italiener verabredet.

Hier findet die unverstandene Mutti heraus: Bernhard/Hans-Jürgen ist sexuell traumatisiert, seit ihm im Alter von fünfzehn die früh entwickelte Melanie aus der 9b nach der Tanzstunde an den Hosenstall gegangen ist, ohne zu fragen. Seitdem kann er sich nicht mehr so recht öffnen, was nicht am Reißverschluss liegt. Die unverstandene Mutti hat eine gute »Antenne« für solche Männer. Allerdings macht sie ihren Eindruck auch daran fest, dass Hans-Jürgens Mama sowie sein Therapeut mit am Tisch sitzen. Das locker angestrebte Kennenlerngespräch über Urkost, Hurrikan Katrina, Laubfroschwanderungen auf der A1, bindungsgestörte Männer und die Globalisierung der Kita will auch nicht so recht in Gang kommen.

Die unverstandene Mutti hat gerade keinen so guten Lauf: Sie schaut auf siebenundzwanzig gescheiterte Langzeit-Beziehungen zurück, außerdem werden ihre Katzen gemobbt. Das Ursachen-Selbstfindungsseminar »Huhu, wer bin ich? – Und wenn ja, warum bin ich so bescheuert?« hat nicht viel ergeben. Außer dass sie vielleicht ein bisschen klammert und früher, als Kind, unter der Trennung von ihrem Wellensittich litt.

Bei den anderen Gästen erfreut sich ihr Sohn Garwin (nicht Garfield), ein niedlicher Bengel von vier Jahren, schon bald der Beliebtheit von fortgeschrittenem Nagelpilz. Eigentlich nicht ganz fair – denn er tobt nur ganz lieb durchs Restaurant, kriecht unter die Tische, haut die Gäste und ruft laut »Kacka!«. Letzte Woche hat er nun auch noch Post von der Kita-Leitung bekommen. Man will ihn zwingen, »Bitte«, »Danke«, »Tschüss« und »Auf Wiedersehen!« zu sagen. Die unverstandene Mutti weiß nicht so recht, ob sie das gut finden soll. Sie hat aber dummerweise auch unterschätzt, wie kinderhassermäßig deutsche Restaurants drauf sind. Zu den deutschen Restaurants zählen im weitesten Sinne auch die, wo zwar der Chef Chinese ist, aber die Klobürste auf dem Klo in Bottrop produziert wurde.

Bis 23 Uhr 20 ist Garwin exakt schon eine Million Mal von den anderen Gästen an seinen Tisch zurückgescheucht worden. Zum Vergleich: Eine Kugel im Flipperautomat schafft gerade mal die Hälfte. Küchen-, Toiletten- und Pütschern-im-Hundetrinknapf-Verbot hat das kleine Goldstück jetzt auch. Nun schläft es, in seiner Entwicklung massiv ausgebremst und enttäuscht von den Erwachsenen, mit Schuhen auf der Bank.

Auch die Großen kämpfen mit Stimmungsabrieb. Am Ende endet eine große Liebe, kaum begonnen, tragisch am Bushaltehäuschen. Hier steigt die Lover-Tröte mit Rucksack, Mama und Therapeut in die Straßenbahn nach Hause, wo schon niemand wartet. Schuld ist

natürlich: dass die Menschen heutzutage nur noch an Profit denken. Dass alle immer so aneinander vorbeihetzen. Und dass noch
nicht mal mehr die Zeit bleibt, sich dem anderen mit seiner ganzen
eigenen unfassbaren Langweiligkeit aufzudrängen.

Am Ende ihres Beziehungskassensturzes denkt die unverstandene
Mutti einmal mehr: Gut, dass ich mein Kind habe! Den wahren Mann
in meinem Leben! Meine große Liebe. Wobei so ein Kind natürlich
schon seine eigene große Liebe ist. Weswegen zwei Personen nun
quasi denselben lieben. Herrje.

Und wenn sie nicht gestorben sind, weil das alles so kompliziert
ist, schlafen sie immer noch in einem Bett.

Die Busy-Busy-Mutti

Jeder kennt sie! Das ist diese Sorte Frau, die ihr Leben im Griff hat wie Kelly McGillis in »Top Gun« den Steuerknüppel ihrer Mach-3-Schüssel. Wenn sie ihre bunte Kindertruppe in Kindergarten oder Schule abholt, ist sie – Überraschung! – immer unheimlich busy. Deswegen parkt sie oft so, dass andere Nicht-Busy-Busy-Mütter beim Verlassen der Schule über die Kühlerhaube ihres Autos klettern müssen. Dieses Auto ist gern ein Porsche Cayenne oder Mercedes-Jeep.

Die Busy-Busy-Mutti ist wahnsinnig erfolgreich und gefragt. Das sagt sie so aber nicht. Sie sagt nur: »Ich würde wirklich schrecklich gern zu eurer langweiligen Elternversammlung kommen, weil mir die Auswahl der Stühle für die Aula ja auch so, so, so am Herzen liegt! Aber wisst ihr? Ich hab gleich Telefonkonfi mit dem Bürgermeister, Angela Merkel und Micky Maus. Und mein Gärtner will wissen, ob er die Tulpen links- oder rechtsrum pflanzen soll.«

Natürlich hat die Busy-Busy-Mutti Angst, andere könnten denken, sie sei abgehoben. Aber das ist dann doch nur ihre zweitgrößte Sorge. Ihr größte ist, es könnten Zweifel an ihrer Großartigkeit aufkommen. Auf die Idee käme man auch gar nicht, wenn man sie so sieht mit

1 ihren herausgeputzten Kindern
2 dem Monsterhaus mit Riesengarten; das Ensemble ist bei eingeschalteter Beleuchtung auch aus dem Weltraum zu sehen

3 ihrer Königin-von-Saba-Attitüde

4 den im Wind flatternden Lufthansa-Ich-bin-Senator-und-hab-Vorflug!-Anhängern in Signal-Orange. Die finden sich bei ihr auch nur ganz dezent am Bügel der ins Haar geschoppten Tom-Ford-Brille; am Ohrläppchen; der Autoantenne; den Klopapierrollen zu Hause.

Die Busy-Busy-Mutti ist natürlich nicht nur busy-busy. Selbstverständlich nimmt sie sich Zeit, wenn sie spürt: »Mein geliebtes Kind braucht mich jetzt!« Das kann sein, wenn es eingeschult wird. Und manchmal, *zack!*, gleich wieder auf der Abifeier. Auf solchen Veranstaltungen guckt sie ganz genau, was man hätte besser machen können. Denn sie hat das alles natürlich schon mal irgendwo schöner und größer gesehen. Zum Beispiel auf Long Island oder bei sich zu Hause. Und wenn der Einschulungsgottesdienst länger dauert als ein Flug nach Mailand, kann man mit ihr auch über Hostie-to-go diskutieren. Oder die Kirchen-Payback-Card: Wer dreimal da war, kriegt einmal Messe geschenkt.

Die Busy-Busy-Mutti ist immer topgepflegt und hat Hundertfünfzig-Euro-Strähnchen in mindestens sieben leuchtenden Blondtönen. Die sind von großem Vorteil, wenn in der zugemüllten Schulgarderobe mal wieder eine mehrere Tausend Kilo schwere Mantel-und-Schal-Lawine von der Wand abgeht und mithilfe von Hockeyschlägern in der miefigen Dunkelheit nach Verschütteten gestochert wird. Tragisch: Viele Grundschullehrerinnen können wegen ihres dunklen Haars erst im Frühjahr geborgen werden. Wenn die Kleidung wieder leichter wird, weil sich Sportsocken und feuchte Hosen zersetzen.

Super-Sonderangebot

Die Problem-Mutti

Sie ist das schwarze Loch unter den Muttis. Übertragen gemeint, nicht gynäkologisch.

Lebensprinzip: Warum einfach, wenn's auch kompliziert geht?

Größtes Talent: irgendeinen angelesenen, aufgeschnappten Blubb unverdaut wiedergeben. Und bevor du merkst, dass es angelesener, unverdauter Blubb ist, hat sie dir Energieabsorber-mäßig deine Zeit geklaut.

Äußeres Erscheinungsbild: wie ein Virus. Hat keine definierte Oberfläche. Mal ist sie pro-irgendwas, mal kontra-soundso. Mal Öko, mal Sagrotan-Elli, je nachdem, welchem Trend sie gerade anhängt und welche Meinung sie sich gestern geborgt hat.

Lieblingsbeschäftigung: Pseudowissenschaften ausrufen. Beispielsweise:

1 Schnuller-Kunde

Zum besseren Verständnis: Ein Schnuller (auch Nuckel, Duddu, Diddi, schweizerdeutschig Nuggi, österreichisch Luller, Fopper, Zuzzi oder in der Oberlausitz Huttl und Hutti genannt) ist dieses korkenartige Teil, das genervte Eltern ihrem Baby irgendwo reinstöpseln, damit mal für zehn Minuten Ruhe ist in der Kiste.

Auftritt Problem-Mutti: Seit sie weiß, wie gefährlich Silikon ist, kauft sie nur noch Sauger aus Kautschuk. Und weil ihr Baby auf keinen Fall später aussehen soll wie ein Hase, auch nur solche mit

Packungsaufdruck »kieferformend«. Niemals diese gemeingefährliche Kirschkern-Brustwarzen-Form, an der wahrscheinlich Hugh Hefner als Kind zu viel rumgenuckelt hat. Außerdem kennt sie vom Hörensagen mindestens zweiundvierzig Fälle, in denen das Baby noch mit achtzehn nach dem Schnuller verlangte. Dem will sie vorbeugen. Deswegen gibt's bei der Problem-Mutti den Schnulli nur an ungeraden Tagen und auch nur in Monaten mit »r«.

Wenn du mit der Problem-Mutti sprichst, hast du das Gefühl, du musst dringend zu Fielmann wegen einer neuen Brille. Wie konnte es nur passieren, dass du all diese Probleme bislang nicht selbst gesehen hast? Schlechtes Gewissen macht sich breit. Du gelobst, dass du dir in Zukunft auch einen Kopf machen willst. Du musst nur noch klären, weswegen.

2 Babybrei-Kunde

Wie Albert Einsteins Relativitätstheorie vor hundert Jahren den Grundstein legte für Atombomben, fußt die Babybrei-Kunde der Problem-Mutti auf einer zentralen Formel: Alles aus dem Glas ist Mist. Oder zumindest genmanipuliert, radioaktiv verstrahlt und BSE-belastet. Wer ihr auch nur fünf Minuten zuhört und -schaut, fühlt die Neurodermitis schon selbst am Bein hochkrabbeln. Besser also: Mutti sät, erntet, züchtet, schlachtet, dünstet und dämpft selbst. So antiemanzipatorisch kann gar kein Mann sein, wie die Problem-Mutti retro ist. Her mit der Schürze und ab an den Herd. Da braucht sie kein Kerl hinzukommandieren. Sie ist das Regime des Kochlöffels.

3 Bakterien-Kunde

Stephen King und die Hand, die aus dem Klo griff, waren gestern. Die moderne Problem-Mutti hat in der Toilettenschüssel gemeingefährliche Horrorbakterienstämme geortet, die auf ahnungslos grinsende Popos warten. Ohne Sagrotan im Bad geht schon mal gar nichts. Auch Nuckelflaschen schickt sie konsequent durch den Sterilisator. Und sie kriegt Pickel bei dem Gedanken, ihr Kind könnte sich in einer öffentlichen Sandkiste auf einen Haufen toxoplasmoseverseuchtes Katzen-Aa setzen.

4 Impf-Kunde

Hier spaltet sich die Problem-Mutti-Fraktion in zwei Lager: Impf-Verweigerin und Alles-Impferin. Beide garantiert militant und missionarisch. Beide stützen sich auf wissenschaftliche Untersuchungen in Nord-Estland sowie Beobachtungen im Freundeskreis. Wobei jede den Fall einer Bekannten deren Freundin die Cousine kennt, wo das Kind irgendwas Grauenvolles mit Hörnern bekam, weil es geimpft oder nicht geimpft wurde.

5 Kita- & Schul-Kunde

Im Prinzip gibt es kein Kita- und Schulkonzept, das die Problem-Mutti nicht scheiße findet. Dabei moniert sie nicht irgendwelche Haare in der Suppe, sondern gleich ein ganzes Toupet. Und natürlich machen auch die Erzieherinnen und Lehrerinnen alles falsch. Die erkennen nämlich nicht, dass das Kind der Problem-Mutti hochbegabt ist. Immerhin konnte es sich schon mit zehn allein die Schuhe zubinden. Und schreibt es Sechsen, dann natürlich nicht, weil es faul und doof ist, sondern wegen permanenter Unterforderung gepaart mit Legasthenie, Dyskalkulie und ADS.

6 Betroffenheits-Kunde

Die Problem-Mutti organisiert gern Lichterkettenmärsche für mehr Toleranz mit anschließendem Anketten an das Rathaus, wahlweise

Hungerstreik, weil der kleine Hassan aus der 3 b beim Fußballspielen auf dem Schulhof von einem deutschen Sechstklässler mit »Doofmann« beschimpft wurde. Auch wenn bei der Schulspeisung kein Joghurt mit linksdrehenden Kulturen ausgegeben wird, ruft sie gern zu bewaffneten Protesten vor der Stadtratssitzung auf. Wenn darüber hinaus noch Zeit ist, gründet sie noch schnell die Bürgerinitiative »Musikalische Früherziehung für Kinder ab vier Wochen«, weil sie findet, dass die Menschen heutzutage allesamt viel zu aggressiv und unentspannt sind.

Das Problem mit der Problem-Mutti ist: Nach dem Problem ist vor dem Problem. Mit der wirst du nie fertig. Deswegen, eiserne Regel: Feuer mit Gegenfeuer bekämpfen! Unbedingt immer eine Journalisten-Mutti dazu einladen. Die ist locker genauso nervig und kennt garantiert auch viele Gruselgeschichten, bei denen einem schlecht wird.

Die Nervensägen-Mutti

Sie ist die Mutti, die nie den Anfang der Tesa- und Paketbandrolle findet, wenn in Kita und Schule gemeinschaftsaktiönlich bunte Pakete zur Rettung der Welt gepackt werden. Zuvor hat sie natürlich auch selbst noch fleißig für den guten Zweck gesammelt, zum Beispiel in ihrem eigenen Keller. Abgegrabbeltes Kinderspielzeug, die defekte Milchpumpe, der ausrangierte Heizlüfter – alles für die Sahel-Zone.

Nun ruft sie: »Ach Mist! Scheibenkleister auch einer!«, und ist schon seit zwei Stunden verzweifelt bemüht, den Anfang der Rolle freizupulen, damit sie endlich mit dem Paketzukleben starten kann. Man mag es gar nicht mit angucken. Sogleich kommt große Freude auf unter den umstehenden Muttis. Die dürfen nämlich jetzt mit ihren Zähnen und einem Indiana-Jones-Ausgrabungsbesteck SOS-mäßig eine Runde mitpulen. Erschwerend wirkt sich hier die deutsche Klebe-DIN-Norm aus. Die schreibt zwingend vor, dass eine Tesarolle mindestens dreißig Minuten lang so tun muss, als hätte sie keinen Anfang. Anschließend darf das Tesa sich auch nur fransig in maximal gabelzinkenbreiten Streifen vom Untergrund lösen.

Die Nervensägen-Mutti verspricht – »Upsidupsi!« – fortan besser aufzupassen, braucht aber natürlich nur fünf Minuten für ihr Comeback als unfähigste, schusseligste, tapsigste Tesa-Frau des Planeten.

Weil Frau Schmitzke, die Schulsekretärin, so leichtsinnig war, die Mail-Adresse der Nervensägen-Mutti in den Einladungs-Mail-Verteiler aufzunehmen, beglückt diese nun auch sämtliche Elternabende. Hier sitzt sie gern ganz vorn und wartet ungeduldig darauf, dass ihre zwei Lieblingsthemen dran sind. Erstes Lieblingsthema: »Wollen wir einen Gurkentag machen – ja/nein?« Zweites Lieblingsthema: »Darf ein Julklapp-Geschenk über ein Euro siebenundsiebzig kosten, oder basteln wir dann selbst?« Wenn sie über diese welt- und papstbewegenden Fragen spricht, dann mit Ruhe und Bedacht. »Ich. Würde. Da. Gern. Mal. Die. Meinung. Der. Anderen. Eltern. Hören.« Wobei sie nach jedem Wort erst mal nach Hause fährt oder in einen kurzen Sekundenschlaf verfällt.

Mit der Nervensägen-Mutti an der Spitze strebt der Elternabend jetzt seinem absoluten Höhepunkt entgegen, auf den sich schon alle ganz lange ganz doll freuen: die geheime Abstimmung. Dabei entdeckt die Nervensägen-Mutti noch weitere Brennpunkt-Themen: »Wollen wir die Sachkundehefter wirklich in Rot oder doch in Grün?«/»Wollen wir Trinkflaschen mit Dino-Motiven?«/»Wollen wir uns mal an die Füße fassen?«/»Und wenn ja: Tun wir das einzeln, oder nutzen wir den An-die-Füße-fass-Gruppentarif?«

Schon nach zehn Sekunden möchte man die Nervensägen-Mutti ganz lieb an die Hand nehmen und im noch feuchten Estrich des Turnhallen-Neubaus versenken.

Ihr Kind hat die Nervensägen-Mutti mithilfe der Eisprungbestimmungsmethode nach Knaus Ogino bekommen. Knaus Ogino darf *nicht* verwechselt werden (dies nur zum besseren medizinischen Verständnis der nun folgenden Absätze) mit: »Knaus Origami«, einer schlimmen Papierfaltkrankheit der gemeinen bastelnden Hausfrau mit schockierenden Bildern im ZDF-Frühstücksfernsehen. Und auch nicht mit: »Knorr Oregano«, dem Pulver für die leckere Tomaten-Zwiebelsuppe.

Die Eisprungbestimmungsmethode nach Knaus Ogino ist eine Technik, bei der die Nervensägen-Mutti ihre fruchtbaren Tage mittels Temperaturmessungen bestimmt. Dazu schiebt sie sich ein Fieberthermometer irgendwohin. Ein Bratenthermometer tut's in ihrem Fall aber auch. (Ganz schön hart, dieser Satz. Aber die Mami-Wiki-Leaks sind berüchtigt dafür.) Die ermittelten Ergebnisse überträgt sie anschließend auf Logarithmuspapier, das sie für die grafische Darstellung von Lehrerfehlstunden und Hortversäumnissen stets in großen Mengen im Haus hat.

Dann rechnet sie: mein erster fruchtbarer Tag anno 1990 = kürzester bisheriger Zyklus minus 18 Tage geteilt durch die Erdumdrehung. Einen im Sinn und einen fallen lassen = schwups, da kommt mein Baby. Dabei ist sie ein bisschen neidisch auf eine US-Nervensägen-Mutti, die letzte Woche Freitag ihren rechten Zeigefinger anleckte und in den Wind hielt, weil die nicht nur wissen wollte, *wann* ihr Ei springt, sondern natürlich auch *wohin*. *Da* hätte die deutsche Nervensägen-Mutti eigentlich auch selbst mal drauf kommen können.

Irgendwann ist dann die kleine Nervilotti auf der Welt. Noch aus dem Kreißsaal lässt sich die Nervensägen-Mutti in ein Geschäft mit Vollkornsalzstangen, Vollkorncrackern, Vollkornbutter, Vollkornpuffreiswaffeln und Vollkorn-Hybrid-Autos fahren. Zu Hause angekommen, parkt sie ihr Kind an der Garderobe und beginnt sogleich mit dem Umfüllen der Vollkornprodukte in etwa tausend Dosen, Döschen und Dosendöschen für unterwegs. Sie holt auch ihre Saftpresse aus dem Schrank und startet die Massenproduktion von ökologisch wertvollen Säften in den Geschmackskombis Apfel-Pastinake und Banane-Brokkoli, die sie in Fässer auf Europaletten schnürt. Außerdem beginnt sie reflexartig mit dem Fädeln von Holzkugelketten für die kleine Nervilotti, die sie sich aber dann doch selbst um den Hals hängt.

Schon am zweiten Tag nach der Entbindung geht's endlich auf den Vollkorn-Nervensägen-Spielplatz. Hier wohnt die Nervensägen-Mutti die nächsten zwanzig Jahre in einem Biwak und passt mittels Schlagbaum und einem Ganzkörperscanner wie am Flughafen auf, dass der Baumwollanteil der anderen dort spielenden Kinder nie unter neunzig Prozent sinkt.

Kinder

= kleine Wesen, die sich
nicht so benehmen dürfen
wie ihre Eltern
im gleichen Alter.

Die Prosecco-Mutti

Startet bereits mittags ihr flüssiges Aufwärmprogramm, um sich beim Straßenfest abends an die männliche Nachbarschaft heranzumachen. Sie ist haltlos, gierig, moralisch wenig gefestigt und bei alledem nicht wählerisch. Also meist Journalistin. Dabei ist es egal, ob der Weißwein warm und die Bouletten kalt sind und sie leicht schwankt. Ihre Geschichten waren auch schon mal besser. Trotzdem reicht ihre Stimmung für mindestens drei Stehtische.

Die Kinder der Prosecco-Mutti können einem wirklich leidtun. Die laufen ein bisschen orientierungslos durchs dunkle Gelände und suchen die Hüpfburg, die bereits vor Stunden abgebaut wurde. Auf Nachfrage weiß die Prosecco-Mutti nicht genau, wie viele ihrer Kids mitgekommen sind, beziehungsweise, ob sie überhaupt Kinder hat. Dafür versucht sie eifrig, mit dem Zeigefinger ihre Nase zu treffen, die sich eigentlich in ihrem Gesicht befinden müsste und jetzt irgendwie weg ist.

Der Mann der Prosecco-Mutti schafft sie um neun Uhr abends nach Hause, bevor sie anfängt, auf allen vieren zu krabbeln und Seemannslieder zu singen. Hier sinkt sie nach Art der Cowboys, noch die Schuhe an, aufs Bett und schläft sofort ein. Vorher hat sie noch erfolglos versucht, den Nachbarhund zu küssen.

Das Umfeld der Prosecco-Mutti macht sich natürlich große Sorgen. Allen voran die Prosecco-Omi sowie der Besitzer des Hundes, der sexuell belästigt wurde. Wenn's hochkommt, hat die Prosecco-Omi in ihrem Leben zuvor dreieinhalb Eierlikör getrunken. Sie hält sich auch streng an die Schönheitsschlafregel »Die Stunden vor Mitternacht zählen doppelt«. Da ihre trinkfreudige Tochter gern erst nach zwei ins Bett geht und Stunden hier nur noch fünfzig Prozent wert sind, wird der Tag kommen, an dem Omi jünger aussieht als Mutti. Überhaupt: Hätte Prosecco-Omi in fünfunddreißig Jahren Ehe jemals fremdküssen wollen, dann maximal den Werner Höfer vom Frühschoppen. Und nun das! Beziehungsweise: nun die! Ihre Tochter! Und auch der Hundebesitzer fragt sich natürlich: Kann es in Zukunft einen wirksamen Schutz für meinen Hund geben?

Zu diesem Zeitpunkt sitzt die Prosecco-Mutti mit einem Schädel, breit wie der Türrahmen, und einem Gewissen, schwarz wie ein Bärenhintern, im abgeschiedensten Winkel ihres Hauses und überlegt, wie sie das alles wiedergutmachen kann. Kochen lernen? Sich selber zur Adoption freigeben? Unter neuem Namen ein neues Leben beginnen? Oder, besser vielleicht: mit altem Namen, aber neuen Klamotten das gleiche weiterleben? Doch schon mittags des darauffolgenden Tages ist die Prosecco-Mutti wieder guter Dinge. Sie hat in ihre neue Identität investiert, ein paar rattenscharfe Overknee-Stiefel des berühmten chinesischen Designers Jason Wu-Hu-Hu.

Wenn ihr Mann abends von der Arbeit nach Hause kommt, wird sie ihm mitteilen, dass sie ab sofort eine Prosecco-Phobie hat, Prosecco trinkende Frauen abartig und widerlich findet. Und sich nicht vorstellen kann, jemals wieder auch nur an einer Weinbrandbohne zu schnuppern. Und wenn er ein liebender Mann mit großem Herzen ist (immerhin hat er sich die letzten vierundzwanzig Stunden ja noch nicht scheiden lassen), wird er ihr im Rahmen einer ausgefeilten Trauma-Therapie gleich mal ein Schlückchen aus seinem Rotweinglas anbieten.

So oder so. Oder auch anders. Aber auf jeden Fall wird er sich seine Prosecco-Ehefrau, von der er ja nun weiß, wie sie tickt, vor dem nächsten anstehenden Straßenfest schnappen, ihr eine alte Socke in den Mund stopfen und sie wie Troubadix in »Asterix und Obelix« weitab der Festgemeinde an eine dicke große Eiche binden.

Ja, und wenn sie nicht gestorben sind, leben sie so dann noch glücklich verheiratet und oberzufrieden viele, viele Straßenfeste lang.

PS: Und, ähm, falls Sie das fragen möchten: handelt sich hier natürlich um eine Bekannte der Autorin, die anonym bleiben möchte. Also, wie gesagt, nur wenn's, ähm, interessiert.

How to become a bitch

DU willst auch eine sein?
Dann einfach dein Foto hier einklinken!

Die Katja-Mutti

Das ist die Allerschlimmste. Finger weg von der, sage ich Ihnen!

Ich werde oft gefragt: »Frau Kessler, wie machen Sie das? Süße Kinder, netter Mann. Und dann auch noch Tulpen im Garten! Wo bleibt da die Zeit fürs Bücherschreiben?«

Die Antwort ist ganz einfach! Mein Mann arbeitet abends entweder lang oder noch länger. Es gibt für mich also drei Sachen, die ich nach sechs Uhr einfach mal spontan machen könnte. Meine vier Kinder ins Bett bringen. Gute Idee! Anschließend auf die Couch setzen und Pralinen essen – erste Option. Zweite: eine Affäre mit Herrn T. anfangen, unserem Elektriker. Wer Herrn T. allerdings schon mal gesehen hat, würde sagen: Die Pralinen waren echt lecker, und die Schachtel ist auch noch nicht leer! Oder drittens: vor den Computer setzen und über Sex, Schokoniko- und echte Läuse, Gott, die Welt und das Leben als Hausfrau mit Hau in der Berliner Vorstadt schreiben. Und weil ich die Hoffnung hege, dass ich viele bin und sich neben Omi Kiel eine weitere Leserin finden wird, die lachen kann, wenn ich schreibe: »Martha steht am Marthapfahl«, mache ich einfach mal ganz mutig mit Möglichkeit drei weiter.

Zuvor habe ich noch viel »Hummeldumm« gelesen, um wieder zu wissen, was witzig ist. Und suche auch nicht mehr krampfhaft nach Themen, mit denen ich erfolgreich meinen Schatzi nerven kann, wenn er abends von seinem Job als Buchstaben-Manager müde nach Hause kommt. Themen, die da wären: Der Rasenmäher ist kaputt und die Kaffeemaschine wieder heil.

Ich engagiere mich nicht mehr beim chinesischen Ausdruckstanz für Mütter mit Kindern ab drei. Und melde mich auch nicht, wenn auf dem Elternabend ein Vertreter für den Stellvertreter des Vizekassenwarts gesucht wird. Sonst eigentlich ein sehr attraktiver Posten. Nein, stattdessen tue ich so, als ob ich nicht zu Hause wäre, selbst wenn der Überraschungsbesuch schon im Wohnzimmer steht. Ich krieche im Schutze der Couch, auf der mindestens neunzig Deko-Kissen ein Hinsetzen erfolgreich unmöglich machen, zu meinem Computer zurück, während meine zweijährige Tochter Lilly bereits Espresso und Latte macchiato serviert.

Ich mag es auch sehr gern, wenn Omi Kiel, die ich so lieb habe wie sonst nur noch mich selbst, jetzt kommt, um zu berichten, dass sie die blauen Kinderstrümpfe gegen die roten bei Karstadt getauscht hat. Und wir über die Differenz von zwölf Komma neun Cent nun einen Gutschein besitzen.

Ich bin süchtig nach dem Klacker-di-klack der Tasten meines Computers. Dem ich andächtig lausche und das mich erregt wie sonst nur Schatzis Stimme, wenn er fragt, ob ich schon den Klempner angerufen und den Rasenmähermann bestellt habe.

Ich bin eine Pest für alle, die mich in der Zeit des Schreibens einladen und denen ich den Tort antue, auch tatsächlich zu kommen. Dann stehe ich am Buffet und quatsche alle voll mit dem, was ich denke, fühle, schreiben möchte/wollte/gekonnt haben würde. Darüber fällt mir nicht auf, dass Schatzi gerade mit der Nachbarin aus dem Amselweg 1 a Textbesprechung hinterm Busch macht.

Meine Kinder sind verwahrlost, ihre großen Zehen ragen aus großen Löchern in den Socken, die auch ohne Fuß darin die Form halten, weil sie sie jetzt die dritte Woche in Folge tragen. Sie müssen allein den Weg zur Schule und zum Kühlschrank finden. Abends liest ihnen der Klempner Gutenachtgeschichten auf Sächsisch vor, und auf die Frage: »Wer ist eure Mama?«, zucken sie ratlos die Achseln und deuten vage auf ein Poster von »SpongeBob«.

Mittlerweile, das ist so gegen Ende, wenn ich auf Seite zweihundertdreiundvierzig meiner hässlichen Kampfschriften angekommen bin, blühen auch die Tulpen in meinem Garten nicht mehr. Dafür kreisen die Suchhubschrauber, weil man mich zuletzt vor vier Wochen lebend gesehen hat. Das war, als ich hohlwangig, überarbeitet und mit Bartstoppeln an den Beinen in meinem Schreibklo saß. Und man mich weit über die Grenzen der Berliner Vorstadt hinaus laut lachen hörte, weil ich so runtergewirtschaftet hatte und so weit unten war, dass ich meine eigenen Texte sogar lustig fand.

Dies alles schreibe ich Ihnen jetzt aus meinem Legoländer Exil. Hierhin bin ich mit meinen unterernährten Kindern geflüchtet. Sie sollen bei Pommes und Mezzo Mix wieder zu Kräften kommen. Außerdem ist meine Ehe in Gefahr, weil Schatzi abends meine hübschen langweiligen Nerv-Geschichten von früher vermisst. Wie ich zwei Liter Milch kaufen war und ganz, ganz hinten ins Regal greifen musste, weil tatsächlich vorne die Packungen schon weg waren. Wie ich mich an der Kasse ärgerte, weil ich feststellte: *Mist, Butter vergessen!*

So sagt er das natürlich nicht. Er sagt: »Ich möchte die Katja von früher zurückhaben.« Ich muss mir also ganz dringend neue öde Erlebnisse zulegen, um ihn glücklich zu machen.

Aber auch Sie können mir helfen, sein Herz zurückzuerobern. Lesen Sie all die hundsgemeinen Geschichten über ihn! Damit ihn alle seine Kumpels anschließend in die Seiten knuffen und fragen können: »Wie hältst du das eigentlich aus mit dieser Tante?« Glauben Sie mir, der braucht das! Der ist wie ich ein bisschen pervers und masochistisch veranlagt. Und glauben Sie mir außerdem: Auch unsere Ehe braucht das. Denn ich will und muss noch mindestens achtzig Jahre mit Schatzi verheiratet bleiben, sonst hätte ich nichts mehr, über das ich schreiben könnte.

12 ½ Dinge,
die nur eine Mami schafft!

1. Sie befestigt in fünf Mäusehaaren locker sieben Spangen.

2. Sie sitzt mit Kamera, Tränen in den Augen und Puls hundertachtzig in der Schulaufführung und findet es oscarverdächtig, wie ihr Kind da den Baum oder eine Hecke spielt.

3. Sie gibt auf Elternabenden den Fakir. Hockt über Stunden stoisch, die Knie am Kinn, auf ihrem Liliputanerstühlchen und tut so, als ob ihr die Sonne aus dem Hintern lacht. Sie verliert selbst dann nicht die Contenance, wenn drei Sekunden vor Toresschluss eine Heißdüsen-Mutti eine Debatte über linksdrehende Gummibärchen anfängt.

4. Sie kann dreihundertmal hintereinander sagen: »Nein, jetzt kein KI.KA!«, ohne dass sie Zungenmuskelkater bekommt oder der Speichel in ihrem Mund Blasen schlägt.

5. Sie kann aus einem X ein U machen und Mist zu Gold quatschen (im Herzen ist sie also eigentlich eine Politikerin): Sie klemmt ihrem Kind einen Holzlöffel in den Hosenbund, malt ihm rote Lippenstiftstreifen auf die Wange und erklärt: »So, DU bist jetzt ein Indianerpirat!«

6. Sie kann an der Länge der Luftholphase zwischen Bums und Brüllen erkennen: kleines/mittleres/großes Aua. Reicht pusten oder dürfen wir zum Arzt?

7. Sie steckt sich runtergefallene Schnullis in den Mund und nuckelt sie sauber, dass Gina Wild neidisch werden würde. Sie lässt sich auch nicht schrecken von einer zehn Zentimeter dicken Staubflusen-Panade.

8. Sie ist das Prinzip Hoffnung: Sie latscht jede Woche aufs Neue in den Bioladen und kauft teures Ökogemüse, das außer ihr niemand isst.

9. Sie führt erfolgreich am Telefon Jobgespräche, während im Hintergrund Boeings starten und Bomben explodieren (sind aber ja nur ihre Kids, die ein bisschen die Bude demolieren). Überhaupt! Bei Lärm fühlt sie sich wohl. Nervös macht sie die Stille. Sie hat gelernt: Leise Kinder sind unartige Kinder.

10. Sie hat chronisch das Gefühl, alles falsch zu machen, und liest mit Vorliebe Mütterratgeber, die ihr genau das bestätigen.

10½. Sie hört gern auf den Rat ausgewiesener Fachleute – wie zum Beispiel von »Turbo-Glucke 03«, die im Internet-Chat verrät, dass sie ihr Baby im Wickeltuch getragen hat, bis es volljährig war.

11. Sie trinkt tapfer zweimal die Woche mit genau der Nachbarin Kaffee, die Papi neulich beim Grillen ihr Steißbeintattoo zeigte – und das alles nur, weil die Kinder befreundet sind. Wisse: Für das Glück des Nachwuchses gibt die wahre Mami alles – ihr Leben und selbst den Backvollautomaten.

12. Sie hat ein Diplom in Autosuggestion. Sie baut mit ihrem Kind hundert Klötzchentürme hintereinander und ist sich ganz, ganz sicher, dass ihr das ganz, ganz viel Spaß bringt. Sie geht so auf in ihren zwei Ichs, dass sie zuerst ruft: »So, kleine Maus! Schluss! Jetzt wird aufgeräumt!«, um sich dann selbst enttäuscht und bockig auf den Boden zu werfen.

19 Dinge, an denen du die Rabenmutti erkennst!

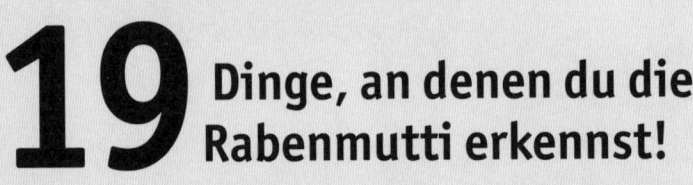

1. Sie geht geschminkt auf den Spielplatz!
2. Sie bringt gekauften Kuchen mit zum Sommerfest. Keinen selbst gebackenen.
3. Sie arbeitet! Im Kita-Anmeldebogen trägt sie unter Beruf ein: »Karrieresüchtige Kindervernachlässigerin; bereits aktenkundig beim Jugendamt«.
4. Sie arbeitet nicht! Sie kocht den ganzen Tag irgendwelche Puddings und trägt auch im Bett ihre Schürze.
5. Sie kauft bunte, lecker aussehende Joghurts ohne linksdrehenden Vitamin-C-Zusatz und nimmt billigend in Kauf, dass ihr Kind darüber strunzdumm wird.
6. Sie ruft nicht jeden Tag »Juhu!« Nicht mal wöchentlich. Sie lässt sogar durchblicken, dass sie den Nachwuchs gern mal ins Tierheim bringen und gegen Meerschweinchen tauschen würde. Dabei hat der doch nur ein bisschen die Wohnung verwüstet, Läuse aus der Schule mitgebracht und ist in Hundekacke getreten.
7. Sie lässt ihr Kind die ersten sechs Jahre nach der Geburt einfach nur spielen; weder sieht man sie in der Chinesisch-Frühförderung noch beim Science-Kurs für Zweijährige; wie fahrlässig!

8. Sie setzt ihrem Kind draußen keine Mütze auf, dabei ist das Thermometer schon auf plus zwanzig Grad gefallen. Und im Radio wurde sogar ein böser Frühsommerwind aus südlicher Richtung angekündigt.

9. Sie hat keine dreiundzwanzig Ersatzwindeln dabei; ihre Wickeltasche wiegt unter zehn Kilo.

10. Sie ist nie dabei, wenn in der Schule unter feierlicher Anteilnahme der Lehrerschaft und fünfhundert klatschenden Eltern die neue Kaffeemaschine eingeweiht wird.

11. Sie fährt mit Papa ein Wochenende allein weg und gibt auch noch zu, dass sie das genießt.

12. Sie ist kleinkariert! Zum Kindergeburtstag mit anschließender Übernachtungsparty will sie nicht mehr als siebzehn Gäste zulassen.

13. Sie stillt nur sechs Wochen statt der von all ihren Bekannten empfohlenen vier Jahre; sie hat noch nicht mal ein schlechtes Gewissen deswegen.

14. Sie gibt leichtfertig Antibiotikum, dabei handelt es sich doch nur um eine eitrige Mittelohrentzündung: Schamane und Chiropraktiker hätten das bestimmt mit Mettwurstbrötchen und Seilspringen in den Griff bekommen.

15. Sie weigert sich bockig, beim Kids-Kutschieren eine Chauffeursmütze aufzusetzen; dabei ist sie diese Woche doch schon einhundertsiebenmal denselben Kita-Schule-Fußi-Reit-Parcours gefahren.

16. Sie verschickt zu Weihnachten keine von diesen Karten, auf denen die gesamte Familie nikolausmützig vor dem Kamin steht und selbst der Hund mittelgescheitelt ist.

17. Ihre Schuhe haben kein ergonomisch geformtes Fußbett.

18. Sie war noch nie Elternvertreterin in der Schule, kann noch nicht mal auf eine Kandidatur zur Lehrergeschenk-Vizekassenwartin verweisen.

19. Sie schläft tatsächlich noch mit ihrem Mann.

Und frisch von der WikiLeaks-Reste-Rampe: Die Vati-Mutti

Von Kennern der Materie auch zärtlich »PIE« (Papi in Elternzeit) genannt oder »SMS« (Supernanny mit Schniedel.)

Sie besiedelt gern Biotope, die bislang eigentlich strikt uns Frauen vorbehalten waren: Kinderarzt-Wartezimmer, Krabbelgruppen, Sandkisten, Windelabteilungen in Drogeriemärkten. Hier ist sie durch Unachtsamkeit eingeschleppt worden wie der Kartoffelkäfer ins Gemüsebeet.

Mit Gürteltasche um den Bauch und Rucksack auf dem Rücken erobert sie auch zunehmend die Kita- und Schulbasare ihres Wohnortes. Dort verkauft sie diese schlaffen Dinkel-Zuckerrohr-Pfannkuchen mit wässrigem Bio-Bananen-Kompott, die man einmal im Leben gekaut haben muss, um zu wissen, wie Durchfallerkrankungen entstehen.

Oder die Vati-Mutti hockt in Stand-by-Funktion in einer dieser gläsernen Mutti-Abstellkammern und beobachtet mit versonnenem Blick durch die Scheibe hindurch das talentfreie Trampeln und Gluckern ihrer lieben Kleinen im Ballett- und Schwimmkurs nebenan.

Mit möglichst vielen Pixeln versucht die Vati-Mutti jedes Bild ihres Nachwuchses in der eigenen Großhirnrinde zu speichern. Denn sie

Damit Du sie erkennst, wenn sie Dir begegnet!

VATI - MUTTI STECKBRIEF

DINKEL POWER

weiß: Der Tag wird kommen, dass Malte-Kasemir und Lale-Sandrine in die große weite böse Welt hinausziehen werden, wo Menschen weißes Brot essen und Klopapier abreißen, ohne vorher eine Beziehung zu jedem Blatt aufgebaut zu haben.

Bevor Vati-Mutti mit Mutti-Mutti zur Fortpflanzung schritt, ritt sie noch mal schnell in Indien auf dem Elefanten, um in einem reinigenden Akt auszurufen: »Ja, ich will Papa werden! Ja, ich fühle mich bereit, meinen Samen weiterzugeben!« Einige ihrer Freunde fanden das allerdings überstürzt – immerhin waren Vati-Mutti und Mutti-Mutti zu dem Zeitpunkt ja gerade erst fünfzehn Jahre ein Paar.

Die Vati-Mutti ist emanzipiert. Mit Ihrem Dasein als putzende, waschende Hausmutti hat sie null Problem. Sie kann sich sogar vorstellen, längere Fahrten nach München oder Flensburg in Zukunft nur noch mit dem Holland-Fahrrad zu machen. Mehr noch: Die Vati-Mutti ist froh, draußen zu sein aus dem Hamsterrad, in das die multinationale Konzernmafia die Menschen heutzutage zwingt. So ist gar keine Zeit mehr für die wirklich wichtigen Dinge im Leben: gute ganz-ganz tiefe Gespräche mit ganz-ganz wertvollen Menschen über ganz-ganz Garnichts! Gern auch lang und ausführlich! Zum Beispiel.

Oder aber: Sex! Insbesondere die von Vati-Mutti und Mutti-Mutti favorisierte Variante – zehnstündiges Dauerstreicheln mit gedanklichem Austausch – blieb zuletzt total auf der Strecke. Was will man auch anderes erwarten bei einem aufreibenden Nine-to-five-Job, der oft sogar erst um zehn nach fünf zu Ende ist?

Kurz: Stopfte die Vati-Mutti in der Vergangenheit morgens um acht ihren Pulli in die Karottenjeans und band die dünnen Haare zum Zopf, fühlte sie sich oft total leer und ausgebrannt. Immer dieser Druck! Und dann auch dieses fiese Kollegen-Mobbing! Und das nur, weil sie mithilfe des Betriebsrats durchgesetzt hat, dass auch vor der Tür nicht mehr geraucht werden darf. War aber auch echt nicht auszuhalten – immer dieser Gestank, der bis zu ihrem Büro im vierzehnten Stock hochzog! Kein Wunder, wenn man da schon mit zweiunddreißig ein Burnout hat und sich fünf Monate krankschreiben lassen muss!

Während der Schwangerschaft von Mutti-Mutti hat Vati-Mutti die gruppenpädagogischen Leitlinien der themenzentrierten Interaktion bei Kindern verbunden mit personengeführter Gesprächsführung nach C. R. Rogers durchgearbeitet. Das liest sich zwar alles ein bisschen zäh und öde, aber sie will eh erst Weihnachten 2018 damit fertig sein. Gut Ding will eben Weile haben. Außerdem ist sie eine weltfremde faule Schlunze, die viel labert, aber nie was auf die Reihe kriegt. Aber das möchte man ihr natürlich nicht so ins Gesicht sagen – der Vati-Mutti ist nämlich alles Lob total peinlich.

Während der achtundfünfzigstündigen Geburtshaus-Geburt, begleitet von viel Welt-Musik und esoterisch in die Kniekehlen geatmetem Wehengeschrei, versuchte Vati-Mutti natürlich auch, eine Beziehung zur Nachgeburt aufzubauen. Hätte auch klappen können – sie kippte aber leider vorher ohnmächtig aus ihren Gesundheitslatschen und stauchte sich zwei Rückenwirbel. Daraufhin war sie erst mal wieder fünf Jahre krankgeschrieben. Manchmal läuft's auch echt blöd!

Malte-Kasemir und Lale-Sandrine sind, ihrem Gen-Pool zum Trotz, süße, kleine, fidele Babys. Mit viel Liebe und Geduld formt sie die Vati-Mutti nun in den nächsten Jahren zu quengelnden, zart besaiteten Stress-Bambini, bei denen der Heilpraktiker unlängst eine schwere Kontaktallergie auf Butter, Luft, gutes Benehmen und Zebras feststellte.

The End

Ich habe meinen
guten Ruf verloren,
aber nie vermisst.

Mae West

Gesalzene Nacktschnecken

Oder:

Liebes Garten-Tagebuch!

23 Uhr 22

Heute Nacht ist eine sehr, sehr schwüle Nacht! Ich kann nicht schlafen!

Du weißt ja: In ebensolchen Nächten fallen wir Frauen immer über unsere Männer her. Es rettet die Kerle auch nicht, wenn sie Migräne vortäuschen oder die Beine nicht rasiert haben. Schatzi zum Beispiel liegt immer da, Brille auf die Nasenspitze gerutscht, lautes »Ratz! Ratz! Schnarch! Schnarch!«, und tut so, als ob er schläft. Aber da wir vier Kinder haben, ahnst du sicherlich: Von so was lass ich mich nicht abhalten!

Aber das Tollste an so schwülen Nächten ist natürlich: Da ist der ganze Garten eine einzige Schneckenparty! Allein die Vorstellung, dass sich jetzt gerade Abertausende glibberige kleine Fressmaschinen ein Lätzchen umbinden, um sich auf meinem Kopfsalat zu treffen, macht mich wild!

223

Mitternacht

Das Jagdfieber hat mich gepackt!!! Auge um Auge! Blatt um Blatt! Ich habe mir meine Gummistiefel angezogen, ein Glas geschnappt. Ich will, dass Köpfe rollen! Nehme aber auch Fühler. Durch die Dunkelheit sehe ich: alles total demokratisch hier! Auch in den Nachbargärten macht's aufgeregt blinkblink.

Frauen, Männer, alte, junge Trullas, Yuppies! So eine Schneckenpirsch verbindet!

Schnecken ist total egal, was sie fressen. Hauptsache: viel. Und Hauptsache, es bricht dem Gartenbesitzer das Herz. Von meinen letzten Hortensien haben sie gerade mal Stängel und Blütenköpfe stehen lassen. Das sah total absurd aus. Wie das abgenagte Wildschweingerippe bei Asterix und Obelix. Wollen die mich eigentlich ärgern? Warum fressen die nicht Brennnesseln, Giersch und Vogelmiere?

0 Uhr 19

Jeder, der mal Schnecken gejagt hat, weiß: Nicht das Fangen ist das Problem. Die Fluchtstrategie der europäischen Durchschnittsschnecke ist eher wenig beeindruckend. Das Problem ist: wie wieder loswerden?

Irgendwie habe ich da noch nicht die zu meinem Persönlichkeitsprofil passende Mordmethode gefunden.

🐌 Man könnte zum Beispiel Salz draufstreuen, die Dinger platzen dann. Will ich mir aber ehrlich gesagt gar nicht vorstellen.

🐌 Omi Bielefeld macht immer schnippschnipp mit der Bastelschere – ostwestfälische Tradition.

🐌 Schatzi einschalten? Vergiss es! Der möchte bei so einem Einsatz unter Garantie Helm und Handschuhe tragen.

🐌 Ins Klo werfen? Auch keine Lösung – wie ich feststellen durfte. Erst kleben die Schnecken wie Pattex im Sammelglas, dann kommen sie gut gelaunt wieder aus der Schüssel gekrochen. In neun von zehn Fällen leider immer gerade dann, wenn ein Gast die Toilette benutzen möchte.

🐌 Und was ist mit einer Schneckenfalle? Sozusagen ein Schnecken-Vereinsheim mit Bierausschank? Dazu muss man einen Plastikbecher mit Bier füllen und bis zur Kante im Beet vergraben. Gierig wie die Schnecken sind, fallen sie hinein und ertrinken. Leider riecht das Bier so klasse, dass auch Schnecken aus Nachbargärten angelockt werden. Während deine eigenen Schnecken also im Bier treiben, fressen die Touristen deinen Kopfsalat.

🐌 Oder Profi-Schnecken-Tod aus dem Baumarkt? Zerfällt ja laut Hersteller zu Pflanzendünger und fünf Kilo Harmlosigkeit. Na klar! Warum nicht gleich zu Gold und Brillanten?

Tja, Mist auch!

Neulich erwischte ich dann meine verzweifelte rechte Hand dabei, wie sie einfach mal ein paar Schnecken in den Nachbargarten warf. Böse Hand! Aus! Und sorry, Herr Wischilewski! Kommt nicht wieder vor! Hab schon mit der Hand geschimpft!

PS:

Kürzlich feierte meine Freundin Ulla in Hamburg Geburtstag. Im Garten war ein hübsches Zelt aufgebaut. Um Mitternacht hielt dann Hasi, der Ehemann, bei strömendem Regen eine kleine Rede auf seine Frau.

Auftritt der dreistesten Nacktschnecke aller Zeiten: Die nutzte einfach mal die Gelegenheit, sich am kalten Buffet hochzuschleimen und, plumps, in die Mousse au Chocolat zu fallen.

Na, DAS ist doch ein toller Tod!

Wenn ein Mann einer Frau
die Autotür aufhält,
ist entweder das Auto neu
oder die Frau.

Henry Ford

Männer muss man erziehen

Oder:

Der Tag, an dem ich beschloss,
meinen Mann zu dressieren

Das alte Thema: Schatzi und ich sind in Einrichtungsfragen nicht unbedingt immer derselben Meinung. Er hat einen wenn nicht klein-, dann zumindest anderskarierten Männergeschmack. Und ich bin Krankenschwester. Ich will ihn davon heilen.

Ein harter Knochen zum Nagen.

Beim letzten Umzug, dem dritten in neun Jahren, fielen Gott sei Dank – hoppsala! – schon Schatzis Biedermeier-Couch, die Biedermeier-Armlehnsessel, der Biedermeier-Eckschrank sowie ein Biedermeier-Sekretär vom Lkw.

Blieben also nur noch: ein weiterer Biedermeier-Sekretär, fünfundzwanzig Esszimmerstühle, eine Vitrine, eine Kommode, zwei Wandtischchen, noch ein Tisch, alles Biedermeier.

Neulich nun stand Schatzi jammernd vor seiner Truhe.

O ja! Die Truhe, natürlich! Die gibt's ja auch noch! Ich vergaß nämlich zu erwähnen, die Biedermeier-Hölle hat eine Dependance: die Devotionalien-Gruft. Die Devotionalien-Gruft ist noch tiefer und dunkler und gruseliger als die Biedermeier-Hölle. In ihr lauern lauter Nicht-Biedermeier-Teile, die Schatzi irgendwann mal geschenkt bekommen hat oder denen sonst irgendwie irgendeine besondere Bedeutung zukommt, zum Beispiel, weil er, als er 21 ¾ war, mal darauf gesessen und einen Orangensaft getrunken hat.

Achtung, Achtung! Natürlich nur mit Samthandschuhen anzufassen! Beziehungsweise! Gar nicht anfassen. Am besten gleich einen Schrein drum rum bauen und eine Kerze davor anzünden.

Nun also besagte Truhe, die (ich will das jetzt gaaaanz vorsichtig formulieren) ganz, ganz dicht mit Schatzis Herz verwachsen ist. Aus der Abteilung: Mega-Mega-Mega-Devotionalie. Wenn's mal so weit ist, muss man Schatzi mit ihr zusammen begraben.

Damit Sie sich nun ein ungefähres Bild von dieser ganz besonderen Truhe machen können: Nein!, Schatzis Urururoma hat sie nicht anno 1756 unter Einsatz ihres Lebens und Verlust von drei Fingern aus ihrem brennenden Bauernhof gerettet. Wenn man an ihr reibt (an der Truhe, nicht an der Oma), kommt auch nicht Jeannie-aus-der-Bottle-mäßig eine folgsame Ehefrau unterm Deckel hervorgeschwebt und fragt: »Darf ich dir Tomatennudeln machen, Schatzi?«

Nein, viel besser!

Die Truhe ist ein gelblicher Furnier- und Sperrholztraum aus dem international nachgefragten Möbelhaus Herbert Hutschenknutschel & Söhne und wurde von studierten bulgarischen Diplom-Tischlern unter Einsatz von viel Leim und Liebe für die Ewigkeit gebaut. Oder wie Walter Ulbricht seinerzeit sagte: »Es ist uns gelungen, aus wenig Honig und viel Kunst Kunsthonig zu produzieren.« Kurz: So viel Deko kann ich gar nicht draufstellen, keine Tischdecke ist groß genug, um diese Netzhautzumutung unsichtbar zu machen.

Ich deutete Schatzi an, dass eine Entscheidung anstünde: ich oder die Truhe. Er müsste jetzt die Weichen stellen.

Schatzis Reaktion?

Sein Blick erinnerte mich an Linus von den »Peanuts«, der entdeckt, dass man ihm seine Schmusedecke wegnehmen will.

Spontan hatte ich wieder ein pechschwarzes Gewissen. Stand hier nicht der Vater meiner vier unmündigen Kinder vor mir? Der Mann, dem ich gelobt hatte, auf ewig und versuchsweise auch in Liebe verbunden zu sein? Hat dieser große Geist nicht ein bisschen mehr Respekt verdient?

Eine Rücksprache mit meiner Freundin Ulli ergab nun folgende optische Lösung, die alle Beteiligten glücklich machen dürfte: Ich werde eine Glasvitrine um die Truhe bauen, Scheinwerfer auf sie richten. Und ein rotes Notfallhämmerchen anbringen wie in der U-Bahn.

Dann kann Schatzi die Scheibe einschlagen, wenn er's gar nicht mehr aushält.

Der kostbarste
Besitz der Frau
ist die Fantasie
des Mannes.

Beate Uhse

Bin ich ein Männertyp?

Oder:

Worüber Mädels so reden

Viele Männer denken ja, wenn wir Frauen einen Mädelsabend abhalten, dann sprechen wir immer nur über unsere Schuhe, Handtaschen und Menstruationsbeschwerden. Das ist völlig falsch. Wir interessieren uns natürlich auch schwerpunktmäßig für Ketten, Ohrringe und Penisse. Nur dass das mal jeder hier zur Kenntnis nimmt!

Und natürlich wissen wir auch, dass unser Mädchenkränzchengequatsche todlangweilig ist im Vergleich zu einem echten, wahren Männergespräch darüber, ob man beim Grillen das Kohlehäufchen besser links- oder rechtsrum schichtet und ob die Steak-Ethik-Kommission den Einsatz eines Föhns erlaubt.

Aber zur Ehrenrettung der Frauen sei gesagt: Wir arbeiten wenigstens daran, immer wieder neue Langeweile-Themen zu finden! Während Männer zeit ihres Lebens dieselben öden Äcker pflügen.

Insbesondere dem liebsten unserer Lieblingsthemen, dem männlichen Penis, begegnen wir Frauen voller Bewunderung. Regelmäßig legen wir respektvolle kleine Schweigeminuten ein, malen themenbezogene Fingerfarbenbilder, stimmen Lobgesänge an oder formen aus Knete kleine Lookalikes. (Natürlich nur, wenn uns nach dem Waffelnbacken noch Zeit bleibt.)

Und eigentlich beschäftigt uns Frauen von morgens bis abends nur die eine Frage: Bin ich ein

Männertyp? Oder anders formuliert: Hat mein Leben einen Sinn, auch wenn ich nicht die Brüste von Pamela Anderson habe?

Antwort: Na klar! Überhaupt kein Problem! Dann nimmst du eben die von Megan Fox.

Im Rahmen unserer Prosecco-gestützten Mädelsabende ist es mir und meinen angeschickerten Mitstreiterinnen sogar gelungen, weitere gängige Männerklischees auf ihre Wahrhaftigkeit hin zu durchleuchten:

1 *Wie wichtig ist Kerlen die Haarfarbe einer Frau?*
Beruhigende Antwort: Eigentlich vollkommen schnurz, in welcher Farbe dir irgendwas aus der Rübe sprießt. Hauptsache: blond!
Meine Freundin Yvonne ist nicht nur blond, die ist sogar Lätta. Neulich Abend war sie mit einer anderen Blondine weg. Macht aufaddiert (kleine Hilfestellung für männliche Leser): *zwei* Blondinen. Das Benehmen der Kerle ringsum war wie das von Dracula vor dem Regal mit den Blutkonserven. Oder sollte man sagen wie Krümelmonster in der Keksfabrik? Es gab kein Halten mehr.
Innerhalb von gefühlten Sekunden kam ein Typ zu den beiden an die Theke getrabt und schlug vor: »Zweitausend, wenn ihr beide mitkommt.« Nun wissen Sie ja: Ich schreibe gerne zusammenkonstruierten Mist mit an den Haaren herbeigezogenen Anekdoten. Aber in diesem Falle darf ich stolz/muss ich leider sagen: Ist echt so passiert!

2 *Was, wenn ich schwarze Haare habe?*
Ein Schicksalsschlag, ohne Frage! Den musst du, wie meine Freundin Havva, mit einem tollen Charakter wettmachen. Zu ei-

nem tollen Charakter zählen Männer: kurze Röcke, lange Beine, hohe Schuhe. Und ein extratiefes Dekolleté. So können sie sich erst mal unbefangen mit deinen Brüsten unterhalten. Baut gerade auf den ersten Metern Kennenlernängste ab!

3 *Mögen Männer Frauen mit Erfahrung?*

Aber sicher doch! Aber noch ein bisschen lieber mögen sie die Kombi ›erfahren & Jungfrau‹.

4 *Muss ich als Frau dumm sein, um einen Mann für mich zu begeistern?*

Nein, nein! Besser, du bist klug und mimst nur auf doof. Meine Freundin Bettina ist promovierte Kieferorthopädin in Göttingen. Die größten Erfolge feiert sie allerdings nicht mit Geschichten über Lingualbügel, sondern wenn sie so tut, als ob sie nicht ohne Hilfe in der Nase bohren könnte. Da wird jeder Kerl zum Ritter. Im wahrsten Sinne – ein blasser Krawatten-Fredi offenbarte sich bereits mal während der Vorspeise im Restaurant: »Ich stehe übrigens auf Sexpartys auf Schlössern und Burgen, ich könnte es mir mit dir auch sehr nett im Verließ vorstellen.« (Bettina wollte dann noch wissen, ob er immer der Ritter ist oder auch mal das Burgfräulein.)

5 *Sind alle Männer von Natur aus versaut und pervers?*

Nein, andersrum wird ein Schuh draus! Viele sind geradezu abartig artig. Gehen zwar gern breitbeinig wie John Wayne, nachdem ihm das Pferd unterm Hintern weggeschossen wurde. Und plustern sich auf bei allem, was sie tun. Aber kommt's drauf an, fehlt plötzlich der Moschus in der Sprache!

Bettina hatte auch schon mal ein Date mit einem Eins-fünfundachtzig-Kerl, coole Jeans, noch cooleres Hemd, alles sexy, bis es zur Sache ging. Da fragte er: »Wollen wir *Bubu* machen?« *Urrgh!* Als wenn bei »Wetten, dass ..?« der »Leider verloren!«-Jingle ertönt und die Buchstaben im Logo umfallen.

Und meiner Freundin Ulli murmelte ein Verehrer ins Ohr: »Moment, muss noch gurgeln!«

6 *Denken alle XY-Chromosomen-Träger wirklich nur an das eine?*

Ach iwo! Mitnichten! Wenn's hochkommt, ähm, er hochkommt, ähm, egal, vielleicht dreiundzwanzigmal pro Stunde und auch erst ab dem Kindergartenalter. Kürzlich durfte ich in der Kita folgendem Gespräch zweier Knirpse beiwohnen:

»Mama hat eine Muschi, Oma hat eine Muschi, Pia hat eine Muschi …!«, zählte ein Fünfjähriger auf.

Belehrte ihn der vierjährige Freund: »Nein, Pia hat keine Muschi! Pia hat eine Windel!«

Und ich?

Auch ich bin ein »Typ«. Allerdings eher der Hundetyp (will ich mal hier verraten). Bevor mich Schatzi vor zehn Jahren mit einem Vortrag über Literatur erst willenlos und dann verliebt quatschte, verknallten sich auch immer wieder vom Fleck weg irgendwelche Vierbeiner in mich. Das erste Mal mit zwanzig. Da nahm mich eine Bekannte nach der Arbeit in ihrem Auto mit. Auf dem Rücksitz ihrer Ente wartete schon ihr gieriger Dackel.

Kaum waren wir losgefahren, sprang das Vieh von hinten gegen meinen Sitz und drückte mir seine feuchte, haarige Schnauze vertrauensvoll an die Wange. Hatte ich natürlich nicht erlaubt. Das eigentlich Verbotene kam erst noch. Mundgeruch! Oder heißt es korrekt: Schnauzengeruch? Eine Mischung irgendwo zwischen Gulli und tote Maus. Hätte nicht viel gefehlt, und Atemmasken wären aus der Kabinendecke gefallen. Hunde haben nämlich, da sind sie eben auch nur Menschen, gern mal Parodontose. Und Liebe geht offensichtlich durch vieles, nur nicht durch die Nase. Dackelfrauchen jedenfalls störte sich überhaupt nicht am Gestank. Nun hat so ein Dackel natürlich Gefühle (von Männern weiß man das ja nicht so) – gleichzeitig ahnte ich: noch ein Kuss, und ich falle wie Dornröschen in einen ewigen Schlaf und wache nie wieder auf. Daher beschloss ich schon auf Höhe der St.-Pauli-Landungsbrücken, unsere noch junge Beziehung wieder zu beenden. Und zwar mit einem Signal, das auch der dümmste Kerl kapiert, Langziehen der Weichteile, in diesem Falle des Schlappohrs.

Nun ist ja Schatzi ein echter Knochen, an dem ich seit zehn Jahren nage. Dennoch preise ich jeden Tag Gott für meinen tollen XY-Chromosomen-Hauptgewinn.

Bei Hunden habe ich leider kein so glückliches Händchen. Da gerate ich immer an die falschen. Irgendwelche riesengroßen, schwer zu händelnden Flegelköter. Doggen, Wolfshunde, Hovawarts zum Beispiel, um dem Grauen einen Namen zu geben. Die wollen alle nur das eine: dir ihre feuchten Schnauzen in den Schritt drücken und schnüffeln, während du eine Etage höher mit Herrchen übers Wetter plauderst und so tun musst, als ob nichts sei.

Ich hasse das!

Alle Frauen hassen das!

Nun bin ich einundvierzig, und da lernst du als Frau, allem etwas Positives abzugewinnen. Selbst hochgeklappten Klobrillen. Die neue Wahrheit ist: Dein Kerl beschwert sich ja auch nicht, dass das Ding immer unten ist. Was Hunde angeht: Die, die dich unsittlich bedrängen, können in der Zeit wenigstens nicht deinen Garten umgraben.

Vor drei Monaten war Jule zu Besuch, ein Airedale-Terrier-Teenie. Die wollte nicht, wie ich's gewohnt bin, mit mir Stöckchenwerfen spielen. Die wollte lieber schwanzwedelnd Löcher in meinen Rasen buddeln. Und als in der Küche der fürs Mittagessen bestimmte Parmesan runterfiel, klang ihr Knurren unterm Tisch hervor auch nicht wie: »I love you!« Eher wie: »Ich FRESS dich!«

Und letzte Woche Freitag besuchte ich unsere Nachbarn. Die besitzen einen Irischen Wolfshund namens U-Man. Seit Schatzi sich einen kratzigen Stoppelbart stehen lässt, gibt's auch hier eine neue Wahrheit: U-Man mit seinem Vollbart küsst weicher.

Krieg mit Frauen
ist der einzige, den man
durch Rückzug gewinnt.

Napoleon

Hilfe, wer hat mich noch lieb?
Oder:
Die drei Gebote der Freundschaft

Kürzlich habe ich festgestellt, dass ich gar keine Freundinnen habe.

Jedenfalls keine, die ich anrufen könnte, damit sie sich mal zünftig mit mir betrinken.

Das mag daran liegen, dass ich hundert Tage am Stück meinen Computer bezärtel und betüddel. Um dann am hunderteinsten Tag mit Huhu aus der Versenkung aufzutauchen und abzufragen, wer mich noch lieb hat.

Antwort: keine.

Oder doch, eine. Nein, zwei. Äh, drei.

Die haben sich trotz aller Bemühungen meinerseits nicht in die Flucht schlagen lassen. Ist es zu fassen? Wo bleibt die Verlässlichkeit?!

Da wäre zum einen Bettina, mit deren Hilfe ich mich durchs Zahnmedizinstudium schummelte. Sie brachte mir das allererste Freundschaftsgebot bei: dass dich einer für gutes Schwimmen lobt, nachdem du beim Segeln gekentert bist. Übersetzt: Sie rief nie aus: »O Kati, my dear! Was ist das für eine krumme, schiefe Füllung!« Sie sagte immer: »Guck mal, freu dich, der Bohrer ist nicht abgebrochen!«

Wobei auch mal jemand gesagt hat, die Freundschaft zweier Frauen sei lediglich die Verschwörung gegen eine dritte. Das kann ich so nicht bestätigen.

Also: Wenn wir über diese doofe Kuh lästerten, die sich gerade in der Nachbar-Behandlungsbox fürchterlich einen abbohrte, machten wir unsere Kritik stets an objektiven Kriterien fest wie »dicker Hintern«, »doof wie Bohne« und so weiter.

Dann hätte ich da noch die Ulli in meinem Bauchladen.

Sie brachte mir das zweite Freundschaftsgebot bei: Wahre Freundinnen kannst du nicht schocken.

Doch, Ulli, geht! Wie findest du, was ich gerade für dich gedichtet habe?

»Ausrufezeichen!
Punkt daneben.
Dich vergess ich nie im Leben!«

Oder, auch nett:
»All die Sterne am Himmelszelt
leuchten auf der ganzen Welt!
Doch einer leuchtet nur für DICH,
schau ihn dir an und denk an MICH!

Ach so, eine schnelle Frage, Ulli! Besuchst du mich morgen im Gefängnis? Ich habe nämlich gerade Rücksprache mit mir selbst gehalten und dabei das Geheimnis enthüllt: Ich hab das gar nicht selbst gedichtet! Ich hab das geklaut!

Jawoll!

Für dich!

Und zu guter dritter Letzt möchte ich Ihnen, liebe gelangweilte Leserin, an dieser Stelle noch die Katharina vorstellen. Auch Katharina konnte ich bislang nicht davon überzeugen, dass es keine so gute Idee ist, mit mir befreundet zu sein.

Es gibt ja, so hat's ein Mann namens Matthias Claudius mal formuliert, Freundschaften, die im Himmel beschlossen sind, um auf Erden vollzogen zu werden.

In diesem Sinne waren Katharina und ich schon drei Jahre sehr eng befreundet, bevor wir uns kennenlernten. Das war, als in meine Bude eingebrochen wurde. Und sie, als aufgeschreckte Bewohnerin der Bude gegenüber, die Nase ins Treppenhaus steckte, um zu gucken, was Polizei und Spurensicherung da machen.

Das ist jetzt fünfzehn Jahre her. Niemals hat sie seither die Frage gestellt, die auf der Hand liegt: »Sag, Katja, was gab's da zwischen den ganzen Klamottenbergen, alten Pizzaschachteln und herumkullernden Haarspraydosen bei dir eigentlich zu klauen?«

Womit ich hier und jetzt ganz elegant zum dritten Freundschaftsgebot überleiten kann:

Freundschaft ist, keine Fragen zu stellen.

Sich die Antworten auf die Fragen, die man nicht gestellt hat, selbst zu geben.

Sich nie zu treffen.

Seltenst zu telefonieren.

Um dann, wenn man ein Foto von Katja K. und eines von Maggie Thatcher vorgelegt bekommt – Fragestellung: »Wer von denen ist

Ihre Freundin?« –, ganz souverän nach dem Ausschlussprinzip zu entscheiden: »Also, mmh, nicht die Maggie!«

Freundschaft ist aber auch, zwischen all diesen garstigen sinnleeren Nichtsnutz-Zeilen den Hilfeschrei der Autorin nach Liebe und Geborgenheit zu erkennen.

In diesem Sinne, Mädels!

Meldet euch mal!

Ich will jetzt endlich mit euch mal wieder einen saufen gehen!

PS: Ich zahl auch!

Um die Fehler einer neuen
Freundin kennenzulernen,
genügt es, sie bei
ihren Freundinnen zu loben.

Indische Weisheit

Und wer fragt mich?

Oder:

Nicht nur Schatzi weiß alles besser!

George Burns hat mal gesagt: »Wie schade, dass alle Menschen, die wissen, wie man ein Land regiert, keine Zeit haben, weil sie Taxis fahren müssen oder anderen die Haare schneiden.« Nun, ich will nicht in die Politik, bin keine Friseurin, fahre nicht Taxi! Aber natür-

lich können Sie mich auch immer alles fragen, und ich sag Ihnen, wie's geht. Das war früher schon so bei mir als Kind in Kiel. Und erst recht, seit ich niedergelassene Hausfrau in der Berliner Vorstadt und mit einem Mann verheiratet bin, der ebenfalls alles besser weiß. Zusammen sind wir dieses klassische Paar, das man zwar so ein bisschen gestört findet, aber gern mal zum Essen einlädt.

Das Gute an mir ist: Ich weiß Bescheid, weil ich Bescheid weiß. Als Elfjährige drehte ich die Warzen von meinem Warzenkaktus, setzte sie in kleine Blumentöpfchen und vertickte die Jungkakteen auf dem Schulfest. Bis eine Mutter die entscheidende Frage stellte: Wo sind eigentlich die Wurzeln? Einen fabrikneuen Polo machte ich im Rückwärtsgang zum Totalschaden (das Gartentor war aber auch wirklich sehr schmal!). Und schon im siebten Monat schwanger übte ich einen Fluglooping (wusste eben nicht, dass Mountainbikes keinen Rücktritt haben). Man kann mir also kein X für ein X vormachen. Ich würde sogar mal sagen, ich merke, wenn da ein Y steht.

Als Studentin kellnerte ich in der Kieler »Pizza World«, nicht das erste Haus am Platz, aber immerhin das vorletzte, hat mittlerweile auch schon Pleite gemacht. Seitdem weiß ich, wie in der Gastronomie der Hase wo längs läuft. Eine meiner vielen Spezial-Disziplinen damals: Ich riss den Gästen immer das Geschirr weg. Kaum waren sie fertig mit Steakschneiden: *zack!*, Messer meins! Kaum hatten sie den letzten Schluck genommen: *schwupp!*, her mit dem Glas! Ich brannte vor Eifer. Nun wissen Sie ja vielleicht selbst: An einem derart geplünderten Tisch sitzt es sich doch etwas nackig und einsam. Weswegen meine Gäste auch immer alle schnell die Rechnung verlangten und gingen. Außerdem (hab ich zwar schon erzählt, die Anekdote, aber die ist so schön bescheuert, die taugt auch für zweimal) verirrten sich mal zwei Geschäftsleute in meinen Servicebereich. Deren Pech. Der eine wollte Warsteiner. Kannte ich natürlich nicht. Dafür war ich Fachfrau für Spezi. Das Zeug soff ich nämlich selbst damals literweise. Also schlug ich vor: »Warsteiner haben wir nicht, kann ich Ihnen aber mischen!«

Auf jeden Fall – aus dieser Zeit weiß ich: Gäste wollen begöschert werden. Wenn einer fragt: »Ist diese klodeckelgroße Pizza wohl etwas viel?«, sagst du: »Nein, nein!« Und wenn er fragt: »Sollte ich auch noch diese frittierten Cheese-Sticks mit der fettigen, dick machenden Panade vorweg nehmen?«, musst du rufen: »Unbedingt!« Bestellen ist das Ritual, das Stöckchen zu apportieren, das der Gast dir zuwirft. Wer für Essengehen Geld ausgibt, will Pampers und keinen Pastor. Man geht ja auch nicht als Frau ins Schuhgeschäft zum Stiletto-Kaufen und erwartet, dass die Verkäuferin den Orthopäden ruft.

Leider habe ich immer Pech. Letzten Freitag beschloss ich: Diät ist morgen. Heute will ich mich vollfressen. Und dann diese Konsumverhinderin! Pardon: Sushi-Kellnerin. Die rollte beim Notieren von zweieinhalb Crispy Tuna Rolls erstaunt mit den Augen und rief aus: »Oh, DAS ist aber ganz schön viel!« Dabei hatte ich sie das gar nicht gefragt. Besonders liebte ich sie auch für ihre freundliche Nachfrage: »Meinen Sie, Sie schaffen das wirklich ALLES?« Gibt einem doch das sympathische Gefühl, dass die hier noch nie so einen Fresssack wie mich bewirtet haben. Innerlich war ich gewappnet, dass gleich eine »Achtung! Achtung!«-Durchsage kommt und sich ein Suchscheinwerfer auf mich richtet. Das Ende vom Lied: Zweieinhalb Crispy Tuna Rolls waren natürlich überhaupt nullinger zu viel, sondern entsprachen in etwa der Menge von fünfmal Schneckenpups. Und ich hätte noch viel mehr bestellen sollen.

Und dann steh ich ja auch total auf diese Läden, in denen ein lärmender Barkeeper mit der Grandezza eines Elefanten die Espressotassen auf der Kaffeemaschine stapelt, den vollen Kaffeesatzfänger Hau-den-Lukas-mäßig an der Mülleimerkante ausklopft. Und in der restlichen Zeit mit viel Zischzisch und nach dem Motto »Warum leise, wenn's auch laut geht?« irgendwelche aufgeschäumte Milch produziert. Ich weiß, ein wirklich revolutionärer Ansatz, den ich hier formuliere! Aber man könnte doch versuchen, dass sich im Restaurant die wohlfühlen, die dort arbeiten, und vielleicht sogar auch der Gast. Was meinen Sie?

Auch als Aushilfs-Golfschläger-Verkäuferin habe ich schon gejobbt in der Vergangenheit. Als die, die ich bin, würde ich mir jetzt natürlich aufgrund der gemachten Erfahrungen zutrauen, auch eine börsennotierte Kaufhauskette mit hunderttausend Mitarbeitern zu managen. Dabei will ich ehrlich sein: Von Puttern und Drivern hatte ich damals natürlich so viel Ahnung wie von Quantenphysik. Ist aber im Prinzip auch egal. Schon früh erkannte ich: Wann immer du denkst, du hast keine Ahnung, gibt's jemanden, der noch weniger Peilung hat als du selbst. Erste goldene Umsatzregel. Die zweite lautet: Zu viel Fachwissen nervt eh. Ich zum Beispiel bin eine Kundin, die geht in den Laden und sagt: »Ich will eine Digitalkamera, mit der man Bilder machen kann.« Nicht dass der Verkäufertyp noch denkt: Hey, die will sich mit dem Ding die Waden epilieren. Sodann freue ich mich, wenn mir ein Gerät in die Hand gedrückt wird, das möglichst wenig Knöpfe hat. DAS ist, was ich unter einem guten Verkaufsgespräch verstehe! Auf keinen Fall will ich mitentscheiden müssen, was für mich das Beste ist. Das weiß ich nämlich selbst nicht. Und ich will auch nicht genervt werden mit Pixel-Bla und Full-HD-Moviefunction-Blubb. Dann habe ich nämlich das Gefühl, dass ich das später alles benutzen muss.

Aber selbst ich liege manchmal falsch. Gestern zum Beispiel war ich in einem dieser schwächelnden Kaufhäuser, von denen man denkt, hier reißen die sich bestimmt ein Bein und drei Arme aus für mich als Kundin. Ich werde mit einer Sänfte durch die Abteilung getragen und bekomme Erfrischungsgetränke. Mmmh. Tja. Also. Dicht dran!

Drei Damen bewachten stoisch das Nichts hinter der Kasse und spielten Verkäuferinnen-Mikado: Wer sich zuerst bewegt, hat verloren. Auf meine Frage: »Führen Sie auch Hockeymundschutze?« erst ratlose Blicke, dann: »Also, wenn überhaupt, dann nur das, was da ist!« Um nicht zu sagen: Was nicht da ist, ist nicht da. Also mal ehrlich! Konfuzius und seine Weisheiten sind doch ein Scheißdreck dagegen! Anschließend durften ich dann mit den Informationen »Gerade aus und dahinten, wo Sie das rote Schild sehen, links die Gondel!« Schnitzeljagd spielen zwischen den Regalen. Während mir die Umsatzbremsen die Störung total schnell verziehen und sich sogleich wieder einander widmeten.

Nun bin ich zwar die größte Besserwisserin der Welt. Aber natürlich habe selbst ich meine Kernkompetenzen. Kinderkriegen beispielsweise. Als engagierte moderne Vierfachmutti würde ich auch gern Eltern in Papua-Neuguinea und am Nordpol Tipps geben, wie sie das alles besser machen könnten. Zum Beispiel: unbedingt bei Kids ab zwei den Interdentalraum mit Superfloss-Zahnseide säubern. Damit der Nachwuchs auch morgen noch kraftvoll in den Seehund oder ins Opossum beißen kann. Weil ich den Durchblick habe, sehe ich mich auch als Missionarin. Allen Kinderlosen würde ich gern zurufen: »Mädels, nicht lang nachdenken, machen!« Ist einfach zu schön, wenn euch – wie heute Nacht bei mir geschehen – die kleinen Mäuse, eins, zwei, drei, vier!, der Reihe nach die Bude vollreihern. Und lasst euch bitte nicht einreden, dass ihr morgens um halb fünf wirklich schlafen wollt! Bei mir tapert da nämlich immer so eine süße brüllende Zweijährige durchs dunkle Haus und will in den Tag starten.

Wir Mütter werden ja oft für Glucken gehalten. Völlig zu Unrecht! Lassen Sie sich das von Deutschlands führender Besserwisserin gesagt sein! Muttersein ist Fortschritt. Um nicht zu sagen: Du wirst fortverbildet. Du startest mit einem niedlichen kleinen Bauch, dann schiebst du ganz schnell einen niedlichen kleinen Kinderwagen. Und schon darfst du das erste Mal rufen: »Nein, jetzt wird nicht mehr gespielt, jetzt wird aufgeräumt!« In der Sekunde hast du's geschafft, jetzt bist du die offizielle Familien-Spaßbremse. Sei stolz drauf. Ich zum Beispiel habe immer Mitleid mit Schatzi. Er hat diesen uncharismatischen Wochenend-Fun-Papi-Part mit Waffelnessen und Karussellfahren. Das belastet so einen Mann sicherlich sehr.

Und dann möchte ich Ihnen an dieser Stelle noch verraten: Ich bin ja die größte Kleine-Brüder-Bezwingerin überhaupt. Um nicht zu sagen: Kieler Landesmeisterin. Als kleines Mädchen haderte ich nämlich lange damit, dass meine Eltern bei der Familienplanung nicht hinter mir Schluss machten, sondern mir zwei Jahre später noch Leus, die alte Nervensäge, vor die Nase gesetzt wurde. Echter Schicksalsschlag, muss man wirklich sagen. Aber schon früh fanden wir Mittel und Wege für ein ganz tolles Miteinander. Zum Beispiel setzte ich mich gern auf ihn drauf. Hier fixierte ich dann immer mit meinen Knien seine Oberarme und verlagerte das Gewicht so, dass er sich nicht aufbäumen und mich abwerfen konnte. Anschließend kam der eigentlich schöne Part: Ich beugte mich langsam über Leus' Gesicht und seilte Spucke ab. Konnte ich wirklich ganz toll – und nahm mir auch echt Zeit für mein kleines Brüderchen. Der dankte es mir, indem er mich mit dreizehn, mittlerweile zwei Meter groß, immer mit der Klobürste durch die Wohnung jagte.

Undank ist der Welt Lohn, mal ehrlich! Aber das wussten Sie sicherlich auch schon, bevor Sie diese Besserwisserkolumne gelesen haben.

Die Schönheit brauchen
wir Frauen, damit die
Männer uns lieben.
Die Dummheit,
damit wir die Männer lieben.

Coco Chanel

Kleine und große Charmebolzen

Oder:

Erst denken, dann reden

Charme, hat mal ein berühmter Mensch gesagt, Charme ist, was den anderen von innen leuchten lässt. Einige Männer haben ganz viel davon. Und bei anderen siehst du als Frau echt schwarz. Zum letzteren Typus gehört Dieter, ein geschätzter Ex-Kommilitone von mir. Geschätzt, weil ich ihm im Namen aller Frauen unseres Semesters nun endlich die Würdigung zuteil werden lassen möchte, die ihm zusteht. Hat auch nur fünfzehn Jahre gedauert.

Dieter ging, solange Dieter den Mund nicht aufmachte. Da war er nur einer von diesen durchschnittlich bauchnabelzentrierten Männer-Egomanen, die morgens vor dem Spiegel stehen und denken: Was für ein Geschenk! Machte er aber den Mund auf, dann musstest du dir als Frau schon zwei Tage vorher ganz fest vorgenommen habe: *Okay, ich lach jetzt!*

Cut! Kleiner News-Ticker à la N-TV! Soeben packte mir Yella, fast neun, ihren Eckzahn auf den Umständen erfolgreich Männe mobben? ✳ Shit! ✳ Und wo krieg ich so auf die Schnelle eine große druck griesgrämig, misanthropisch und scheiße drauf sein! ✳ Ist alles hart erarbeitet! ✳ Schwöre ich

Gleichzeitig besaß er wie fast alle Männer dieses angeborene Talent zum Problem-Transfer. Also: Nicht man(n) selbst baut das Ikearegal schief auf! Nein, ganz klar! Die WAND ist nicht gerade. In diesem Falle: Nicht Dieter machte Witze platt wie die Po-Ebene. Natürlich nicht. Du als Frau warst die Klemmmutter …

Irgendwann, im Rahmen seines täglichen Begockelungsprogramms, kam Dieter auch zu Bettina und mir in die Behandlungsbox. Der geschlechtsreife deutsche Mann hält bei dieser Gelegenheit ja gern Händchen mit seinem Autoschlüssel oder wühlt im Kleingeld der Hosentasche. Der angehende Zahnarzt führt zusätzlich auch mal seine frisch testierte Oberkieferprothese Gassi. Offensichtlich, Gedanke des Tages, beschäftigte Dieter heute das Thema: Brustwarzen. Erst guckte er uns auf die T-Shirts, dann meinte er mit Blick auf das Schneetreiben draußen: »Da kriegt ihr Mädels doch Nippel wie Traktorventile.«

Nun, ähm, hüstel. Ich will das hier nicht anatomisch ausführen. Aber der Typ brauchte offensichtlich dringend eine Brille. Oder wie würde meine Omi Else sagen? Da war wohl der Wunsch Vater des Gedanken.

Nun, zugegeben, weißt du als Frau allerdings ja auch nicht gleich zwingend, wie so ein Ding überhaupt aussieht. Hängt das am Reifen? Unter dem Motor? Dem Bauern an der Jacke?

An dieser Stelle möchte ich mich stellvertretend für Dieter bei mir entschuldigen: »Also, Katja, pass auf! Sorry, ich hab da Charme und Scham durcheinandergekriegt. Verflixt! Kommt auch nicht wieder

Schreibtisch! * Immerhin kein Zeh jetzt oder Ohr! Aber wie soll ich denn bitte unter diesen ulkigen Portion neue schlechte Laune her? * Doppel-Shit! * Nicht, dass Sie glauben, ich kann so auf Knopf-bei Omi Kiels Mehlsoße! Da muss ich mich schon richtig bemühen!

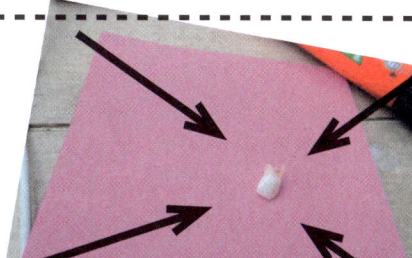

vor! Klingt aber irgendwie alles auch so verdammt ähnlich. Bin doch nur ein Mann. Aber wo wir schon dabei sind! Ihr Weiber seid viel schlimmer! Schick mir doch mal die Trulla vorbei, die neulich deine Freundin Inga so blöd und uncharmant angequatscht hat!«

Wo er recht hat, hat er recht. Frauen untereinander sind ja gern mal so kleine Gelegenheits-Tüpfelhyänen. Inga, berufstätig, stets ein wenig unter Druck, Kind und Job halt, zieht ihre weinende Dreijährige vor der Kita aus dem Auto. Kommt eine andere Mutti: »Och Mensch! Die Luna! Die tut mir   ja immer soo leid!«

Möchte man fragen: Wieso eigentlich? Weil ich die Mutter bin? Und was heißt eigentlich immer? Jeden Tag?

Mich übrigens stupste mal vor Jahren Omi Bielefeld an; es war Weihnachten, ich sang gerade in der Kirche volle Möhre, wie das so meine Art ist: *Vom Hiiiiiiiimmel hoooch da koooooom ich heeeer! …. :*

»Also, ich hab gerad zum Klaus gesagt: ›Du, Klaus, die Katja, die hat ja eigentlich einen ganz hübschen Sopran. Aber dieser Witwentriller! Unser Chorleiter schmeißt die alle raus.‹«

Und unlängst waren Schatzi und ich eingeladen bei Freunden am Ende der Straße. Ob ich wüsste, was so toll sei an Schatzi und mir, fragte die achtundzwanzigjährige Gastgeberin enthusiasmiert. Jedenfalls waren's nicht unser brillanter Geist oder unsere gut geputzten Zähne.

»Das Tolle an euch ist«, freute sie sich, »ihr seid so schön jung geblieben.«

Und ich? Bin ich auch so?

Auf jeden Fall – da könnte man mich für loben – habe ich einen todsicheren Instinkt für Fettnäpfchen. Hier brauche ich im Gegensatz zum Autofahren noch nicht mal Navi, um mittenrein zu finden. Letzten Sommer saß ich auf einer Gartenparty neben einer Schwangeren und fragte begeistert: »Wann kommt's denn?« Woraufhin die in Richtung eines Kinderwagens nickte und recht überschaubar antwortete: »Schläft da drüben.«

Schande über mich! Dabei müsste ich echt wissen, wie's besser geht. Nach der Geburt von Yella nämlich ging ich zum Babyausstatter, um einen rosa Strampler zu kaufen. Woraufhin die Verkäuferin jubelte: »Oh, prima, Sie bekommen ein Mädchen!« Volltreffer, Schiff versenkt.

Ich glaube, anschließend habe ich Schatzi eine Woche lang die Ohren vollgejault. Und ganz klar! So einen Laden wirst du als Frau boykottieren, selbst wenn du schon längst oben im Himmel auf deiner Wolke sitzt.

Nun ist es aber auch nicht so, dass du als Mutter zu Hause in einem Ohren-Sanatorium lebst. Weder verfassen meine Kinder Gedichte auf mich, noch erzählen sie mir zehnmal am Tag, wie super sie mich finden. Ich weiß zum Beispiel ganz genau: Sehen mich meine Söhne, denken sie nicht: Oh, wie toll! Da ist ja unsere Mama! Die denken: Hey, großartig, da kommt die Besitzerin vom iPad! Sofort anhauen!

Überhaupt meine ich insbesondere bei den beiden Jungs ein gewisses uncharmantes Machogehabe zu beobachten. Oder sollte man, ähm, vielleicht besser sagen: angeborene Ergebnisorientiertheit?

Wir wohnten noch in Hamburg, da hatte Caspi, damals drei, seine Freundin Mia zu Besuch. Vielleicht wäre die korrektere Formulierung: Er gewährte ihr Audienz. So durfte sie ihm dabei zugucken, wie er mit seinen »Schleich«-Tieren Zoo spielte – und natürlich auf keinen Fall irgendwas anfassen. Immerhin – *bravo, Mia! Du wirst bestimmt mal eine prima Ehefrau!* – hielt sie das eine Stunde durch, bevor sie in Ungnade fiel. Als ich dann die Nase ins Zimmer steckte, forderte Caspi: »Du, Mama, kannst du mal Mias Mama anrufen und ihr sagen, sie soll die Mia abholen? Ich kann die jetzt nicht mehr gebrauchen.«

Auch sein kleiner vierjähriger Bruder Kolja hat echtes Ich-fress-dich-Potenzial. »Du-hu?«, fragte er kürzlich Omi Kiel. »Du isst doch immer so gesund? Warum schlackert dann dein Fleisch am Arm so?«

Um dann noch schnell, typisch Mann, einen kleinen Wunsch in eigener Sache zu äußern: »Kannst du dich bemühen, wenn du alt bist, nicht so mit den Händen zu wackeln?«

Kluge Frauen
lernen schnell,
ihren Mann ohne Grund
zu bewundern.

Margot Hielscher

Die Anonymen Hausfrauenschlampen

Ich bin ja Mitglied bei den AHS: den Anonymen Hausfrauenschlampen. Mein Kleiderschrank sieht aus wie nach einem Erdbeben. Und im Kühlschrank entdeckte ich neulich – »Hallöchen! Wer seid denn ihr?« – zwei Jahre alte Grillsoßen.

Die allererste Haushaltshilfe, die es mit mir und meinem Chaos aufnahm, hieß Frau P. Frau P. war eine ganz Ordentliche. Zum Kloputzen trug sie Gummihandschuhe, die sie beim anschließenden Bettenmachen auch nicht ablegte. Sie kam zuverlässig um fünf nach, sie ging zuverlässig um fünf vor – dafür rechnete sie die volle Stunde ab und behielt beim Pfandflaschenzurückbringen das Pfand. Nach Wochen heimlichen Ärgerns fasste ich mir ein Herz und stellte sie zur Rede.

Nun ist da Streiten mit jemandem, der weiß, dass du deine Zehennägel abends immer beim Fernsehgucken auf der *Hörzu* schneidest und bei der Mülltrennung auch gern mal schummelst, eine schwierige Angelegenheit. Man könnte sagen: Jedes Leben hat eine Bikini-Zone, die ist intim und geheim. Nur nicht für deine Putzfrau. Vor der stehst du nackig im Wind.

Wat mut, dat mut! – sagt der Hamburger. Oder wie der berühmte Philosoph Schatzi D. aus P. gern nüchtern und auch etwas schadenfroh formuliert: »Putzfrau weg – selber aufräumen!«

Die Nachfolge von Frau P. trat Frau W. an. Ihre Spezialität war die geistige Stand-by-Funktion. Um Energie zu sparen, schaltete sie beim Arbeiten einfach den Verstand ab. Die Treppe fegte sie von unten nach oben, das Pril-Wischwasser entleerte sie in die Blumenrabatten. Beim Abschied küsste ich die Tür, die sich hinter ihr schloss.

Aber: Ich will keine Türen küssen! Ich will Frieden!

Ich bin ein kuschelbedürftiger Mensch!

Oder die Schwester meiner Freundin Pamela zum Beispiel! Die malt derzeit mit Edding Pegelstände an ihre Cognac-flaschen, nachdem sie den Eindruck gewinnen musste, dass hier Tidenhub herrscht.

Die Lösung aller Putzfrauenlösungen hat unlängst mein Lieblingsfreund Harald gefunden, ein bekennender Pazifist: leben und leben lassen. Der Mann seiner Haushälterin setzt sich nämlich, hat er herausgefunden, immer heimlich in die Sauna, sobald Harald weg ist.

Worauf Harald sich jedes Mal ebenso heimlich in den Keller zum Sicherungskasten schleicht und einen Kurzen produziert, bevor er das Haus verlässt. 'putt die Sauna!

Pamelas Schwester ist übrigens seit gestern wieder auf der Suche nach einer Putzfrau – gebraucht oder neu, egal. In Zeiten wie diesen geht die Recherche ganz easy: Man muss nur im Internet das Stichwort »Haushälterin« eingeben, sogleich erscheinen im Bild ein paar dickbusige Luder mit nichts an als einer Schürze, die sich – nun ja – putzfreudig übers Bett beugen.

»… tja«, überlegt Schatzi, der natürlich auch gleich einen Blick riskiert, »… vielleicht nicht als Haushälterin … aber, ich spür das, die wär 'n prima Babysitter …!«

Wenn etwas gesagt werden soll,
fragt man einen Mann.
Wenn etwas getan werden soll,
fragt man eine Frau.

Margaret Thatcher

Bespoke Stripe

Oder:

Kissen mit Stammbaum

Samstag war ich auf Schickimicki-Sylt – und erblickte in einem Geschäft die Kissen meines Lebens. So cool, so alles – Liebe aufs erste Drüberstreicheln! Im Rennen um die schönste Couch Potsdams hätten die mich ganz, ganz weit nach vorn gebracht. Ich könnte es auch so formulieren: Dürfte ich drei Dinge mitnehmen auf eine einsame Insel, wäre die Reihenfolge wie folgt – die Kids, die Kissen, und dann Schatzi. Aber auch nur, wenn die Omi ihn huckepack nimmt.

Nun nörgelt Schatzi zwar immer, dass wir mit unseren aktuell zweihundertfünfzig Kissen längst die für Zentral-Brandenburg geltenden Kissen-Kapazitätsgrenzen überschritten haben. Und demnächst mit einer Razzia rechnen müssen. Aber wenn ich etwas gelernt habe in zehn Jahren Ehe, dann konzentriertes, interessiertes Weghören. Und ein: »Ja, ja, Schatzi.«

Männer verstehen das nicht. Frauen und Couchen brauchen ab und an ein Lifting. Da sind wir uns wirklich sehr ähnlich. Bei näherer Betrachtung des Kissen-Etiketts stellte ich fest: Wow, die Dinger haben sogar Namen! »Chicago«, »Bestla«, »Crosspatch« – da will man doch nie wieder auf irgendwas Anonymem sitzen. Wobei ich an dieser Stelle anregen möchte, vielleicht auch ein Heftchen mit

Stammbaum an die Knöpfe zu binden, falls man mal eine Kissen-zucht aufmacht.

Beim Preis allerdings musste sich die Verkäuferin, das dumme Ding, verschrieben haben: Da stand tatsächlich 288 Euro 50. Konn-te sich natürlich nur um 28 Euro 850 handeln. Mit drei Stellen hin-term Komma. Sylt ist da korrekt. Daneben das passende Bodenkis-sen »Bespoke Stripe«, lausige 37 Euro 550.

Die Kissen habe ich dann, Sie ahnen's, doch nicht gekauft, die waren mir zu billig. Omi Kiel sagt auch immer: »Lieber ein Teil weni-ger und dafür gut!« Und das hier war eindeutig überbilligter Ramsch.

Schatzi tickt da Gott sei Dank ähnlich. Der will auch immer Quali-tätsprodukte. Und wenn das nicht möglich ist, will er wenigstens Qualitätspreise bezahlen.

Als wir vor ein paar Jahr auf Mallorca im Urlaub waren, erwischte er beim Essen einen Olivenstein. Zurück in Hamburg musste er zum Wurzelkanalexperten. Der prokelte ihm für den 27-fachen (!) Satz den Nerv aus dem Zahn. Sie werden sagen: viel Geld. Aber Schatzi hatte selbstverständlich auch keine normale Pulpa. Da können wir anderen sieben Milliarden Menschen auf diesem Planeten gar nicht mitreden. Seine verlief gerade und ging dann, oho!, noch mal um die Ecke. Da ist der Einsatz eines Pulpa-Prokel-Experten mit Welt-raumlupe quasi zwingend. Und für den 35-fachen Satz kriecht der bestimmt auch noch persönlich in den Kanal. Auf jeden Fall: Schatzi war überglücklich, dass er hier Patient sein durfte. Und wenn er glücklich ist, bin ich das erst recht.

Nun gibt es auch Luxusgüter, die sind in die Welt von *Bunte* und *Elle* noch nicht vorgedrungen. Klobürsten. Haben Sie je ver-sucht, abseits von Obi und Ikea einen formschönen Kloschüssel-Schrubber zu erwerben? Dreihundert Euro, vierhundert Euro. Da fragst du dich: Wo haben die bitte die Swarovski-Steine eingearbeitet?

Aber wenn der erste Preisschock überwunden ist, denkst du: Hey, was für ein wunderbares Statuspräsent für geschenkmüde Ehepaare!

Das stellt der Mann sich auf den Schreibtisch. Und schon sehen alle seine Kollegen: Mein Schatzi hat's zu was gebracht.

Es stimmt, dass Geld
nicht glücklich macht.
Allerdings meint man damit
das Geld der anderen.

George Bernard Shaw

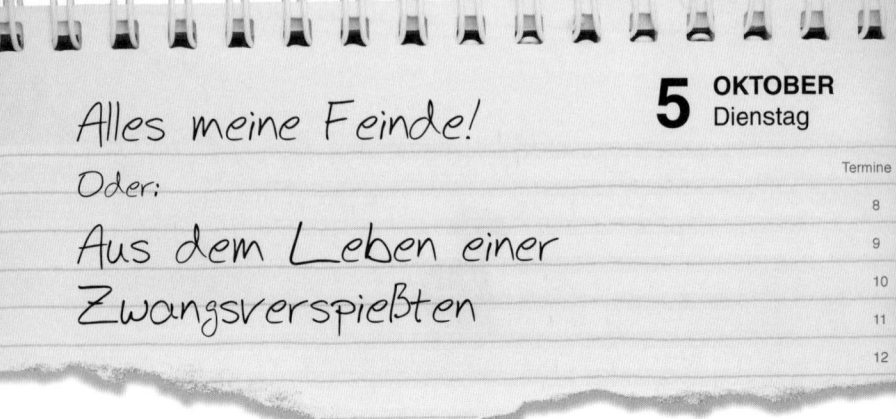

Alles meine Feinde!

Oder:

Aus dem Leben einer Zwangsverspießten

Gestern war einer dieser Tage, an denen ich das Gefühl hatte: Ich will nicht reden! Ich will eine Kettensäge!

Der Erste, der Gefahr lief, dass ich ihn zu Chappi püriere, war der Typ, der unsere Auffahrt pflastern sollte.

Schon klar: Dieser Mensch ist gekommen, um Steine in den Boden zu klopfen, er heißt nicht Heidi Klum. Deswegen, glauben Sie's mir!, nehme ich ihm die vielen schwarzen Haare, die ihm gut sichtbar in den Achseln und aus dem Hintern wachsen, auch gar nicht übel. Ich versuche, ehrlich!, auch zu verstehen, warum Männer mit Poritzen-Frisur immer diese Hosen tragen müssen, die ihnen in die Kniekehlen rutschen. Selbst seine lückenlose Oberflächenbeschichtung aus Schweiß und Tattoos trinke ich mir mit drei Tassen extra starkem Kaffee noch schön.

Aber was ich dem Kerl nicht verzeihe? Dass er irgendwann heimlich seinen Schwengel rausholte, um an unserer frisch gepflanzten

Buchsbaumhecke Pipi zu machen. Wissen Sie: Ich möchte auch Angelina-Jolie-mäßig die Welt retten! Ich will für das Gute kämpfen, ich will mich vor Robbenbabys werfen. Stattdessen werfe ich mich vor Hecken. Und mag auch sein, dass Nordkorea an der Atombombe baut, mich treibt die Angst vor gelben Pinkelkringeln am Gebüsch um. Mein Leben ist zwangsverspießt, und dieser Knilch ist schuld!

Dann hat der Heizungsmonteur seinen Auftritt. Als er unter meinen Schreibtisch krabbelt, um den Thermostat für die Fußbodenheizung zu kontrollieren, knallt er mit seinem Kopf volle Möhre gegen die Tischkante und reißt sich – getreu der güldenen Handwerkerregel: *Macht es peng, war der Tisch zu niedrig* – bei der Gelegenheit auch gleich noch seinen murmelgroßen Grützbeutel von der Rübe.

Nun habe ich so einige Erfahrungen mit Grützbeuteln: Mein Onkel hatte mal einen. Der wuchs jahrelang so auf seinem Kopf vor sich hin, bis ihn der Hautarzt unter örtlicher Betäubung wegschnipselte. Egal. Der hier also jetzt *ohne* Betäubung – worauf er beleidigt losblutete. Kann man ja auch verstehen. Ist ja auch irgendwie doof für den Grützbeutel.

Aber nun kommt's! Angelina Jolie würde in solchen Fällen natürlich sofort ihr Fünftausend-Euro-Dolce-&-Gabbana-Kleid in Streifen reißen und einen Druckverband basteln.

Mein erster Reflex ist: Hilfe, mein Holzfußboden! (Pssst! Aber nicht Angelina petzen!)

Aber damit noch nicht genug der Prüfung. Statt nach altbewährter Handwerkersitte alles stehen und liegen zu lassen und einen neuen

Termin für das Schaltjahr 2042 auszumachen, packt sich dieser Mensch hier bloß ein Cool Pad auf den blutenden Brummschädel und schraubt wieder los. (Um zu wissen, wo er gerade war im Haus, musste ich praktischerweise nur den roten Tröpfchen auf unserem Fußboden folgen.)

Da möchte man doch schreien: »Jetzt ist aber Schluss mit fleißig!« Oder besser: Kettensäge.

Und schließlich, kurz vor fünf, steht dann der Tischler, der die neue Bücherwand zusammenschrauben soll, vor mir: »Gucken Sie mal, Frau Kessler!« Erst sehe ich ein mikroskopisch kleines Häufchen Holzspäne, dann ein Löchlein. Als ich klopfe, kriecht etwas ungehalten eine Holzwespe aus ihrer nigelnagelneuen Eigentumswohnung.

Also, da hilft auch keine Kettensäge! Ich mein, wofür zahl ich Steuern?! Wo ist bitte die Bundeswehr?!

Kinder sind Trost im Alter.
Und ein Mittel,
es rascher zu erreichen.

Oder:

Welche Rasse ist der Kinderarzt?

Der Apfel fällt nicht weit vom Birnbaum, heißt es immer so schön. Insofern ist es nicht überraschend, wenn unser Sohn Caspar (6) diskutiert, bis wir alle Blumenkohlohren haben. Beziehungsweise: *Ich* habe Blumenkohlohren. Denn mein liebes Schatzi verdrückt sich ja jeden Morgen auf die Arbeit und überlässt es mir, mit seiner Gen-Hinterlassenschaft fertig zu werden.

Diesen Freitag zum Beispiel war Caspi beim Klavierspielen. Die Lehrerin, so wünschte er sich das, sollte seine Fehler zählen.

»Fein«, bilanzierte sie nach einem Durchgang Affen-Cha-Cha-Cha, »das waren zwei Fehler!«

»Okay«, stimmte Caspi zu und gab dann neue Instruktionen, »dann spiel ich das jetzt noch mal. Aber *den* Fehler hier darfst du nicht mitzählen.«

Am Ende der Stunde meinte die Lehrerin dann zu ihm: »Du musst jeden Tag dreimal drei Stücke üben!«

»Jaaaa....«, wägte Caspi langsam ab, ob er das jetzt gut finden sollte, »also Montag muss ich zum Hockey, und Dienstag habe ich Reiten, und Mittwoch, na ja, weiß ich nicht. Und abends muss ich noch in die Badewanne ...« Und, also, jedenfalls: Er hätte keine Zeit.

Abends dann am Abendbrottisch: Mein Schatzi gehört ja zu der Kategorie Mann, dem das Steak gar nicht verkokelt genug sein kann. Und Toastbrot mundet ihm erst, wenn es äußerlich und im Geschmack an Briketts erinnert. Früher dachte ich, dass sei die ausgeklügelte Küche seiner Bielefelder Kindheit. Heute bin ich mir sicher. Auch das ist DNA-mäßig in den Genen gespeichert.

Denn nun zu seinem Sohn Caspar: Leider, leider hatte ich verabsäumt, sein Leberwurstbrot vor dem Bestreichen mit Leberwurst doppelt zu toasten. Sodass sich Caspi – leider, leider – außerstande sah, dieses zu essen.

Während er muksch, Ellenbogen aufgesetzt – »Caspi, setz dich gerade hin! Ellenbogen vom Tisch!« – über seinem Leberwurstbrotteller hing, begann er, über die mangelhafte Sprachentwicklung seiner Babyschwester Lilly nachzusinnen. Diese, muss man nämlich wissen, nennt sich selber »Mimi«, ihr vierjähriger Bruder Kolja ist »Lule«. Yella ist »Della«. Nur Caspi, der ist gar nichts.

»Sie kann meinen Namen ja gar nicht aussprechen«, überlegte er laut, »weil: Sie weiß ja nicht, ob ich mit C oder mit K geschrieben werde!«

»So, Caspar, jetzt isst du aber dein Leberwurstbrot! Guck mal, die Kinder auf Haiti haben nichts zu essen, die müssen hungern.«

»Ja«, fand Caspi, »dann wollen wir ihnen auch nicht alles wegessen!«

Nun könnte ich mich vielleicht mit dem Gedanken aufmuntern, dass ich ja noch Kolja, meinen anderen Sohn,

habe. Aber auch hier scheinen sich Schatzis Blumenkohlgene pene-
trant auf der Chromosomen-Besetzungscouch breitgemacht zu haben.

»Du, Alex …«, meinte Kolja gestern zu unserer Babysitterin, »ich
muss noch mal Mama fragen, wann wir zu Dr. Schellermann können.«
Alex: »Wer ist das denn? Meinst du Dr. Schellenberg?«
Kolja: »Ach, ich weiß nicht genau. So ein Arzt halt. Und irgendeine
Rasse davon. Ich glaube: Zahnarzt!«

Heute Morgen nun brachte Omi Kiel unseren kleinen Sonnen-
schein in den Kindergarten. Dort angekommen, machte er natürlich
erst mal einen auf Bengel und schlug mit einem Stöckchen gegen
die Bäume. Eine andere Mama sah das und sagte: »Mach das bitte
nicht, Kolja, auch die Bäume haben eine Seele!«

Worauf Kolja charmant meinte: »Mein Papa hat zu Hause ein Gewehr. Damit schießt er euch alle tot!« Nun haben wir, ehrlich gesagt,
gar kein Gewehr, nur Kochlöffel.

Also, ganz klar, an der Wahl der verbalen Mittel muss er natürlich
noch feilen, aber eines zeigt sich an dieser Situation schon ganz
deutlich: In diesem Jungen steckt ein Frauenversteher.

Ganz der Papa eben.

Frauen sehen das,
was sie wollen.
Und Männer wollen das,
was sie sehen.

aus »Winnie-the-Pooh«

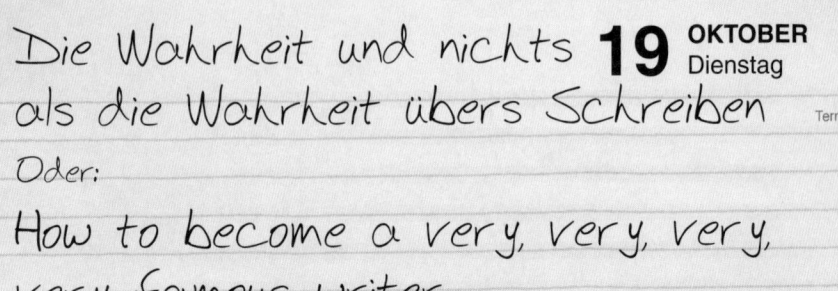

Die Wahrheit und nichts **19** OKTOBER
als die Wahrheit übers Schreiben Dienstag

Oder:

How to become a very, very, very,
very famous writer

Termine

8

9

10

11

12

Also, es geht mal so los:

Alles ist toll, alles läuft wunderprächtig in deinem Job als Wort-würgerin und Grammatik-Beuge. An jedem dritten Dienstag jedes zweiten Monats schreibselst du so ein bisschen was vor dich hin. Ansonsten: Easy-peasy-Nickerchen und Kaffee trinken.

Bis Mitte Oktober deine Lektorin anruft und dich überrascht mit der Erkenntnis, dass der Manuskript-Abgabetermin im Juli war. Du sagst dann aufgeregt, dass du schon fünfhunderttausend Zeichen ge-schrieben hast. Wenn nicht sogar, bereits, ähm, vierhunderttausend!

Wenn du den Hörer auflegst, addierst du im Kopf schnell: Wie viel Vorschuss haben die mir eigentlich schon auf mein Schwarzgeld-konto in Liechtenstein verschoben? Beziehungsweise. Wie viel von diesem Vorschuss ist in mörderscharfe, hochhackige Treter der Marke »Total sinnlos« geflossen?

Dann setzt das langsame Begreifen ein: Scheiße, aus DER Num-mer kommst du nicht mehr raus.

Es sei denn …!

Moment …!

Ja, genau! Deine Kinder essen die nächsten drei Monate Knäcke. Und wenn Gäste zu Besuch kommen, stellt die Hausfrau ganz dezent einen Hut mit auf den Tisch.

Im nächsten Schritt kommt die Eieruhr. Die drehst du auf hundert Stunden, erst danach willst du dir eine erste Pause gönnen. Du setzt dich an deinen Schreibtisch. Hier hast du den Bildschirm vorsorglich schon mit Post-its in verschiedenen stimulierenden Kreischfarben gepflastert:

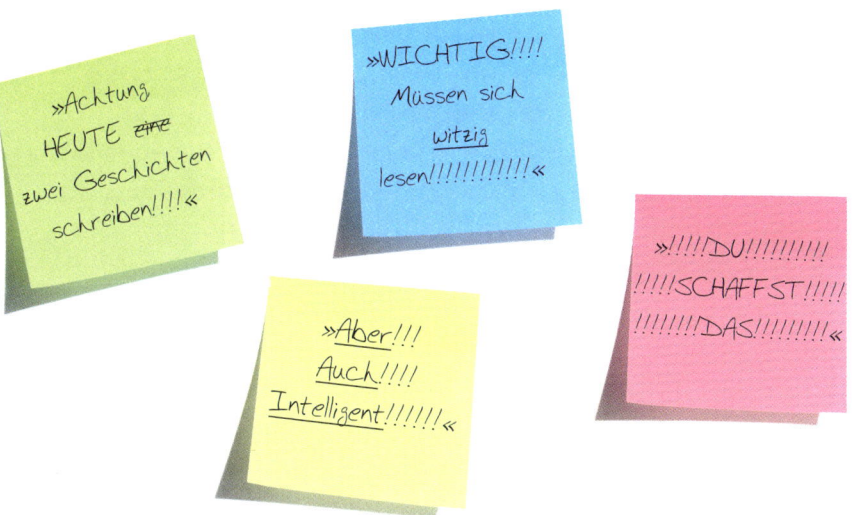

Nach fünf Minuten, in denen dir genau null Sätze eingefallen sind, stehst du auf und holst dir den ersten Becher Nescafé mit fünf gehäuften Esslöffeln Pulver auf einen Teelöffel Wasser.

So tickt die Zeit.

Bis zum späten Abend hast du doch schon zweieinhalb Sätze zu Papier gebracht. Wobei du weißt, dass mindestens zwei davon noch mal gründlich überarbeitet werden müssen.

Kurz vor Mitternacht kriechst du zerpflückt und zerrubbelt und mit den ersten Anflügen einer schweren Depression zu deinem Mann ins Bett, der just in diesem Moment von einer Ehefrau träumt, die ihn lockt: »Komm, Schatz, ich hab da noch eine Überraschung für dich!«

Du weißt übrigens, dass er das träumt, weil er's dir – Zufälle gibt's auch! – gerade ins Ohr geflüstert hat.

Drei Monate später – deine Lektorin ruft mittlerweile schon morgens, mittags, abends an; gerade eben hat sie am Telefon einen Nervenzusammenbruch gehabt – traust du dich das erste Mal, deine wie Ostereier über den Desktop versprengten Kolumnen zu einem langen Fließtext zusammenzukopieren. Vierundzwanzigeinhalb Texte à zweitausend Zeichen – du bist ganz überrascht, dass das nicht fünfhunderttausend Zeichen ergibt.

Du ziehst auch noch mal deinen Memory-Stick zu Rate. Der erinnert sich aber auch nur, dass du nichts auf ihm abgespeichert hast.

Jetzt hast du ein, man könnte es vielleicht so formulieren, klitzekleines Problemchen.

In der Verlagsprogrammankündigung, die leider schon vorletztes Jahr Mittwoch gedruckt wurde, wird dein neues Buch als großes tolles Werk angekündigt.

Nun überlegst du, ob Omi Kiel in Heimarbeit in den Prospekten »großes« nicht mit »kleines« überkleben könnte. Und, wenn sie schon mal dabei ist, »toll« durchstreicht und »anders« drüber schreibt. Würde dann heißen: »Das kleine andere neue Buch«.

Klingt doch gut!

Dein Verlagschef, dem du am Telefon deine brillante Idee vorstellen willst, befindet daraufhin charmant: Entweder du schreibst jetzt noch weitere zweiundzwanzig von deinen voll bescheuerten Texten. Oder er kommt mal persönlich vorbei und zieht dir die Muttern nach.

Nachdem dir derart die Augen geöffnet wurden, wie sehr man in deinem beschissenen Verlag gute Arbeit zu schätzen weiß, setzt du dich bockig wieder an deinen Schreibtisch. Sobald sich erste Spinnweben zwischen Fingern und Tastatur spannen sowie zwischen deinem Kopf und der Kaffeetasse, fällt dir auf: Hey! Schon vier Tage lang keinen einzigen Gedanken gedacht. Und duschen könnte ich auch mal wieder!

Jetzt krabbeln dir die ersten lästigen Zweifel am Hosenbein hoch.

Wobei: Zweifel kannst du nicht gebrauchen! Du bist ein Winner! An der Kasse von Karstadt erkennt man dich, wenn du dich mit Namen vorstellst und sagst, was du machst. Und die alte blinde Grundschulfreundin von Omi Kiel hat dir gerade vorvorletztes Jahr noch bestätigt, dass sie so gern deine Bücher liest.

Also! Hinsetzen! Weiterschreibseln!

Wobei! Was ist eigentlich mit dem Thema? Vielleicht will der Markt von morgen ja gar keine Schatzi-Kolumnen von heute, weswegen du dich ab gestern auch nicht mehr mit ihnen abplagen solltest. Reicht ja, wenn du das mit deinem Kerl machst!

Genau! Ein Fingerzeig!

Aber was dann?

Esoterik?

Ah oui! Wenn du so in dich hineinanalysierst und -horchst und -blinzelst, spürst du ganz doll: *Ja, ich war mal die Mätresse Ludwig des XIV./Krabbenpulerin auf Norderney/ein Fliegenpilz!*

Das dürfte doch locker zwei Bücher füllen!

Nur wenn dich dein Bildschirm mal für drei Sekunden nicht fragend anglotzt, schielst du heimlich und neidisch aufs aufgeschlagene Verlagsprogrammheft.

Respekt!

Das Teil erscheint in einer Auflage, dagegen bist du mit deiner Buchstabengrütze ein Autorenpups im Wind. Aber! Vielleicht ist das ja der Weg zum Bestseller: Schreibselabsichtserklärungen! Zack, eine Seite, was du alles Tolles machen willst! Zack, nächste Seite, was dir noch so alles Großartiges vorschwebt! Und wenn sich dann die groß angekündigte Reisebeschreibung: »Ich befahre mit einer Luftmatratze den Amazonas« zu einem »So erlebe ich meinen Besuch beim Teilchenbeschleuniger in der Schweiz« entwickelt? Ja mei! Wie der Türke sagt. Der gemeine Leser meckert sowieso immer.

Und dann!

Das Wunder!

Den Montagabend verbringst du mit Schatzi.

Außerdem warst du nachmittags schon auf einem Kindergeburtstag.

Und plötzlich sprudeln die Geschichten nur so aus dir raus. Drängeln und schubsen sich. Wollen erzählt und niedergeschrieben und gelesen werden. Eine Million Zeichen, locker mal runtergetippt zwischen dem ersten Löffel Frühstücksmüsli und der letzten Rosine, die du immer rauspulst, um sie in einen Kreis um die Kaffeetasse zu legen.

Dann gibt's eigentlich nur noch zwei, drei letzte kleine Hürden zu nehmen. Wenn man schreibt, ist nämlich der Anfang oft das Ende.

(Du denkst: Wow! Großartiger Satz! So doppeldeutig, Katja! Lob dich mal!)

Will übersetzt heißen: Die Einleitung wird erst zum Schluss geschrieben. Und sie muss sitzen wie das Kleid, in das sich Marilyn Monroe hat einnähen lassen!

Während du also drei weitere Jahre rumschraubst und tust und machst, verschlimmbessern dreiundzwanzig Ahnungslose, die sich Fachleute nennen, dein Manuskript, bis es sich liest wie Hera Lind auf Ecstasy.

Außerdem ist deine Lektorin ganz blass um die Nase, weil sie gerade mit der Taschenlampe auf Seite zwanzig ein »Hurenkind« aufgescheucht hat. Das ist ein Terminus Fachmännikus der schreibenden Zunft und meint: ein alleingelassener Satz, der ohne einen Kumpelsatz ganz oben am Anfang einer Seite einsam vor sich hin steht.

Und nun fürchtet sie natürlich zu Recht, dass das Hurenkind heimlich von der Seite krabbelt um auf Seite zweiundzwanzig seine Zelte aufzuschlagen. Oder vielleicht, noch schlimmer, versucht, in ihre Handtasche zu kriechen.

Und dann! Endlich! Darfst du auf Lesung gehen! Darfst dein Publikum sehen, hören und spüren. Und dich fragen: Was sind das eigentlich für komische Leute, die über deine Texte lachen? Sind die vielleicht, nun, krank? Oder ein bisschen, ähm, gestört?

Allerdings: Nur zwei Sekunden nach Beginn der Veranstaltung fangen deine beiden Söhne – zu der Zeit drei und fünf Jahre alt; du hast sie in einem grandiosen Anfall von Stolz und Wahnwitz mitgenommen – vorne links in Reihe eins an, sich lauthals zu streiten und an den Klamotten zu reißen.

Außerdem fordert dein Älterer: »Manno, Mama! Du wolltest doch die *Kotzbrocken*-Geschichte vorlesen!«, wo du doch gerade auf dem besten Weg warst, deinem Publikum weiszumachen: Ja, du kannst auch gefühlvoll!

Und der letzte Nagel in deinem Sarg ist dann mal wieder und wie immer: dein Schatzi.

Der FotoSeweis !!!
Wie Schatzi meine
ArSeit mit Füßen
tritt !!!

Dem hast du nämlich von dem Rest deiner sauer verdienten Kröten eine alte schrabbelige Vespa-Gurke zum Geburtstag gekauft. Jetzt nölt er, weil er findet, du hättest mit dem Ding auch gleich noch bis zum TÜV weiterfahren können.

Undank ist der Welt Lohn! Echt!

Und wenn ich jetzt mal so in mich reinhorche: Nein, nicht Mätresse in Frankreich, Krabbenpulerin auf Norderney, Fliegenpilz im Wald.

Ich war Aguaruna in Peru!

Eine sympathische Indianerclique mit interessantem Hobby: Dem Gegner wurde die Rübe abgetrennt. Diese kochte man eine Runde, füllte dann nach Hausfrauen-Römertopf-Art heiße Steine, Sand und Asche ein. Auf dass alles zischend zusammenschrumpfte. Anschließend gestaltete man die Gesichtszüge nach. Und um zu verhindern, dass jemals noch irgendein Blech den Mund verließ, wurde dieser im Halloween-Zickzack-Stich zugenäht.

Also, Schatzi! Wenn wir uns auf *dieses* Schrumpfkopf-Design einigen könnten, dann würde ich dir wahnsinnig gern zeigen, wie schön es sein kann, Vespa zu fahren. Während einen die Ehefrau, der man dieses süße Geschenk verdankt, in den Arm nimmt.

Danke kannste dann ja leider nicht mehr sagen. Mund ist ja zu. Aber macht nix.

Ich spür das!

Hässliche Frauen
wissen mehr über Männer
als hübsche.

Katharine Hepburn

Katjas Rocky-Horror-
Picture-Show

Oder:

Vom Pech, sich selbst angucken
zu müssen

23 OKTOBER
Samstag

Termine

8

9

10

11

12

Von Berufs wegen muss ich ja manchmal Filme oder Bilder von mir anschauen. Ob Sie's glauben oder nicht: Das ist immer Höchststrafe für mich.

Heute zum Beispiel musste ich ein Video begutachten, in dem ich über mein Mami-Buch sprach. Die Interviewerin und ich klangen, als ob wir uns in einer Konservenbüchse getroffen hätten, irgendwie sehr hohl und sehr weit weg. Außerdem lispelten wir beide.

Ja, es habe Ton-Probleme gegeben, wurde mir erklärt. Aber das könne man natürlich noch alles hübsch machen.

Nun bin ich grundsätzlich gewillt, immer und überall an ein Happy End zu glauben, allerdings wäre in diesem Falle wohl die einzige Lösung gewesen, mich mit der Stimme von Jodie Foster nachzusynchronisieren und von dreißig Minuten Netto-Sendezeit neunundzwanzig wegzuschneiden.

Auch das Setting war gewöhnungsbedürftig: Die Fragerin und ich saßen auf Holzstühlchen nebeneinander wie zwei Hühner auf der

Stange, zwischen uns auf einem Regal eine Lampe, die in guter alter Teekesselchen-Manier zwei Sachen sein konnte: Pilz oder Pimmel.

Wann immer ich gefragt wurde, zum Beispiel: »Frau Kessler, was trägt man denn so in der Schwangerschaft?«, sah ich mich weise nicken und hörte mich Bahnbrechendes antworten: »Also, sehr empfehlenswert sind weite T-Shirts.« Dazu ploppte zeitgleich am Bildrand ein Kasten auf, unter TV-Fachleuchten »Insert« genannt, in dem das Gesagte noch mal zum Nachlesen stand: *Sehr empfehlenswert: weite T-Shirts!*

Abwechselnd erschien noch ein zweites Insert, aus dem man erfuhr: *Katja Kessler, Mama von vieren.* Was meine Kompetenz oder meine Demenz erklärte, je nachdem, wie man das jetzt betrachten will.

Nun hatte ich hier Gott sei Dank noch die Möglichkeit, mich vor eine Veröffentlichung zu werfen. Meist ist das aber nicht der Fall.

Mein offizielles Wikipedia-Foto zum Beispiel zeigt mich seit geraumer Zeit als behämmerten Weihnachtsengel. Leider fehlt die Bild-Unterschrift »*behämmerter Weihnachtsengel*«. Wahrscheinlich sind die Wikipedia-Redakteure noch nicht mal darüber gestolpert, dass ich Flügel auf dem Rücken habe, Glitzer im Gesicht und ein Diadem im Haar. Wahrscheinlich haben sie nur gedacht: *Die Kessler, wie wir sie kennen!*

Und gut erinnere ich mich auch noch an die Situation, als ich vor Jahren mit Schatzi im Urlaub auf Mallorca war. Die dortige deutsche Zeitung machte ein Interview mit ihm und fand es eine super Idee, wenn ich, die Ehefrau, als Salatbeilage mit auf dem Foto wäre. Ich sagte siebenmal Nein und beim achten Mal doch Ja. Die Fotografin, die sonst wahrscheinlich Auffahrunfälle auf der A 7 fotografierte, drückte – *zack! zack!* – dreimal auf die Digikamera. Und am nächsten Tag durfte ich bewundern, was andere, weniger tapfere Frauen wahrscheinlich in den Suizid getrieben hätte. Schatzi, der erfolgreiche Chefredakteur, der offensichtlich seine welke Großtante im Arm hielt. Oder wie mein Bruder Leus es gefühlvoll formulierte: »Käti, wenn du mit der Visage in den Bus steigst, macht man dir sofort einen Platz frei.«

Aber zurück zum Video: auf ein Neues! Wir haben gerade beschlossen, wir werden den Dreh in Köln wiederholen. Ich werde mich zwingen, kurze Fragen, zum Beispiel nach meinem Alter, unter zehn Minuten zu beantworten. Das ist nämlich auch so ein Punkt: Ich labere zu viel. Und vielleicht haben sie ja auch noch irgendwo in der Maske einen neuen Kopf, den sie nicht mehr brauchen.

Katja Kessler

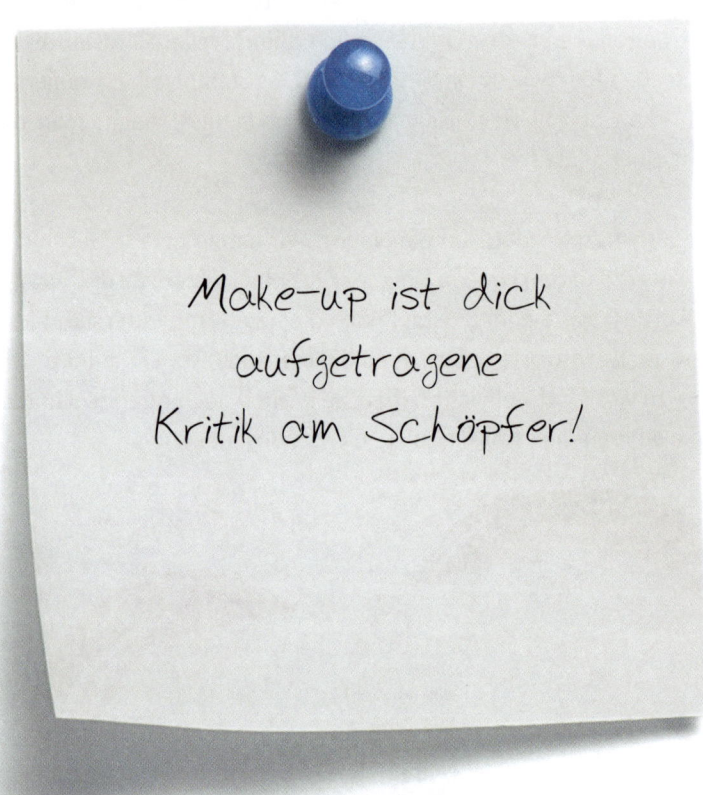

Esoterik leicht gemacht!
Heute:
Wir basteln uns einen Energiekanal

<u>Ansicht vorne</u>   <u>Ansicht Seite</u>

Das brauchst du:

 +  +  +  +

Schere   Glitzer-Tüdelüt   Rüschen   Salami   Klebe

Fertig!

Modell »Susi«   Modell »Heiner«

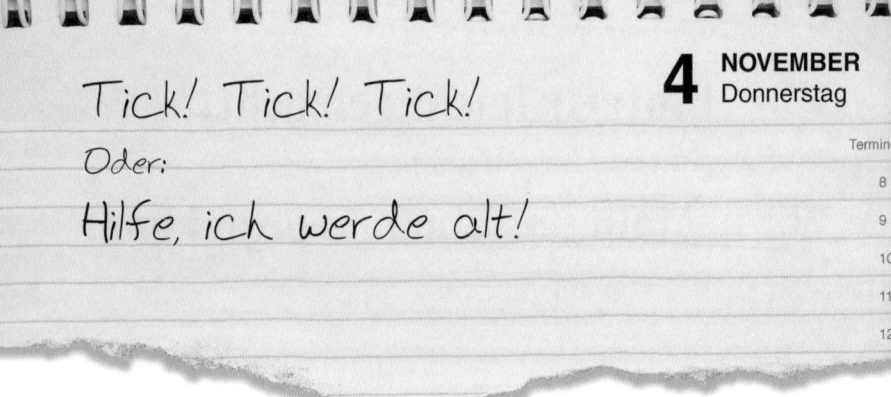

Tick! Tick! Tick!

Oder:

Hilfe, ich werde alt!

Als Frau brauchst du keinen Pass, um zu merken: Du bist auf dem besten Weg zur alten Schachtel. Noch ein, zwei verzweifelte Abstecher in den Kosmetiksalon und ein Notstopp im Schuhgeschäft. Und dann wartet auch schon der Sarg.

Ich hielt mal, ist nicht lange her, einen Vortrag in der Grundschulklasse meiner Tochter übers Zähneputzen. »Früher«, erklärte ich, »als ich klein war, da wurde noch nicht so auf Zähne geachtet.« Woraufhin ein Zweitklässler meinte: »War das im Krieg?«

Bestelle ich im Internet, wollen die auch immer mein Geburtsjahr wissen. Diskriminierend! Ich muss dann an so einer Art Zahlenrädchen drehen, das umbarmherzig mit 1992 startet. Und erst nach langem, langem Scrollen, du denkst: »Haben die mich überhaupt noch im Programm?«, schiebt sich eine bröckelnde, verwitterte »1969« ins Fenster.

Das Witzige ist, oder eben auch *Nicht*-Witzige: Gerade eben war ich doch noch jung!

Ich schwör's!

Wie konnte das bloß passieren?

Dass ich hinter meinem eigenen Rücken alt geworden bin?! Ohne was zu merken!

Neulich, erst zehn Jahre her oder vielleicht auch dreißig, ging ich doch noch in die Disco! Kam ich an einem fetzigen Klamottenladen oder einer coolen Bar vorbei, ging ich wie selbstverständlich davon aus: Das ist hier für Leute wie mich. Und heute? Spähe ich erst mal unauffällig durchs Schaufenster, ob da lauter so Typen drinstehen mit hängenden Jeans und queren Taschen und Bierflasche vor der Brust. Und traue ich mich dann doch hinein, werde ich garantiert gefragt, ob ich meine Tochter abholen will.

Unser guter Stephan meinte kürzlich:»Ich weiß noch, früher gab's doch immer diese Familienfeiern, wo der merkwürdige alte Onkel Kurt saß, und wir Kinder standen kichernd drum rum und meinten: *Ey, guck mal der!* Und jetzt merke ich: Die Kinder kommen zu mir und stupsen sich mit den Ellenbogen an.«

Aber nicht nur körperlich wirst du als Frau heimlich älter. Auch deine Träume, Wünsche, Einschätzungen und die Geduld mit dir selbst steigen in die Zeitmaschine, ohne dass du es ihnen erlaubt hättest:

Früher sah ich auf einem Zaun einen Habicht hocken. Vielleicht war es auch ein Adler oder Strauß, auf jeden Fall: Vogel. Heute denke ich: Hast du's immer noch nicht gelernt, Katja? Um Details habe ich mich nie gekümmert. Details sind für morgen. Wenn man älter ist und Zeit hat. Nun ist heute morgen. Und weder habe ich mehr Ahnung noch mehr Zeit.

Ich weiß auch noch: Als Studentin in meiner Dreißig-Quadratmeter-drei-Zimmer-Schuhschachtel-Wohnung träumte ich vom Tausend-Quadratmeter-Penthouse-Hangar-Loft, Küche, Wohnen, Schlafzimmer, alles nahtlos ineinander übergehend.

Heute verstehe ich, warum die Architekten Wände erfunden haben. Es ist nämlich manchmal ganz nett, wenn da ein klitzekleines

bisschen Ziegelstein ist zwischen dir und deinem brüllenden Klein-
kind. Und groß ist auch nicht immer nur toll. Wenn du täglich
Fruchtzwerge und festgetretene Babybel-Rinden vom Fußboden
putzen musst, reichen dir durchaus auch hundert Quadratmeter.
Ich erwische mich sogar, dass ich manchmal von Gummiwänden
träume wie in der Psychiatrie. Nicht wegen der Kids. Damit ihre
Mutter ab und an den Kopf da mal gegenhauen kann.

Und dann!

Gehe ich mit Schatzi über irgendwelche roten Teppiche, werde ich
neuerdings gern auch mal gefragt, was ich glaube, bis wann Frauen
kurze Kleider anziehen dürften. Hallo? Bin ich da jetzt Fachfrau?

Ich nehme das aber nicht persönlich! Was der Laie nämlich nicht
weiß: Auf dem roten Teppich wird man allen möglichen Scheiß gefragt, aber nie was zum Event. Die TV-Journalisten-Branche nennt
das »O-Ton-Fischen«. Motto: Irgendwann in dreißig Jahren stirbt
jetzt bestimmt mal Jopie Heesters. Und dann hat man gestern
schon mal Sonya Kraus gefragt, wie sie das morgen findet.

Außerdem und Gott sei Dank: I am not alone! Sagt sich wahrscheinlich auch der Beinamputierte, wenn er den Einäugigen trifft.

Meine Bekannte wurde neulich nach dem
Kindergeburtstag von ihrer sechsjährigen
Tochter aufgefordert: »Mami, sag bitte zu
meinen Freundinnen nicht *tschüss*. Das ist
was für junge Leute.«

Gestern war ich auf einer Party. Da wurde eine langjährige Freundin von mir von
einer Hamburger Bestseller-Autorin an-
gesprochen.

Heute Morgen bekam ich dann diese
SMS:

29.11.2010 10:53
Liebe katja war schoen
euch zu sehen aber wer
war diese frau die wohl
grade ein baby
bekommen hat ███
███ mit ketten um
den hals und kurzen
schwarzen haaren sie
fragte mich wie es ist
bei aelteren damen wie
mich wenn man mit sex
nichts mehr am hut hat
usw... Tanzte kurz mit
dir wenn du zeit hast
ruf mich an bussi vicky

In diesem Sinne habe ich mich mal an eine minikleine Alters-Checkliste gesetzt. Woran auch Sie merken, dass es jetzt in großen Schritten bei Ihnen dem Ende zugeht.

1 Im Taxi steigst du selbstverständlich immer hinten ein.   1 Punkt

2 Du schämst dich auch kein bisschen mehr dafür.   gleich noch

5 Punkte obendrauf!

3 Du lässt nicht mehr den Wasserhahn laufen,
wenn du irgendwo auf der Gästetoilette bist.   10 Punkte

4 Die Kerle schauen dir beim Sprechen tatsächlich
ins Gesicht und nicht mehr in den Ausschnitt.
Und sie hören sogar zu.   20 Punkte

5 Du vergisst Namen.   30 Punkte

6 Du vergisst, die Hose zuzumachen.   50 Punkte

7 Du vergisst, die Hose aufzumachen.   99 Punkte

8 Du brauchst ein Hörgerät und ein Gebiss,
um zu fragen, wo deine Gehhilfe ist.   Beerdigungsgutschein

Also, in diesem Sinne: Machen Sie's gut! In Ihrem Grab und auch danach!

Oder! Wie man so sagt in Schatzis ostwestfälischer Geburtsstadt: »Sehen wir uns nicht in dieser Welt, sehen wir uns in Bielefeld!«

Frauen nähern sich
immer den 40 –
erst von der einen,
dann von der anderen Seite.

Billy Wilder

17 Gründe, warum Älterwerden super ist!

1 Weil du gelernt hast, dass Schampus zu jeder Tageszeit schmeckt.

2 Weil du weißt, wann es besser ist, nicht auf die Waage zu steigen.

3 Weil du kein Problem mehr damit hast, »Stopp!« zu rufen, wenn der Kerl, der dich küsst, keine Zunge hat. Sondern einen elektrischen Rührbesen.

4 Weil du vom Wild zum Jäger wirst. Aber den Typ denken lässt, er sei der Fuchs und du das Häschen.

5 Weil du gelernt hast, dass eine helle Lampe direkt über deinem Kopf nicht dein Freund ist.

6 Weil du einfach nie wieder so bescheuert und albern sein willst wie mit zwanzig.

7 Weil du in den Stimmbruch kommst: Du wechselst erfolgreich von Ja zu Nein.

8 Weil du an deinem Spiegel einen Zettel hast: »Sei eine gute Haushälterin! Behalte nach der Scheidung das Haus!«

9   Weil du weißt, dass die allerschönste Zeit mit deinen Kindern manchmal die ist, in der sie schlafen.

10   Weil du die großartige Wirkung von Hämorrhoidensalbe auf geschwollenen Tränensäcken kennst.

11   Weil du aufhörst, Sport zu machen, und anfängst, Sex zu haben.

12   Weil du keine Bücher mehr brauchst, die dir irgendeinen rosaroten Quatsch übers Leben erzählen. Deine Lektion hast du gelernt: Du musst doppelt so gut sein wie ein Mann, um nur halb so schnell voranzukommen.

13   Weil du keinen Bad-Hair-Day hast, sondern ein Bad-Hair-Life. Aber die Frauen mit hübschen Frisuren auch blöde Typen abbekommen.

14   Weil du gelernt hast: Das Leben ist keine Generalprobe.

15   Weil du sagen kannst: Nach dem ersten Lover ging's nur noch bergauf im Bett.

16   Weil du deinen Hafen gefunden hast.

17   Weil du deinen Hafen noch nicht gefunden hast. Aber Finden manchmal viel netter ist als Haben.

Warum bekommt der Mensch
die Jugend in einem Alter,
in dem er nichts davon hat?

George Bernard Shaw

Nudeln mit Parmesahne

Oder:

Wer ist hier der Chef?

Vor zweieinhalb Jahren brachte der Klapperstorch Baby Lilly – mein vierter Windelpupser in sieben Jahren.

Glauben Sie mir, ich bin genauso erstaunt wie Sie! Und wenn ich bei infernalischem Lärm im Auto sitze und mich die ganzen Knopf-augen aus dem Rückspiegel anschauen, denke ich: Alien-Landung?! Das können unmöglich alles deine Kinder sein, Katja!! Außerdem: Warum hängt da schon wieder Rotz an der Nase? Aber meist bin ich weniger mit Denken, sondern eher mit Schreien und Brüllen be-schäftigt: »Ich zähle bis drei, und dann ist Ruhe hier!«

Ich weiß auch, dass viele Frauen die Vorstellung, sechsunddreißig Monate schwanger zu sein und davon mindestens die Hälfte wie ein Walross auszusehen, so attraktiv finden, dass sie wahrscheinlich oben eine Pille einwerfen. Und anderswo noch einen Korken rein-stöpseln.

Manchmal stelle ich mir vor, ich wäre als Anfang-Dreißigjährige in eine Zeitmaschine gestiegen, um die Jetzt-Katja zu besuchen. Der Oberhorror!

Also auf jeden Fall hätte ich mich sehr über mein Auto gewundert. Einen fetten, plumpen Viehtransporter, durch den – den Fußspuren nach zu urteilen, die sich über Sitzpolster, Kopfstützen und Rückenlehnen ziehen – täglich eine staubige Büffelherde getrieben wird. Eine Büffelherde, die Bananenreste ausspuckt, Maoam-Papier fallen lässt und Zwieback nicht isst, sondern zu kosmisch feinem Staub gebröselt lieber in alle Sitzritzen drückt.

Ich hätte mich auch über die vielen bequemen Praktischtreter in meinem Schuhschrank gewundert, über das ganze gesunde Zeugs im Kühlschrank und die Höhlenmalereien an den Wänden.

Aber am meisten hätte ich mich über mich gewundert. Denn manchmal leuchtet mir das Glück aus dem Herzen, als hätte ich da eine Glühbirne. Wenn ich das Haus verlassen will und Lilly mit Daisy-Duck-Piepsstimme ruft: »Baby mit auch!« Wenn Kolja beim Italiener aufgeregt bestellt: »Ich will Nudeln mit Parmesahne und eine Elefanta!« Und Caspis Stirn von Sorgenfalten gefurcht ist, wenn er den Eisbrecher auf der zugefrorenen Havel sieht: »Du, Mama, kannst du dem Kapitän Bescheid sagen, damit er meine Lieblingsbadestelle nicht vergisst?« Und Yelli ihr erstes selbst gemaltes *Erwachsene draußen bleiben!* - Schild an die Zimmertür pinnt.

Ich weiß, ich klinge ein bisschen verstrahlt, aber das Beste, was mir im Leben passieren konnte, das sind meine Kinder.

Und, ähm, Schatzi natürlich!

NÖTIGUNG!!!!
DAS WOLLTE SCHATZI, DASS ICH DAS HIER SCHREIBE

PS: Habe gerade eine Mail von Peggy, meiner Bekannten, bekommen. Erkenntnis: Kinder machen das Leben schön – aber leider nicht dich selbst.

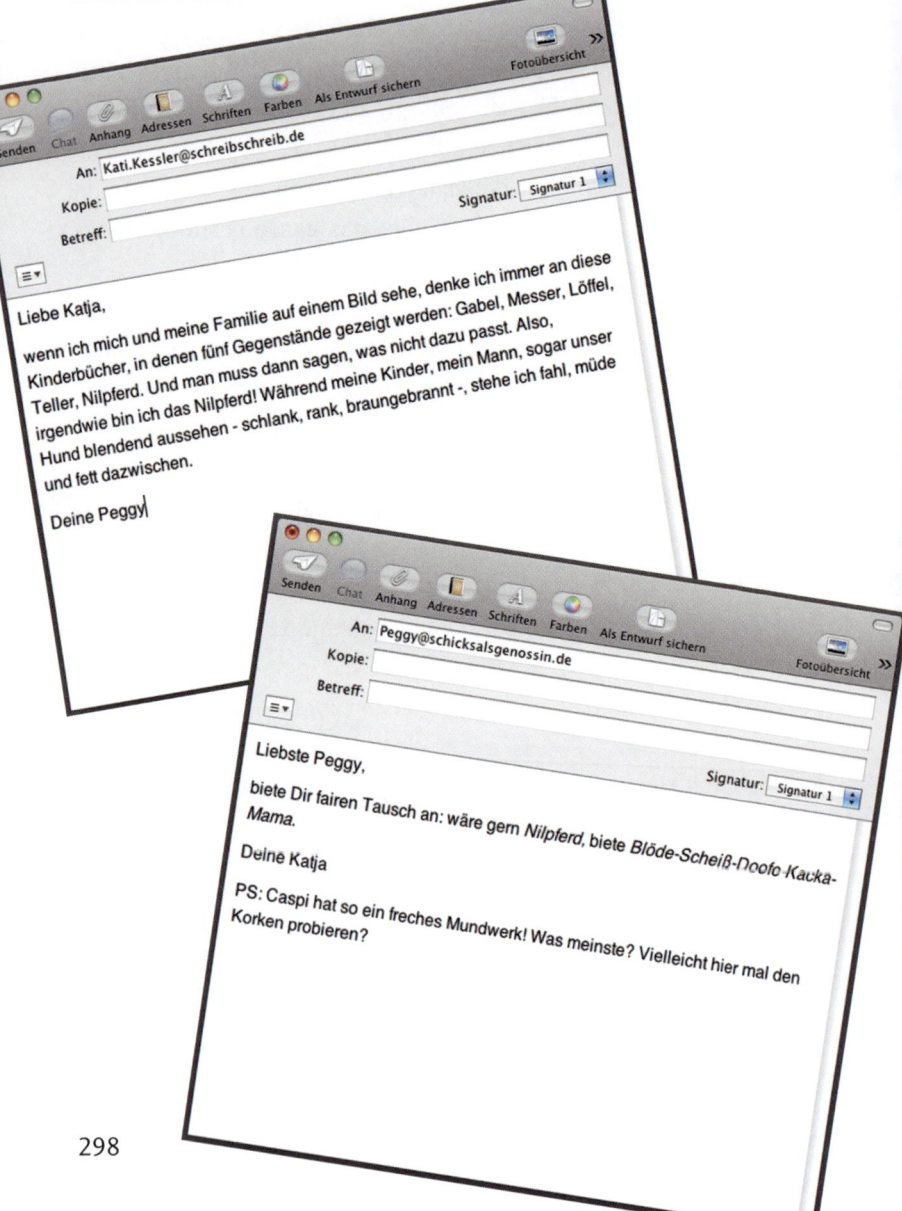

An: Kati.Kessler@schreibschreib.de
Kopie:
Betreff:

Liebe Katja,

wenn ich mich und meine Familie auf einem Bild sehe, denke ich immer an diese Kinderbücher, in denen fünf Gegenstände gezeigt werden: Gabel, Messer, Löffel, Teller, Nilpferd. Und man muss dann sagen, was nicht dazu passt. Also, irgendwie bin ich das Nilpferd! Während meine Kinder, mein Mann, sogar unser Hund blendend aussehen - schlank, rank, braungebrannt -, stehe ich fahl, müde und fett dazwischen.

Deine Peggy

An: Peggy@schicksalsgenossin.de
Kopie:
Betreff:

Liebste Peggy,

biete Dir fairen Tausch an: wäre gern Nilpferd, biete Blöde-Scheiß-Doofe-Kacka-Mama.

Deine Katja

PS: Caspi hat so ein freches Mundwerk! Was meinste? Vielleicht hier mal den Korken probieren?

298

Frauen sind erstaunt,
was Männer alles vergessen.
Männer sind erstaunt,
woran Frauen sich erinnern.

Peter Bamm

Lederhäutige Knacker in Badehose
Oder:
Jetzt mach ich Sport!

Im Sommer war ich bei einem Konzert von Madonna. Das war etwas schwierig. Denn ich Schaf hatte beim Wort »Konzert« natürlich angenommen: Sie *singt*. Stattdessen durfte ich ihr für achtzig Euro Eintrittsgeld bei einer Art Fitness-Power-Deluxe-Workout mit musikalischer Rums-Bums-Untermalung zugucken: Liegestütz mit einem Arm und Spagat im Handstand waren noch die vergleichsweise einfachen Übungen. Dabei immer voll im Blickpunkt: Madonnas Boller-Bizepse und ihre Beinsehnen dick wie Ankertrossen.

Spätestens als sie auch noch mit propellermäßiger Geschwindigkeit Seil springt und dazu »Like a virgin« singt, habe auch ich Blinde in der letzten Reihe die Message begriffen: *Katja, du bist eine fette, unsportliche Kuh. Was machen da bitte dieser Bierbecher und diese angefressene Käsebrezel in deinen Händen?*

Überhaupt: Immer wenn ich Fotos von amerikanischen Schauspielerinnen in todschicken knackengen Yoga- und Pilates-Outfits sehe, wie sie mit Wasserflasche unterm Arm verschwitzt ein Fitnessstudio verlassen, der Blick verklärt, als hätten sie gerade einen Porno geguckt, denke ich: Da läuft was falsch in meinem Leben. Auch ich möchte nach Schweiß riechen, Endorphine ausschütten und glücklich sein!

Ich finde, da habe ich ein Anrecht drauf.

Aber kann es sein, dass mein Körper seine Glückshormone vor mir versteckt? Dass sich meine Hypophyse weigert, mein Blut ein bisschen zu dopen? Dass in meinen Adern nur eine dünne kraftlose Suppe ohne Oktan und Öchsle fließt, sobald ich mich körperlicher Ertüchtigung hingebe?

Jedenfalls: So lange ich zurückdenken kann, hat mich Sport verschreckt. In der Schule versteckte ich mich mit meiner Freundin Anne immer im Geräteraum, bei den Bundesjugendspielen hinderte mich ein stets am Abend vorher aufflammender Schnupfen an der Teilnahme.

Einmal die Woche schleppe ich mich nun selbst, ich bin ja jetzt einundvierzig geworden, langsam wird's eng, zum Joggen in den Wald. Das ist schon ein enormer Fortschritt, nachdem ich die letzten Jahrzehnte mit dem Gedanken zugebracht habe, ich müsste eigentlich joggen. Während ich so keuchend den Weg runtertrample, warte ich auf den viel besungenen sportlichen Orgasmus. Werde ich Sternchen sehen? Wird es überall zucken?

Zwanzig Minuten später bin ich spätestens wieder zurück. Keine Sternchen, kein Zucken, nur Seitenstechen. Trotzdem habe ich gute Laune. Ich habe mir nämlich den ganzen Rückweg über ausgemalt, wie ich gleich einen Latte macchiato mit extra Latte und ein Mettwurstbrötchen in mich reinschieben werde.

Hey, das ist dann *mein* sportlicher G-Punkt!

PS: Heute Nachmittag dann der Abtörner: Ich hole unsere Tochter Yella mit dem Auto von der Schule ab – und sehe, wie so ein alter lederhäutiger Knacker nur mit Badehose bekleidet an der Straße entlangjoggt. Vielleicht sollte ich noch erwähnen, dass überall Schnee lag und das Autothermometer minus 5,5 Grad anzeigte. Aber man kann froh sein: Wenigstens hatte er eine Mütze auf.

Wer einer Frau
den Kopf verdreht,
darf die Frisur
nicht zerstören.

Hans Söhnker

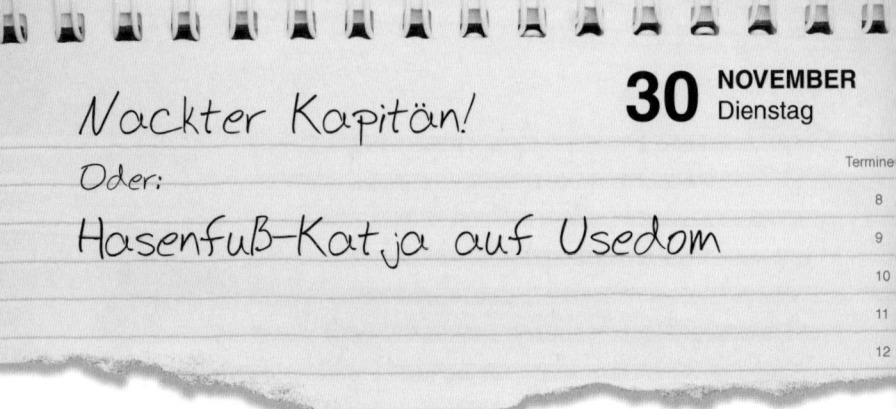

Nackter Kapitän!

Oder:

Hasenfuß-Katja auf Usedom

Ich bin ja ein zäher Knochen. Wenn's drauf ankommt.

Ich kaufe mir zum Beispiel immer wild entschlossen Klamotten, die einen Tick zu klein sind und einen Tick zu teuer. Dafür ziehe ich gerne einen Abend lang den Bauch ein. Und verstecke die Kreditkartenabrechnungen vor Schatzi. Bei Schuhen wiederum habe ich eigentlich Größe 39, aber mit ein bisschen Zähnezusammenbeißen meistere ich auch eine 37 oder 41. Eiserne Frauenregel: Den Schuh deiner Träume gibt's grundsätzlich nur *irgendwie* oder *ausverkauft.*

Wir Frauen unterscheiden uns da komplett von den Männern: Die fangen ja schon zu jammern an, wenn es den Todd aus extra weichem Rindervorhautleder nicht in ihrer angestammten Spezialzwischengröße 42 ⅞ gibt und, Frechheit, nur eine 43 im Regal steht: »Geht nicht! Drückt!« Dazu ein schmerzverzerrtes Gesicht wie bei den Oberammergauer Passionsspielen.

Und wenn der Anzug nicht passt, ist natürlich nicht der Bauch schuld, sondern stets das Jackett. Immer diese überkandidelten Schnitte aus Italien! Und die eigenen Beine sind auch nie zu kurz – es liegt an der Hose, die ist einfach zu lang.

Beim Fernsehen allerdings wendet sich dann schon das Blatt. Da sitzt mein Schatzi da und schaut voller Behagen irgendeinen grob zusammengehauenen Mist: Riesenameisen aus dem All und eine blonde kreischende Forscher-Trulla, die neunzig Minuten lang gerettet werden muss.

Ich schaffe mit viel Glück eine Minute, bevor ich in die Badewanne gehe oder zur *Bunte* greife. Es sei denn, das Ganze wird frauenfreundlich ohne Bild und Ton ausgestrahlt. Ich kann so was nicht sehen! Auch »Aktenzeichen XY« gucke ich immer ganz tief in meinen Sessel geduckt, wenn Kuno, der Tiefkühltruhenkiller, Oma Erna mit seinem Schlachtermesser im Keller den Scheitel nachzieht.

Die Bilder gehen mir dann immer noch lange nach. Was das angeht, bin ich ein totales Weichei.

Im Spätsommer war ich auf Usedom und versuchte mich in einem Wald am Joggen. Plötzlich fuhr ein Auto ganz langsam hinter mir her. Ich sah schon vor meinem inneren Auge den Aufkleber auf dem Heckfenster: »Achtung, Mörder!«

Sofort schlug ich einen Haken und verpisste mich nach rechts in die Brombeerbüsche. Hier verlor ich nach genau zwei Minuten zwanzig die Orientierung. Eine großartige Leistung, auf die ich sehr stolz bin. Normalerweise passiert mir das nämlich immer schon nach exakt dreißig Sekunden. Gern auch im Auto und mit eingeschaltetem Navi. Wobei nicht *ich* mich verfahre! Eher ist es so, dass sich immer die Straßen und Plätze aus dem Staub machen und nichts da ist, wo es eigentlich sein sollte.

So landete ich an einer Eisenbahntrasse. Das passiert Angelina Jolie oder Jennifer Aniston übrigens auch regelmäßig in ihren Filmen, die sehen dabei aber immer super aus. Sie verlaufen sich tendenziell allerdings auch eher an der Côte d'Azur, weniger zwischen Bansin und Schmollensee. Ich auf jeden Fall hatte Mückenstiche überall und Brombeerbuschkratzer ohne Ende. Und eine Scheißlaune.

Das erste menschliche Wesen, dem ich nach einer halben Stunde Einsamkeit begegnete – eine Blaubeeren-Verkäuferin am Straßenrand –, war willens zu helfen. Hatte aber kein Handy.

Der dicke Autobahnmeister, den ich als Nächsten ansprach, hatte ein Handy, dafür aber keinen Bock: »Nee, nee! Dann ruf ich 'nen Taxi. Und dann sind Sie weg!« Willkommen in Zentral-Europa.

Und mein dritter Versuch – eine wartende Frau auf einem gottverlassenen S-Bahnsteig – scheiterte ebenfalls. Die hatte zwar ein Handy. UND Lust. UND sogar die Nummer vom Taxiruf im Kopf! Nur leider, leider, Murphy's Law, keinen Empfang.

Ich beschloss, dass ich ab sofort ein Notfall bin, und steuerte die orangefarbene SOS-Säule am Straßenrand an. Da hatte allerdings schon irgendein Idiot vor mir den verkackten Hörer abgerissen.

Und alles nur, weil ich so ein Schisser und Hasenfuß bin! Da stand ich da in meinen blöden kurzen Stadt-Trulla-Jogginghosen, verschwitzt und eklig. Und erntete dafür auch noch blödes Gehupe von den vorbeidonnernden Brummifahrern.

»Fahren Sie doch per Anhalter!«, schlug die Dame von der S-Bahnhaltestelle hilfsbereit vor. Hey, hallo! Noch nie was von Kuno gehört? Als ich zögerte – »Meinen Sie?« –, überlegte sie: »Ja, aber vielleicht sollten Sie nicht in einen Privatwagen steigen. Besser in so was Offizielles von einer Firma!« Dabei zeigte sie allen Ernstes auf einen gerade vorbeifahrenden, völlig öddelig aussehenden Fisch-Lieferwagen.

Wo war ich hier bloß gelandet?

Ich fuhr tatsächlich das erste Mal in meinem Leben per Anhalter. Mit klopfendem Herzen, einer nett aussehenden Familie und ihren zwei Kindern.

Ich musste noch ein zweites Mal ganz tapfer sein: am nächsten Tag bei einer Bootstour auf dem Achterwasser. Da zog sich der Kapitän einfach mal nackig aus und sprang ins Wasser. Anschließend machte er, weil's so schön war, im Adamskostüm noch einen Handstand auf dem Kajütendach.

Und die Moral der Geschicht?

1. Usedom härtet ab! Und wie.

2. In Zukunft werde ich nicht nur die Kreditkartenabrechnungen vor Schatzi verstecken müssen, sondern auch diese Beichte. Nach dem Lesen würde er mich nämlich unverzüglich übers Knie legen, so unverantwortlich fände er mein Treiben.

Und 3. Ja, ich weiß jetzt, ich bin bereit. In Zukunft schaffe ich auch eine 36 oder 42!

Im Leben jeder Frau
gibt es zwei Männer:
Den, den sie geheiratet hat,
und den, den sie
nicht geheiratet hat.

Oder:

Nett war's!

Das Jahr geht zu Ende. Schaue ich über meinen Schreibtisch hinweg nach draußen (ja, ich hab ein Büro mit Fenstern!), denke ich: Mensch, war doch gerade erst Dezember. Und nun, zack, schon wieder einer. Ich komme ins Grübeln. Meine Tochter Lilly erlebt jetzt den dritten Winter ihres Lebens, ich meinen zwanzigsten. Äh, Moment. Muss noch mal nachrechnen.

Meine fünf Tanten im Rheinland pflegten um diese Zeit immer Jahresbriefe zu schreiben. Motto: *Uns geht's gut. Wir waren wandern, und viel gebacken haben wir auch!* Da würde mein Brief recht dünn ausfallen.

Ich könnte zum Beispiel mal den Bauordner aus dem Regal ziehen. Vor zwölf Monaten sind wir in unser neues Haus gezogen. Seitdem schlurft noch mindestens einmal pro Woche Herr Möller, mein Lieblingselektriker, mit seinen Schmutzverhüterli-Schuhüberziehern à la CSI Miami durch die Wohnung und schraubt an den Steckdosen. Werde ich ihn vermissen, wenn er in zwei Jahren fertig ist? Ich könnte auch schreiben, dass es hinter mir, in einer Büroabseite, seit Einzug laut und nervtötend rumrödelt. Blutiger Bauherrinnen-Anfängerfehler! Sämtliche Wände, an die du keinen Totenkopf malst und den Hinweis »*Für Heizkörper, Sicherungskästen und Scheiße tabu! Tod durch Händeabhacken!*«, unterliegen dem freien Spiel der Handwerkerkräfte. Mich ereilte ein Lüftungsgehäuse. Egal. Immerhin kein Klospülungskasten.

Meine Gedanken stromern weiter.

In zwei Tagen kommt der Nikolaus, featured by Jens T., unserem Nachbarn, dem es zum Verhängnis wurde, dass er sich nicht schnell genug eine ansteckende Hautflechte zulegen konnte. Freu mich! Bereits in einer frühen Phase unserer Elternschaft erkannten Schatzi und ich nämlich: Der Nikolaus ist unsere ultimative Chance, Erziehungsversäumnisse des vergangenen Jahres wiedergutzumachen. Dazu drückst du ihm ein Skript in die Hand, in dem steht: »Hohoho! Liebe Kinder! Habt ihr wieder zu viele Süßigkeiten gegessen! Das ist aber nicht gut! Da ist der Nikolaus aber böse!«
Zieht super!

Auch über das Lichterkettenaufkommen in unserer Straße möchte ich schreiben. Seit Ferrari-Joe und die Frau von Ferrari-Joe, Audi-Jane, unter uns weilen, ist das schon deutlich besser geworden.

Aber auf meinem Patrouillengang gestern musste ich feststellen: Bei Familie K. und Familie W. brennt immer noch nix. Schämt euch!

Familie T. ist übrigens entschuldigt. Da sollte Papa T. bei Gelegenheit was Hübsches an die Dachrinne basteln. Aber weil er sich am Montag beim Versuch, als Nikolaus über die vereiste Terrasse zu kommen, definitiv auf die Fresse legen wird, wird er wohl die restlichen Weihnachtsvorbereitungen aus dem Krankenhausbett verfolgen müssen. Schade eigentlich.

Apropos. Ich hoffe, dass immerhin Daniel »Daddi« M. bis Weihnachten das Krankenhaus wieder verlassen haben wird. Daniel hat das große Pech, der Kindergartenkollege von Kolja zu sein.

Vor sechs Wochen biss ihm Kolja in den Rücken. Und zwar so, dass man kurz über eine Tollwutimpfung für den Daddi sowie Maulkorb und Charaktereignungsprüfung für unseren lieben Kolja nachdenken musste. Gestern nun stießen die zwei beim Toben im Sport mit den Köpfen zusammen. Kolja, mit einer Diekmann'schen Qualitätsquerkopfrübe ausgestattet, hüpfte weiter. Daniel übergab sich und musste ins Krankenhaus, wo die Diagnose »schwere Gehirnerschütterung« sowie der Tropf auf ihn warteten. Zu Hause durfte dann seine Mama Negerkuss-Berge und drei Kuchen vom Esstisch räumen. Denn eigentlich hatte Daniel – was Kolja macht, macht er richtig – an dem Tag auch noch Geburtstag und wollte mit zwölf Gästen plus Zauberer groß feiern. Liebe Grüße ins Krankenhaus!

Zu Koljas Ehrenrettung muss ich sagen, dass er sich zu Hause sogleich hinsetzte und eine große »Werd bald wieder gesund, Daddi!«-Kollage aus viel Alupapier und noch mehr Smarties bastelte. Um anschließend mindestens die Hälfte der Smarties selber zu essen.

An dieser Stelle möchte ich meiner Freundin Belinda in Hamburg gedenken, Mutter von drei Söhnen. Beim Aufräumen vor zwei Jahren bückte sie sich nach etwas und knallte mit der Stirn gegen eine Tischkante. Um beim Zurückprallen mit dem Hinterkopf ein Regal mitzunehmen. Sodann lag sie weggetreten, bewegungsunfähig, aber irgendwie auch ein bisschen wach auf dem Kinderzimmerfußboden rum. Auftritt Eric, vier Jahre: »Du, ich glaub, die Mama ist tot.« Antwortet John, sechs Jahre: »Komm, dann lass uns Hausaufgaben machen. Darüber würde sie sich jetzt freuen!«

Ich möchte meinen Jahresrückblick 2010 mit einem kleinen Ausblick auf 2011 beenden.

Ja, Lilly, pass weiter so gut auf die Omi Kiel auf! Als du auf dem Weg zum Kinderarzt heute zu ihr sagtest: »Oma, nicht wieder fällen noch einmal! Lillusch muss weinen, und Oma kriegt ein Pflaster«, war das ganz in meinem Sinne. Omi denkt nämlich immer, sie kann Treppen beim Arzt auch – hoppel, rumpel – auf dem Bauch rutschend bezwingen.

Und Yella! Du bist sowieso die Allertollste! Wenn ich so sehe, wie du deine Brüder sattelst, dein ganzes Taschengeld in »Schleich«-Pferde versenkst und später in die Reiterhauptstadt Warendorf ziehen willst, weiß ich: Der komische Männerhumor deiner Mutter hat dich bislang in deiner Entwicklung nicht nachhaltig beeinflusst.

Und Caspi, auch dich kann ich beruhigen! Nachdem du heute Abend sehr kreativ das Zimmer von Kolja mit Yellas Parfüm einge-sprayt hast und jetzt alles nach Lillifee stinkt, bin ich mir sicher: Auch im neuen Jahr werden dir hundert Prozent nicht die Ideen ausgehen, wie du Mama und Papa eine Freude machen kannst.

Bleibt ein letztes Wort an Schatzi zu richten! Solltest du nächstes Jahr doch das eine oder andere Mal vor elf Uhr abends nach Hause kommen, würde ich anbieten, dass ich ausnahmsweise mal keine Jogginghose anziehe und mir auch die Haare kämme.

In diesem Sinne:

Merry Christmas!

Der wesentliche Wert
der Frau liegt in ihrer
Gebärfähigkeit und in ihrem
hauswirtschaftlichen Nutzen.

Thomas von Aquin (1225 –1274)

Nach(t)gedanken

Oder:

Sonntag, 3 Uhr 29

Alle Kolumnen dieses Buchs entstanden über einen Zeitraum von einem Jahr.

In diesem Jahr passierten unerhörte Dinge: Ich wurde ein Jahr älter.

Außerdem hörte ich wie komatös »Moby«, mindestens 23.435 Mal Madonnas »Confessions on a Dancefloor« sowie genau zehnmal James Blunts »Stay the night«. Das erklärt nichts und passt damit wunderbar zur Sinnlosigkeit dieses Buchs.

Ich habe mich ein zweites Mal in meinen Mann verliebt, unsere Nachbarn sind doch nicht weggezogen wie angedroht, überlegen aber jede Woche aufs Neue, wie ich den Flüstergesprächen hinter der Hecke entnehme. Ich bin immer noch eine schlechte Mutter, immer noch haben wir keinen Hund, den ich ebenfalls vernachlässigen könnte.

Meine liebste älteste Tochter Yella hat klammheimlich ihren ersten Roman geschrieben: »Fury«. Er entstand in den neunundsiebzig Netto-Minuten, die ihre Mama letztes Jahr nicht vor ihrem Computer saß und sie deswegen dort auch nicht wegscheuchen konnte. Da sie schon als Dreijährige zwei zusammengetackerte Zettel aus dem Kindergarten mitbrachte und erklärte: »Mama, hab' auch Buch da'macht!«, ist sie, ich weiß, mit ihren acht Jahren jetzt fast spät dran. »Fury«, so viel ist sicher, wird seinen Weg auf die Bestseller-Listen machen. Es war nicht leicht, aber für vier »Match Attax«-Fußballbilder und sieben Gummibärchen konnte ich die Vorabdruckrechte erwerben.

Ach ja! Das Pferde-Foto hat sie völlig selbstständig irgendwo runtergeladen und eingelinkt. Ein Schock für mich als Mutter! Denn es beweist: Yella ist *definitiv* nicht meine Tochter! Schatzi muss mich seinerzeit mit einer Informatikerin betrogen haben, und mir wurde später ein Kuckuckskind untergeschoben. Ich lege Wert auf die Feststellung, dass ICH technisch völlig unbegabt bin.

PS: Yelli lud dann auch noch ein Krokodil runter. Kolja, ihr kleines Brüderchen, würde die ja so gerne mögen. Klar. Und beim nächsten Mal schenkt sie ihm dann das Foto, wo der Rest vom Menü drauf ist. Da kaut dann der Löwe.
Auf mein »Nein, nix schönes Foto!« reagierte Yella allerdings stur und uneinsichtig wie ein kasachisches Muli: »Doch schönes Foto!«
Wobei. Wenn ich jetzt so überlege. Mmh.
Vielleicht doch meine Tochter.

Fury!

Es war ein warmer Frühlingstag als plötzlich meine
Forhänge gewakelt haben übringens heiße ich Lissy.
Es war ganz komisch jemand klopfte an meine
fensterscheibe.
Ich kuckte aus dem Fenster.
Ich erschrak den was sah ich
vor mir ich dachte ich se
wohl nicht richtig ein
Hengst!
Und neben im stand ein
Fohlen.
Denn Hengst nannte ich Fury
und das Fohlen Plüschi.
Ich ging nach Draußen und
schaute mir die Pferde an.
Ich sagte: Ich frage meine
Mutter ob ich dich und dein
Fohlen behalten darf.
Ich ging rein ich fragte meine Mutter ob ich die
beiden Pferde behalten darf.
Was für welche Pferde meinst du?
Komm ich zeig sie dir.
Sie kuckte aus dem Fenster und fragte: Woher
kommen diese Pferde?

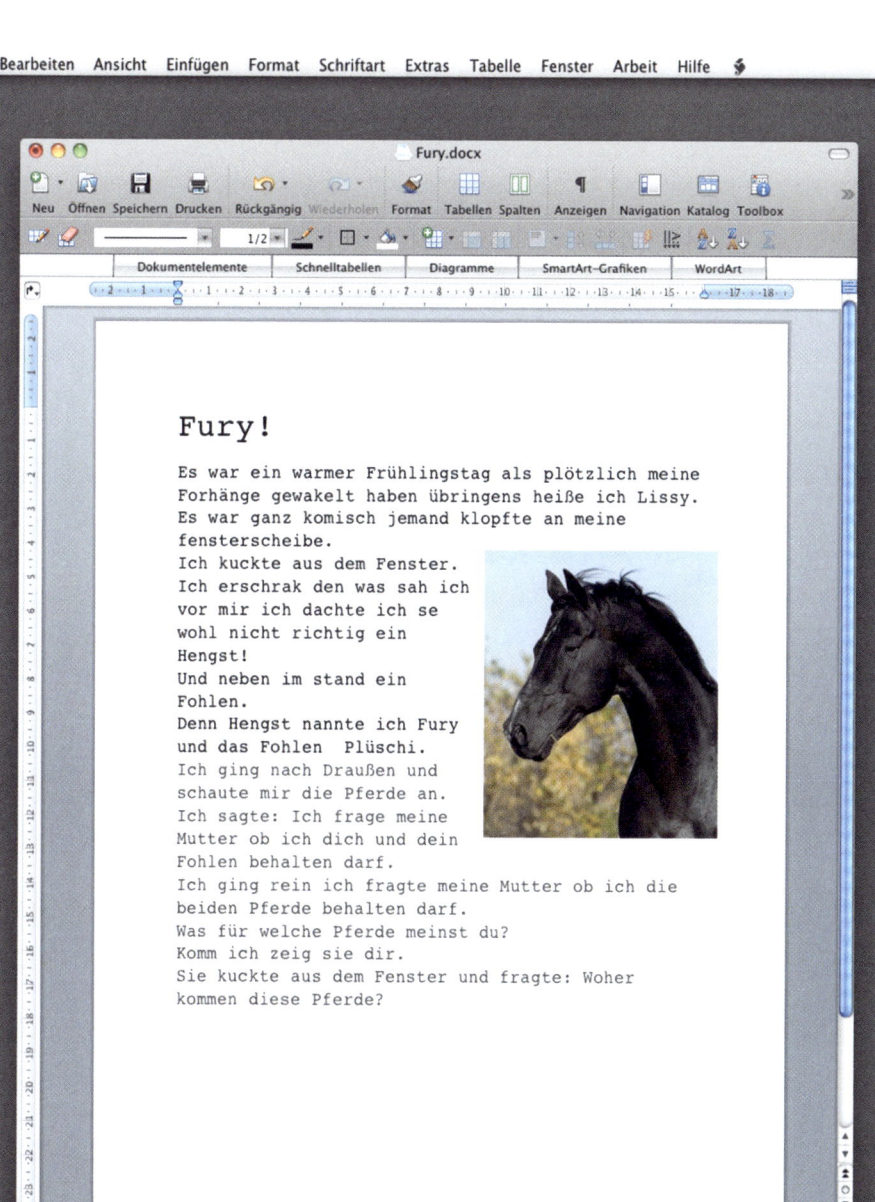

Es ist leicht, mit einer
Frau auszukommen,
wenn man sie nicht liebt.

Und dann kam Mirek ...

Oder:

Alles Deckung!

14 DEZEMBER
Dienstag

Termine

8

9

10

11

12

Liebster Mirek!

Nun war so viel von Schatzi und seinen Fehlern die Rede. Da sollst Du natürlich auch nicht zu kurz kommen. Das will ich nicht!

Neben Schatzi, Caspar, Kolja, Leuch und meinem Papa bist Du nämlich die wichtigste Männerkoordinate in meinem Leben. Ich würde sogar sagen, als Du vor drei Jahren in mein Leben tratst, spürte ich sofort: Hier steht meine ein Meter neunzig große Bestimmung. Und wären da nicht Ela und Dein Schnauzbart – wer weiß? Umgedreht bin ich überzeugt: Du träumst auch von mir. In diesen Träumen halte ich dann aber wahrscheinlich ein Nudelholz in der Hand. Stimmt's?

Heute zum Beispiel hatte ich ein problemorientiertes Gespräch mit unserem Gartenlavendel. Der duckt sich seit gestern verschreckt auf den Gartenboden und fragt: »Wo sind meine Blätter hin?« Recherche im Komposthaufen ergab: Das war der böse Mirek. Pardon! Der böse Rechen vom lieben Mirek. Du kannst da nämlich nichts für. Es ist einfach nur so: Musst Du Dich zwischen Lösung A und Lösung B entscheiden, wählst Du talentiert und treffsicher C – Du tust nicht das Richtige zur falschen Zeit. Nicht das Falsche zur richtigen. Du machst das Falsche zur falschen Zeit.

319

Letzte Woche halfst Du, den Fahrradanhänger abzukoppeln. Nicht, wie das andere machen würden, indem sie das Fahrrad von der Anhängerdeichsel trennen. Nein, Du schraubtest Anhängerdeichsel und Anhänger auseinander. Ich wusste gar nicht, dass es da überhaupt eine Trennstelle gibt.

Nein, Mirek, ganz ehrlich! Wenn wir zwei mal in den Himmel umziehen müssen, will ich unbedingt das Zimmer neben Dir! Wir werden so viel Spaß haben! Ich sag's Dir! Und ist doch schön, wenn Du da oben nicht allein alles kaputt machen musst, sondern jemanden hast, der das auch super und effizient kann – nämlich mich.

Mirek, weißt Du? Ich spüre, was Du vorhast, noch bevor Du es selber weißt! Unsere Herzen und Köpfe machen da einfach im gleichen Takt *bummbumm*. Wenn Du Dich – bewaffnet mit Wannen, Bütten und Plastiktüten – aufmachst zu den Schwarzen Löchern unseres Haushalts – Heizungskeller, Gartenschuppen, Garage –, dann weiß ich, Du legst jetzt wieder Nester an. Schraubenzieher-Nester, Noppenfolien-Nester. Gartenhandschuh-Nester. Ich lasse Dich auch immer machen.

Ich schimpfe nur, wenn Du Dir Eckchen und Regale aussuchst, in die Du tatsächlich noch mal guckst. Ich mag es wie Du auch überhaupt nicht, wenn man versteht, warum etwas liegt, wo es liegt, und warum es da jetzt vollstaubt. Das muss, finde ich, alles ein Geheimnis bleiben!

Und Mirek, stapeln tust Du auch super! Sogar so super-super, dass letzte Woche eine verzweifelte Anfrage vom Schiefen Turm von Pisa kam, wie Du das immer so schön schräg und wackelig hinkriegst! Liegt es vielleicht daran, dass Du nur allerbeste Baumaterialien verwendest? Kürzlich zum Beispiel eine Konstruktion aus einer antiken Krippe zu unterst, dann eine filigrane Wiege. Und obendrauf Schatzis tonnenschwere Weichholztruhe. Mirek, ich weiß! David Copperfield würde seine Tricks auch nie verraten. Aber irgendwann musst Du mir mal sagen, wie du das Viech da hochgezaubert hast. Ja?

Aber, Mirek, deswegen schreibe ich Dir diesen Brief nicht; dass ich Dich mag, wie Du bist, weißt Du sowieso. Dass Du meine und unsere Prinzessin Diana des Herzens bist – geschenkt! Und auch ganz klar. Hausmeisterei ist maximal Dein Hobby! Hauptberuflich bist Du ein sympathischer, gutmütiger Außerirdischer zu Besuch aus einem Parallel-Universum. Süß auch, wenn Deine Ela mit Dir spricht: »Mirrrek! Njet so trantütelinski und stoffelinski!«

Nein. Mirek, ich schreibe Dir, weil Du seit drei Jahren mindestens zehnmal die Woche zu mir sagst: »Ich denken, alles Deckung, Frau Katja!« Und ich wollt Dich endlich mal fragen: Was heißt das eigentlich?

Außerdem will ich Dich, musst Du wissen, jedes Mal an meine Brust drücken und rufen: »Willkommski in Clubski!« Ich kenn das nämlich, wenn man angeguckt wird wie ein Auto und kein Schwein versteht einen. Damit fülle ich ganze Bücher!

Und ich muss Dir ein Geheimnis anvertrauen, so von Großstadtmieze zu Klosterschwester! Da war ich noch kleine Redakteurin und sollte Rod Stewart am Telefon interviewen. Er »nuschel-nuschel!«, und ich »häh?« und ahnungslos . Das ging zehn Minuten gut. Dann wollte er charmanterweise wissen: »Is there anybody who speaks my language?« Aber pst! Nicht weitererzählen!

Und aus einem weiteren Grund schreibe ich Dir diesen Brief: Ich habe Dich eben mit Lilly spielen sehen. »Lillusch!« nennst Du sie ja zärtlich. Und sie Dich »Dziadzia!« – Opachen!

Ich höre sie quieken und gurgeln vor Lachen. Und wenn sie sich von Dir auf ihrem Tretrollerchen über den Gartenweg schieben lässt – Du sechzig, sie zweieinhalb; sie die Chefin, du der gutmütigste Viertel-PS-Antrieb aller Zeiten –, weiß ich: Wenn ich mich nicht beeile, Mirek, dann schnappt mir Dich meine jüngste Tochter weg. Dieses Kind ist verliebt in Dich. Ihr beide seid – wie soll ich das sagen? – ein Herz und eine Deckung. Und ich wüsste auch: Bricht im Zoo der Löwe aus, und die Kinder wären in Gefahr – armer Löwe. Dem biegst du den Schwanz gerade.

Deswegen, Mirek, ist dies auch ein kleiner Entschuldigungsbrief: Gleich morgen gehe ich los und werde Dir ein paar frische Lavendel zum Filetieren besorgen! Und eine noch größere Holztruhe. Die kannst Du dann ja auf ein paar Glasvasen stellen.

Im Namen aller, die Dich so lieb haben wie ich und schon in den Genuss Deines rasierwassergetränkten Dreifach-Kusses kamen:

DANKE!

In diesem Sinne: Alles Deckung!

Deine Frau Katja

Fan-Shop!

Jetzt Mitglied werden
im Mirek & Kati-Fanclub!
Bestellen Sie:

Früher hat ein Mann eine Frau bekommen, die kochen konnte wie seine Mutter. Jetzt bekommt er eine Frau, die trinken kann wie sein Vater.

Truh Laf!

21 **DEZEMBER**
Dienstag

Oder:

Ich & Schatzi forever

Termine

8

9

10

11

12

Irgendwann werden unsere Kids sicher mal fragen: »Wie haben sich die Mama und der Papa eigentlich ineinander verliebt?« Dann droht die Stunde der Wahrheit!

Und auch Sie, liebe Leser, haben sich auf den letzten dreihundert Seiten bestimmt schon am Kopf gekratzt und gedacht: Was findet dieser liebenswürdige Mann an dieser nervösen Kuh?

Also, es verhält sich so:

Schatzi und ich hatten uns gerade frisch kennengelernt, als wir beschlossen, uns zum Gedichtelesen und gedanklichen Austausch in seiner Wohnung zu treffen. Sie wissen: Männer sind in solchen Situationen ja eher zögerlich, deswegen musst du als Frau mit besonderem Verständnis auf ihre Bedürfnisse eingehen.

Irgendwann um zwei Uhr morgens – Schatzi war übers viele Diskutieren ermattet eingeschlafen – hatte ich plötzlich das sichere Gefühl: Ich muss sterben. Hat man doch gern mal in einer fremden

Wohnung. Mir war schlecht, ich hatte furchtbare Magenkrämpfe. Auf allen vieren kriechend schaffte ich es mit einer veritablen Lebensmittelvergiftung gerade noch bis zur Küche. Hier blieb ich auf den Fliesen liegen und hauchte:»No... ooo...t...arzt!«

Schatzi behauptet ja im Nachhinein, er habe meinen Vornamen gewusst. Er sei lediglich an der Frage:»Privat oder gesetzlich versichert?« gescheitert, als er mit dem Rettungsdienst telefonierte. Nun. Jedenfalls brauchte der Notarzt fast zwei Stunden, um seinen Weg zu mir zu finden.

In der Zwischenzeit schwitzte Schatzi literweise Blut und Wasser. Aus lauter Liebe. Männer sind da ja sehr romantisch! Die überlegen: Soll ich die halbtote Frau im blauen Müllsack zum Container schaffen? Oder doch lieber im Koffer? Und was sagen meine Freunde?

Und auch ich – so ich denn Herrin meiner Sinne war – war von diesem warmen Gefühl durchpulst: Der Typ findet mich bestimmt gerade ganz besonders großartig. Jetzt, wo ich sein Badezimmer vollgereihert habe.

Auch Opa Kiel hatte seinerzeit übrigens ein ausgesprochen glückliches Händchen, was den Start seiner vierunddreißigjährigen Ehe mit Omi Kiel anging. Am Tag der Hochzeit bekam die ein Überraschungspaket. Inhalt: Opas Socken und Unterwäsche. Absender: eine verschnupfte Exgeliebte, die mit dem »Ex« vor »Geliebte« nicht ganz einverstanden war.

Nun hat es ja was Beruhigendes, dass aus Pannenpremieren glückliche Beziehungen werden können. Trotzdem hätte ich nichts dagegen gehabt, wenn Schatzi nach unserer ersten gemeinsamen Nacht euphorisch beim Juwelier angerufen und einen Verlobungsring bestellt hätte, statt Eimer und Feudel aus der Abseite zu kramen.

Irgendwann stieß zu unserer netten kleinen Zweierparty dann doch noch der Notarzt. Der trug lange Haare à la Woodstock und Jesus-Latschen, rief: »Ach, Sie sind ja quasi Kollegin!«, und haute mir erst mal eine Morphiumspritze in den Hintern.

Zack, weg war ich!

Das Nächste, das ich erinnere: kleine Backpfeifen ins Gesicht. Und der Doc, der wie aus weiter Ferne rief: »Frau Kessler! Frau Kessler! … O Gott, sie atmet nicht! Ich versteh das nicht! Ich spritz mir das selbst doch auch immer!«

Ich glaube, spätestens hier muss Schatzi gedacht habe: Ich bin hier bei »Versteckte Kamera«!

Vielleicht wurde dieser Eindruck auch noch ein klitzekleines bisschen verstärkt, als ich kurz aus meinem Drogenrausch aufwachte und flüsterte: »Me …he …her!« Um dann wieder wegzusacken.

Fazit?

Also, ich könnte selbst jetzt, nach zehn Jahren, nicht beantworten, wann Schatzi sich in mich verliebt hat. Und wenn Sie ihn treffen und fragen: »Welche Augenfarbe hat eigentlich Ihre Frau?« Da ist er wie alle Kerle. Da müsste er erst lange nachdenken und dann heimlich im Fotospeicher seines iPhones scrollen.

Aber *ich* weiß, wann es bei mir passierte. Wann ich mich in ihn verliebte. Irgendwann später in der Nacht, der Arztfreak war schon lange weg, wurde ich wach. Schatzi war über mich gebeugt. Der Arzt hatte ihm nämlich aufgetragen: »Solange Ihre, ähm, Bekannte da noch Morphium im Blut hat, passen Sie auf, dass sie nicht wieder aufhört zu atmen!«

Und was macht der Mann von Welt, um darüber nicht selbst einzuschlafen?

Ganz klar. Er beguckt sich die ganze Nacht die Erdkugel in der »Space Night« vom Bayerischen Rundfunk.

Und da wusste ich: Der Typ ist so verpeilt, das passt.

Am Anfang widersteht
eine Frau dem Ansturm
des Mannes und am Ende
verhindert sie seinen
Rückzug.

Oscar Wilde

So, liebe Leute,

das war's! Ich melde mich wieder, wenn ich im Klimakterium bin! An dieser Stelle möchte ich mich bei all diesen komischen Menschen bedanken, die behaupten, mir gerne geholfen zu haben!

* Schatzi, meinem Ehemann, der nach Lektüre dieses Buches kurzfristig erwog, sich von sich selbst scheiden zu lassen. Zu sehr wurde ihm klar, was er alles falsch macht.
* Britta Hansen, meiner Lektorin, auch leidgeprüft, sowie Joachim Jessen, Agent 00 tiefenentspannt
* Omi Kiel, Yella, Caspar, Kolja und Lilly. DU, Kolja, sei besonders herzlich umarmt! Dieses regelmäßige Üben von »Alle meine Entchen« auf dem Klavier neben meinem Arbeitszimmer – großartig! Ich finde auch: Man muss nicht jede Taste treffen! Aber »Kacki, Kacki, Entchen«? Vielleicht solltest du doch noch mal am Text feilen. Was meinste?
* meinen Schwiegereltern Brigitte und Klaus – seit zehn Jahren weigern sie sich, mich zu verstoßen. Was mach ich bloß falsch?
* meinen Seelenverwandten Bettina, Ulli und Katharina, Havva, Maren, Anke, Mechthild, Yvonne, Natalie, Marina, Irmgard, Tanit für fleißiges Lesen – auch gern zu nächtlicher Stunde
* Chris, meinem geduldigen Computer-Experten, der ans Telefon ging, obwohl er doch meine Nummer immer auf dem Display gesehen haben muss
* Sandra, weil sie für mich das Fotoalbum mit den scheußlichsten Urlaubsschnappschüssen aller Zeiten öffnete

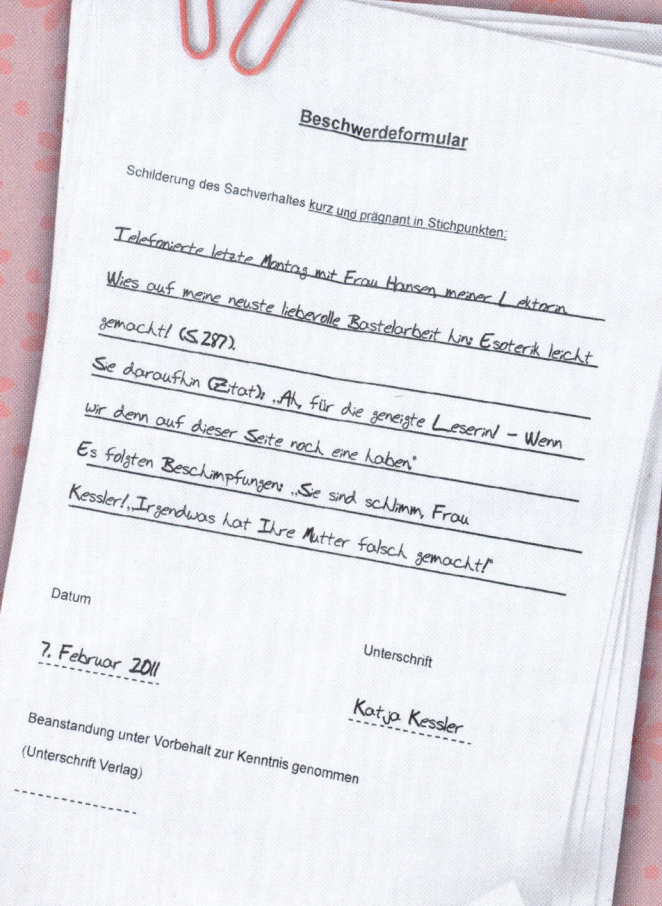

Beschwerdeformular

Schilderung des Sachverhaltes kurz und prägnant in Stichpunkten:

Telefonierte letzte Montag mit Frau Hansen, meiner Lektorin

Wies auf meine neuste liebevolle Bastelarbeit hin: Esoterik leicht

gemacht! (S. 287).

Sie daraufhin (Zitat): „Ah, für die geneigte LeserIn – Wenn

wir denn auf dieser Seite noch eine haben"

Es folgten Beschimpfungen: „Sie sind schlimm, Frau

Kessler!, Irgendwas hat Ihre Mutter falsch gemacht!"

Datum

7. Februar 2011

Unterschrift

Katja Kessler

Beanstandung unter Vorbehalt zur Kenntnis genommen
(Unterschrift Verlag)

- - - - - - - - - - - - -

❋ Stephan, dem pointiertesten Pointen-Erzähler aller Zeiten

❋ Ulli Schultz-Ossmer, die mich fürs Cover zur Schnuller-Domina machte

❋ Wie gesagt: jaegers.net für die wunderbare Inspiration; überhaupt dem Internet für tausend tolle Ideen!

❋ meinem Papa und Brigitte, die hoffentlich viel lachen oben auf ihrer Wolke

❋ sowie Jens T., dem überzeugendsten und begabtesten Nikolaus aller Zeiten, der dieses Buch auch hätte schreiben können

Eine schrecklich

Schatzi!

Bruder Leus!
Mit zwei Metern leider
so gross, dass er in
keine Kameralinse passt!

Omi Kiel als junger Feger

Schwester Pezi